Herderbücherei

Band 787

Über das Buch

Wir teilen unsere Zeitgenossen gerne ein in Starke, die wir bewundern, und in Schwache, die wir verachten, allenfalls bemitleiden. Unsere Kinder trainieren wir darauf, zu den Starken zu gehören, und wir selbst möchten natürlich auch auf dieser Seite des Lebens stehen. Die seelischen Folgekosten aber sollten uns nachdenklich machen. Verstehen die Starken nicht nur besser, sich und andere über ihre Ängste und Grenzen hinwegzutäuschen? Anhand vieler Beispiele aus seiner tiefenpsychologischen Praxis zeigt der Autor, daß das wirkliche Kräfteverhältnis im Leben oft ganz anders ist. Niemand hat Grund zu übertriebener Selbstsicherheit, niemand braucht aber auch über seine inneren Schwierigkeiten zu verzweifeln, denn wer sich selbst erkennt und angenommen hat, findet aus den falschen Reaktionen heraus und gelangt zu einer ausgeglichenen Lebensweise.

Über den Autor

Paul Tournier, geboren 1898 in Genf. Medizinstudium in Genf und Praktikum in Paris. 1920 Abgeordneter des Internationalen Komitees des Roten Kreuzes. 1923 Eidgenössisches Diplom für Medizin. Spezialisierung auf Innere Medizin; medizinische Praxis in Genf seit 1928. Erste Veröffentlichung 1940; Krankheit und Lebensprobleme. Initiator der „Semaines médicales“ in Bossey seit 1947.

Paul Tournier

Die Starken und die Schwachen

Herderbücherei

Veröffentlicht als Herder-Taschenbuch
Gekürzte und überarbeitete Ausgabe des im Verlag
Schwabe & Co., Basel, unter dem gleichen Titel
erschienenen Werkes

Übersetzt aus dem Französischen
von Emilie Hoffmann

1. Auflage April 1980
2. Auflage April 1983
3. Auflage September 1985
4. Auflage Januar 1989

Herder Freiburg · Basel · Wien
Herstellung: Freiburger Graphische Betriebe 1989
ISBN 3-451-07787-6

Inhalt

ERSTER TEIL

Die menschliche Natur

ZWEITER TEIL

Reaktionen

ERSTER TEIL

Die menschliche Natur

1. Kapitel

Schein und Wirklichkeit

Kürzlich ging ich in eine Gastwirtschaft, um mit der Niederschrift dieses Buches zu beginnen. Während ich den sorgfältig ausgearbeiteten Plan aus meiner Mappe holte, spielte sich vor meinen Augen eine banale, aber sehr lehrreiche Szene ab. Da war die Gastwirtin, die sich über ihr 2- bis 3jähriges Bübchen beugte, das stampfte, weinte und schrie. Am Boden lagen zahlreiche Papierfetzen. Die Mutter schüttelte das Kind und wiederholte dabei unermüdlich: „Wirst du diese Papierfetzen auflesen?"

Sämtliche Gäste schauten den Auftritt ruhig mit an. Keiner erwartete anscheinend, daß das Kind zu weinen aufhören und die Papierfetzen folgsam auflesen werde. Wahrscheinlich auch die Mutter nicht. Je mehr sie das Kind schüttelte, um so lauter schrie es. Sie war in sehr gereizter Stimmung. Wären nicht die Zuschauer gewesen, so würde sie höchstwahrscheinlich ihr Kind geohrfeigt haben.

Der Vater befand sich mit Kunden auf der Terrasse. Sicherlich entging ihm nichts von dem Auftritt, scheinbar war er aber in ein Gespräch vertieft. Zur Auseinandersetzung, die sich wenige Schritte vor ihm abspielte, verhielt er sich neutral, so wie viele Väter in ähnlicher Lage sich den Anschein geben, als läsen sie in der Zeitung oder als schliefen sie in ihrem Lehnstuhl. Die Gegenwart von Gästen erlaubte ihm, eine zerstreute Miene aufzusetzen und nicht Partei zu ergreifen. Vielleicht gönnte er seiner Frau eine kleine Demütigung; oder nahm er an, daß sein Eingreifen nicht erfolgreicher sein würde als das der Mutter, und war bestrebt, sich eine öffentliche Niederlage zu ersparen?

Wie dem auch sei, die Gereiztheit der Mutter schien durch diese passive Haltung des Vaters noch verstärkt zu werden und richtete sich ebenso gegen ihn wie gegen das Kind.

Weinen und Schreien sind die Waffen der Schwachen. Wahrscheinlich hatte das Kind schon bemerkt, daß seine Mutter es im Restaurant nicht so in der Gewalt hatte wie vielleicht anderswo, daß sie auf alle Fälle den Kampf nicht würde hinausziehen können, bis es nachgäbe. Je länger nämlich der Kampf dauert, um so beschämender ist es für die Mutter. Der Widerstand ihres Söhnchens demütigt sie in doppelter Weise vor den Leuten: Denn wenn ihr Kind ihr nicht gehorcht, so ist es schlecht erzogen, und wenn sie andererseits trotz des Mißverhältnisses der Kräfte ihren Willen ihm gegenüber nicht durchzusetzen vermag, beweist das, daß sie schwächer ist, als sie scheinen möchte. Dieses beschämende Gefühl machte sie dem Kind gegenüber noch gereizter. Wir schämen uns jedoch immer, wenn wir uns hinreißen lassen, besonders einem offensichtlich schwächeren Geschöpf gegenüber. Daher trug die Nervosität der Mutter ebenfalls dazu bei, ihre Beschämung zu vergrößern. Und ihre Niederlage wird um so lächerlicher sein, je länger der Kampf dauert.

Ist es nicht so, daß diese Angst vor einer noch schmerzlicheren Niederlage die Niederlage der Mutter herbeigeführt hat?

Plötzlich hob sie nämlich die Papierfetzen selbst auf und schleifte ihr Söhnchen auf die Terrasse. Der Kleine war zwar nicht stark genug, ihr Widerstand zu leisten, aber er war gleichwohl der Sieger, da ja die Mutter die Papierfetzen aufgelesen hatte. Daher beruhigte er sich rasch, indem er nur noch ein paarmal aufschluchzte. Er faßte die ihm von seinem Vater hingehaltene Hand, während die Mutter in der Küche verschwand, wohin sie ihre Arbeit rief.

Ich möchte hier noch auf ein ernstes Problem hinweisen: Ein idealistischer Moralist könnte behaupten, die Mutter sei die eigentliche Siegerin, da sie ihre Gereiztheit und ihren Eigensinn überwunden und einem aussichtslosen Kampf durch ihre Selbstverleugnung in verdienstvoller Weise ein Ende gesetzt habe. Seiner Meinung nach bedeute es einen wirklichen moralischen Sieg, daß der Starke darauf verzichte, seine Überlegenheit auszunützen, und edelmütig genug sei, die Siegespalme dem Schwachen zu überlassen. Möglicherweise; und vielleicht tröstete sich die Mutter in ihrer Küche mit solch einem schmeichelhaften Gedanken. Aber das entspricht nicht der Wirklichkeit. Keiner der Zeugen hatte in der Gebärde der Mutter eine edelmütige Handlung gesehen. Es ist nicht dasselbe, auf einen Sieg zu verzichten, den man unfehlbar in der Hand hat, oder nachzugeben, weil man nicht stark genug ist, ihn zu erringen. So halten wir oft unsere Niederlagen für Siege und unsere Fluchtversuche für tugendhafte Verzichtleistungen.

Damit hat nun mein Buch etwas anders begonnen, als geplant war. Aber ist dieser kleine Auftritt nicht lebendiger als alles, was ich vorbereitet hatte? Zeigt er nicht das Problem, das ich behandeln möchte, so, wie es sich unserer Beobachtung ständig darbietet? In wenigen Augenblicken hat sich uns ein ganz komplexes Spannungsfeld von Kräften und Gegenkräften enthüllt. Obwohl durch seine körperliche Schwäche gewaltig im Nachteil den Erwachsenen gegenüber, ist das Kind dank dem heimlichen Bündnis mit den Gästen und der stummen Mitschuld des Vaters siegreich aus dem Kampf hervorgegangen. Zwischen zwei sich gegenüberstehenden Personen stellt sich jeden Augenblick ein Abwägen der Kräfte ein. Intuitiv fühlen wir, daß die Waage nach der einen oder andern Seite ausschlagen und das gegenseitige Verhalten bestimmen wird. Dabei handelt es sich nicht nur um akute Auseinandersetzungen wie die eben geschilderte. Oft handelt es sich um heimliche und verborgene Konflikte. Mehr noch, um die friedlichsten Beziehungen zwischen den Menschen, beispielsweise um den Zauber, den ein Partner auf den andern ausübt. Ständig stellt sich die Frage: Welcher von beiden hat auf den andern den stärkeren Einfluß?

Das uns hier beschäftigende Problem geht also weit über das Aufeinanderprallen zweier Willenskräfte hinaus. Der Ausdruck Wille läßt an gewisse mehr oder weniger heftige Charakterzüge denken. Doch es gibt Menschen, die, ohne je ihre vollkommene Sanftmut zu verlieren, die ganze Umgebung beherrschen, entweder durch die unwiderlegbare Strenge ihrer logischen Überlegungen oder ihr moralisches Ansehen, den Zauber ihrer Schönheit, den Einfluß ihres guten Rufs, ihre ausgezeichnete Höflichkeit oder sogar durch ihr zerbrechliches und empfindliches Wesen, das niemand zu verletzen wagt.

Was in der Beziehung zwischen zwei Menschen die Waage auf die eine oder andere Seite sinken läßt, ist ein Zusammenspiel so zahlreicher und subtiler Kräfte, daß niemand je imstande sein wird, sie genau zu berechnen. Bei dem kleinen, oben beschriebenen Konflikt habe ich mich darauf beschränkt, die offensichtlichsten aufzuzeigen. Wahrscheinlich war noch eine große Zahl anderer, bewußter und unbewußter Elemente mit im Spiel, die den Sieg des Kindes herbeigeführt haben.

So verhält es sich überall in der Welt: in der Familie, in einem Verwaltungsrat, in einer Werkstatt, in der Schule, in einem Wohltätigkeitsausschuß, zwischen den Nationen. Die Gesellschaft als Ganzes erscheint wie ein bewegtes Spiel von Kräften, die sich gegenüberstehen, im Gleichgewicht halten und abwechslungsweise die Oberhand gewinnen. Sie erscheint wie ein Zusammenspiel zahlloser Gleichungen, von denen jede die Beziehungen zwischen den sich gegenüberstehenden Personen ausdrückt. Und jede dieser Gleichungen umfaßt viele Begriffe, sowohl positive wie negative: als positiv gilt etwa das Ansehen eines berühmten Namens oder ein schönes, eben gekauftes Auto, und wäre es auch nur auf Abzahlung; der Nimbus eines Hochschultitels, ein wohlbegründetes moralisches Ansehen oder auch eine skrupellose Energie. Als negativ gilt hingegen, wie Adler[1] es so vortrefflich aufzeigte, die beträchtliche Hemmung, verursacht durch ein heimliches oder offenkundiges Gebrechen, die Armut oder Unwissenheit, die Schande, Kind eines verachteten Vaters zu sein, oder die Abhängigkeit eines Kindes von den Eltern infolge eines zu großen Liebesbedürfnisses. All das ist nicht starre und blinde Mathematik. Es ist Leben, subtile Bewegung, deren Lauf schon das kleinste vertrauensvolle oder ironische Lächeln zu ändern vermag.

Aber nichts von alldem ist entscheidend: Da ist ein Mensch, der alle Trümpfe in der Hand zu haben scheint und der sich trotzdem beständig von andern imponieren läßt. Ein anderer hat keinen einzigen Trumpf, und vielleicht gerade weil sie ihm fehlen, geht er unerschrocken vor und beherrscht seine ganze Umgebung. Entscheidend scheint somit eine gewisse, psychologisch bedingte Kraft zu sein, die den einen ansporn, ihn veranlaßt, seine Mängel zu verbergen und seine Vorzüge zur Geltung zu bringen; oder eine gewisse psychologisch bedingte Schwäche, die den andern lähmt und bewirkt, daß er die günstigen Gelegenheiten verpaßt und seine Fehler ungeschickt aufdeckt.

Daher haben wir uns alle daran gewöhnt, die Menschen in zwei Klassen einzuteilen: in die Starken und die Schwachen. Es gibt solche, die zur Niederlage und Erdrückung verurteilt scheinen. Sie sind in diesem universellen Kampf so oft besiegt worden, daß sie an keinen Sieg mehr glauben, und das untergräbt ihre Kräfte. Wer sie kennt, erwartet von ihnen auch nichts anderes, und das gibt ihm eine Sicherheit ihnen gegenüber, die ihn stark macht. Selbst ein Fremder fühlt sofort intuitiv ihre Schwäche und begegnet ihnen infolgedessen herablassend oder aggressiv, zwei verschiedene Arten, sie zu demütigen. Mit derselben Intuition wird er hingegen die Kraft der Starken fühlen und ihnen mit Schüchternheit oder Ehrerbietung begegnen, was ihre Kraft bestätigt. *Audaces fortuna juvat* (den Kühnen lächelt das Glück), pflegten schon die Alten zu sagen.

In Wirklichkeit liegen die Dinge nicht so einfach. Wir alle sind den einen gegenüber schwach und den andern gegenüber stark. Ein Mann, der in seinem Büro ständig von einem ungerechten Vorgesetzten gedemütigt wird, rächt sich dafür zu Hause, indem er Frau und Kinder terrorisiert. Und der Chef rächt sich seinerseits vielleicht im Büro für die Tyrannei, die seine Frau zu Hause über ihn ausübt. Der Untergebene im Geschäft wird in seiner Verteidigung durch die Angst gelähmt, seine Stelle zu verlieren. Und das Gefühl, seine gerechte Sache feige einem materiellen Vorteil zu opfern, läßt ihn durch das Hinzukommen einer gewissen Selbstverachtung seine Demütigung noch bitterer empfinden. Das wiederum steigert seine Nervosität und seine Reizbarkeit zu Hause. Niemand jedoch tyrannisiert seine Umgebung ohne Gewissensbisse. Und diese meist verdrängten Gewissensbisse lassen seine Reaktionen noch heftiger werden.

Man erkennt, wie die starken und schwachen Reaktionen sich übereinanderlagern, so daß sich jene doppelte Verkettung entwickelt, von der ich oben sprach. Von Niederlage zu Niederlage werden die Schwachen immer schwächer; von Sieg zu Sieg werden die Starken immer stärker. Und das erweckt schließlich den Eindruck einer unabwendbaren Schicksalhaftigkeit. Manche Menschen scheinen zum Erfolg vorherbestimmt, andere zur Niederlage.

Gibt es wirklich zweierlei Menschen? Woher kommt letztlich dieser so große Gegensatz zwischen den Starken und den Schwachen? Sind sie wirklich so verschieden voneinander? Solcherart sind die Fragen, die mich in den letzten Jahren beschäftigt haben und die ich hier anhand meiner täglichen Beobachtungen erörtern möchte. Ich tue es mit bewegtem Herzen; denn es geht dabei um zwei Hauptprobleme unserer Zeit.

Es geht zunächst um das Problem der Nervenkranken, deren Zahl trotz der großartigen Fortschritte der wissenschaftlichen Psychologie ständig zunimmt. Tatsächlich zeigen sich uns die Nervenkranken meistens als Schwache und Erdrückte. Sie haben das Gefühl, einer andern Art von Menschen anzugehören als die im Leben Erfolgreichen und Starken. Jeder Arzt kann bestätigen, wie schwer es ist, diesen Besiegten wieder einiges Selbstvertrauen einzuflößen. Dieses Selbstvertrauen wäre nötig, damit sie Erfolg hätten, andererseits wären Erfolge nötig, um wieder Zuversicht zu gewinnen. Schlimmer ist noch, daß durch diese Vorstellung, zum Mißerfolg verurteilt zu sein, das Bild, das sie sich von der Welt und sich selbst machen, entstellt wird. Sie bauschen ihre eigenen Niederlagen und die Erfolge der andern auf; sie verkleinern ihre eigenen Siege. Während Wochen bemühte ich mich darum, einem mehrmals durch das Examen gefallenen Studenten wieder Mut zu machen. Ich analysierte mit ihm die weit zurückliegenden Ursachen seiner Minderwertigkeitsgefühle und seiner Ängste. Er gewann einige Zuversicht und bestand sein Examen. Ich jubelte und erwartete, ihn nun endlich stolz und glücklich zu sehen. Ich glaubte die Partie gewonnen. – Weit entfernt davon! Er war überzeugt, daß der Examinator ihm nur aus Mitleid eine genügende Note gegeben habe, daß alle seine Kameraden besser vorbereitet gewesen seien als er, daß er im Leben nur um so mehr jene enttäuschen werde, die bei ihm Kenntnisse voraussetzten, die er nicht hat.

In dieser Frage der Starken und Schwachen geht es jedoch auch um das ganze Problem der Gesellschaft und letzten Endes um Krieg und Frieden. Denn der Krieg zwischen den Völkern und Völkerkoalitionen, zwischen Parteien und Parteikoalitionen ist nur die letzte Auswirkung, der letzte Ausdruck des von mir erwähnten allgemeinen Ringens. Wenn die Schwäche zur Vernichtung führt, so hat auch die Kraft ihren eigenen Teufelskreis. Es gilt, immer noch stärker zu sein, sonst riskiert man eine noch verheerendere Niederlage, und diese Jagd nach der Stärke führt die Menschheit unausbleiblich zur allgemeinen Vernichtung.

So wende ich mich in diesem Buch nicht nur an die Schwachen, um eine Hoffnung in ihnen zu erwecken. Ich wende mich auch an die Starken, die alle unbestimmt fühlen, daß diese Siege, die sie aus Angst, selbst besiegt zu werden, unaufhörlich erringen müssen, in der Welt jene Atmosphäre von Gewalttätigkeit, jene angstvolle Spannung, jene Katastrophenstimmung fortbestehen lassen, in der wir heute leben.

Nun ist, wie ich glaube, die Ursache, sowohl der Verzweiflung der Schwachen wie auch des Unbehagens der Starken und des Unglücks aller, eine falsche Vorstellung, nämlich gerade die große Illusion, daß es zweierlei Menschen gibt, die Starken und die Schwachen.

In Wirklichkeit sind sich die Menschen viel ähnlicher, als sie glauben. Was sie unterscheidet, ist ihre äußere, glanzvolle oder Mißfallen erregende Maske, ist ihre Art, nach außen stark oder schwach zu reagieren. Aber dieser äußere Schein verbirgt eine im innersten Kern identische Persönlichkeit. Diese Maske, die äußeren Reaktionen täuschen jedermann, die Starken wie die Schwachen. In Wahrheit sind alle Menschen schwach, weil alle Angst haben. Sie fürchten sich davor, im Leben erdrückt zu werden. Sie haben Angst, daß man ihre innere Schwäche entdecke. Alle haben gewisse verborgene Makel. Sie haben Gewissensbisse wegen irgendwelcher Handlungen, die sie nicht aufgedeckt sehen möchten. Sie haben alle Angst vor den andern und vor Gott, vor sich selbst, vor dem Leben und vor dem Tod.

Selbst die Begabtesten, selbst jene, die sich am selbstsichersten gebärden, fühlen undeutlich, daß ihr Ruf nicht der Wirklichkeit entspricht, und sie beben bei dem Gedanken, man könnte es bemerken. Der gelehrteste Professor hat Angst, man würde ihn Dinge fragen, die er nicht weiß. Der scharfsinnigste Psychologe hat Angst, man könnte an ihm irgendeinen banalen Komplex entdecken. Der redegewandteste Theologe hat Angst, man könnte etwas von den ihn heimsuchenden Zweifeln merken. Sie alle wissen, daß die Nächsten in ihrem intimen Leben Gemeinheiten entdeckt haben, von denen die große, sie bewundernde Masse nichts ahnt. Alle fühlen, daß das Mysterium des Lebens viel größer ist, als sie zugeben, und daß das unbekannte Morgen plötzlich ihre Schwäche enthüllen kann. Was die Menschen voneinander unterscheidet, ist nicht ihre innere Natur, sondern die Art, wie sie auf das gemeinsame Elend reagieren.

Es gibt bei den Menschen zwei entgegengesetzte Arten, auf dieselbe tiefe Angst zu reagieren: die starken und die schwachen Reaktionen.

Nehmen wir zwei Schüler, die beide nur die Hälfte von dem wissen, was sie wissen sollten. Der eine, wie gelähmt von dem Bewußtsein seiner Lücken, sitzt mit offenem Munde da, selbst wenn man ihn Dinge fragt, die er weiß. Er wirft sich im stillen seine grundlose Angst vor, und dieser innere Kampf lähmt ihn noch mehr. Er sieht sich seinen Eltern bereits Schande machen, und diese Vorstellung nimmt seinen Geist so sehr in Anspruch, daß er den wohlwollenden Fragen gegenüber taub bleibt, die sein Lehrer ihm stellt, um ihm aus der Verlegenheit zu helfen. Sein Kamerad hingegen, der sich seiner Lücken nicht weniger bewußt ist, wird durch die Gefahr wie elektrisiert. Selbst wenn er über Dinge befragt wird, die er nicht weiß, legt er unerschrocken los und hält einen glänzenden Vortrag, wobei er geschickt auf das Gebiet überwechselt, das er am besten beherrscht. Schon fühlt er eine gewisse Siegestrunkenheit, und die verstärkt noch seine Zuversicht und seine geistige Lebendigkeit, so daß ihm eben noch zur rechten Zeit einzelne Wissensbrocken einfallen.

Wie man sieht, spielt die Reaktionsweise der beiden Prüflinge praktisch eine viel wichtigere Rolle als der tatsächliche Umfang ihrer Kenntnisse. Aus den vorhandenen 50% hat der eine 100% gemacht, während sie dem andern zu Null wurden. Das Ergebnis hätte das gleiche sein können, selbst wenn der „Schwache" viel besser vorbereitet ins Examen gegangen wäre als der „Starke". Man beachte vor allem, daß beide Angst hatten durchzufallen, dies aber nur bei dem einen sichtbar wurde, weil ihre Reaktionen auf die gleiche Angst entgegengesetzt waren. Was mithin die Menschen in allen Lagen unterscheidet, ist die unterschiedliche Art, womit sie auf die gleiche Besorgnis reagieren.

Stark reagieren heißt, sich sicher oder aggressiv zeigen, um seine Schwäche zu tarnen; heißt, seine Angst verbergen, indem man den andern Angst einflößt; heißt, seine Tugenden hervorkehren, um seine Laster zu verstecken.

Schwach reagieren heißt, sich ängstigen und gerade durch diese Erregung seine Schwäche aufdecken, die man verbergen wollte; heißt, im Banne dieser Schwäche sich unfähig zeigen zu jenen Deckreaktionen, die bei den Starken irreführen.

In dieser Hinsicht, ich muß es bekennen, scheinen mir die Schwachen immer aufrichtiger zu sein als die Starken. Denn bei diesem Spiel der Reaktionen täuschen sich die Starken schließlich selbst. Indem sie andern gegenüber ihre Schwäche verbergen, verkennen sie diese zuletzt selbst. Sie verdrängen sie, ohne sie aus der Welt zu schaffen. Sie bewahren, wenn man so sagen darf, ein unbewußtes Bewußtsein ihrer Schwäche, was neue Deckreaktionen nach sich zieht.

Die Schwachen hingegen haben ein übersteigertes Bewußtsein ihrer Schwäche. Deswegen scheinen sie krank, untauglich, erdrückt zu sein. Die Starken sind nicht krank, aber sie machen durch das schreckliche Spiel ihrer Reaktionen die Gesellschaft krank.

Wenn die Schwachen sich erdrücken lassen, so, weil sie an die Kraft der Starken glauben und nicht sehen, daß diese Kraft eine Schwäche verschleiert. Wenn die Starken die Schwachen erdrücken, so geschieht es, um sich durch diesen Triumph selber Mut zu machen.

In Wirklichkeit reagieren wir alle den Umständen entsprechend bald stark, bald schwach, aber in wechselndem Verhältnis. Mitunter bedeutet selbst eine schwache Reaktion wie die Nervenkrise noch eine letzte Waffe, zu der man in Ermangelung starker Waffen greift. So bei dem oben erwähnten Kind: Seine Tränen – eine schwache Reaktion – haben ihm den Sieg gebracht. Umgekehrt vermag die starke Reaktion, beispielsweise der Zorn, niemals ganz die Schwäche zu verschleiern, die sie verrät. Die Person selbst ist sich dessen immer mehr oder weniger bewußt, und ebendies stürzt sie in eine Verkettung von immer stärkeren Reaktionen.

So sind die starken Reaktionen – beispielsweise ein Faustschlag auf den Tisch – ein Eingeständnis von Schwäche. Und die schwachen Reaktionen sind immer noch ein Anzeichen von etwelcher Reaktionskraft. Eine reizbare und impulsive Frau überhäuft ihren Mann bei der geringsten Auseinandersetzung mit Vorwürfen. Es ist, als öffnete sich plötzlich eine Schleuse und ein wilder Sturzbach schieße daraus hervor. Eine Flut alter Klagen ergießt sich über den Gatten. Dieser pflegt hingegen bei solchen Anlässen schwach zu reagieren. Er ist wie versteinert;

kein Wort kommt aus seinem Mund. Eine unsagbare Mattigkeit überfällt ihn. Aber diese Reaktion ist immer noch eine Art Verteidigung. Seine Frau täuscht sich darin nicht. Dieser stumme und passive Widerstand reizt sie in höchstem Maße. Trotz ihres Geschreis fällt ihr der Sieg nicht zu, solange sie diese Wand des Schweigens nicht zu durchbrechen vermag. „So antworte doch, statt wie ein Trottel dazusitzen", wirft sie ihm entgegen. Sie droht mit Scheidung; er denkt an Selbstmord, diese äußerste Reaktion der Schwachen, die aber gleichwohl noch eine Waffe bleibt; denn dieser Gedanke bedeutet ja: „Vielleicht wird sie an meinem Grabe bereuen, was sie mir angetan hat."

Trotz gegenteiligen Anscheins sind die starken und die schwachen Reaktionen nahe verwandt. Das wird noch deutlicher, wenn man darauf achtet, wie unvermittelt man oft von der einen Reaktion zur andern übergeht. Jener eben noch versteinert dasitzende Mann erhebt sich plötzlich blitzartig und gibt seiner Frau eine Ohrfeige. Die Frau fällt nicht weniger schnell aus der höchsten Erregung in tiefste Niedergeschlagenheit. Es ist, als ob die beiden Gatten ihre Waffen ausgetauscht hätten. Jetzt ist es der Mann, der von Ehescheidung spricht, und seine Frau spricht von Selbstmord.

Wiederum habe ich eine akute Auseinandersetzung als Beispiel genommen. Doch in Wirklichkeit bestehen die tausenderlei weltlichen, geistigen, geschäftlichen Beziehungen aus einem subtilen Spiel starker und schwacher Reaktionen. Zu jenen gehören verschleierte Kritik, leichte Ironie, kaum merklicher Bluff; zu diesen stille Bewunderung, feine Schmeichelei, scheinbare Zustimmung. Starke und schwache Reaktionen sind, wie man sieht, weniger entgegengesetzt, als es den Anschein hat. Die einen wie die andern sind Anzeichen einer fundamentalen, allen Menschen gemeinsamen Not. Und beide führen auf zwei verschiedenen Wegen zu dem gleichen Resultat: zur Erdrückung der Schwachen und zum allgemeinen Krieg, bis die Starken selbst unter den angehäuften Trümmern erdrückt werden.

Eine Mutter umgibt ihre beiden Töchter mit einer eigennützigen und tyrannischen Liebe. Überzeugt, nur zu deren Bestem zu handeln, will sie ihren Lebenswandel bis in die kleinsten Kleinigkeiten überwachen und lenken, um die Kinder vor allen Gefahren und allen verderblichen weltlichen Einflüssen zu schützen.

Die eine der beiden Töchter, gewöhnlich ist es die ältere, antwortet auf diesen Machtanspruch der Mutter mit schwachen Reaktionen. Sie unterwirft sich, verliert jede Entschlußkraft, wird zögernd und ängstlich. Sie hat keinen Beruf, wird zum Dienstmädchen ihrer Mutter. Sie verzichtet auf jedes persönliche Leben, auf alle Unabhängigkeit. Durch ihre Unterwerfung ermutigt sie die Mutter zu noch größerer Tyrannei. Trotz aller Bemühungen der Tochter findet die Mutter immer noch etwas an ihr auszusetzen. Jene hat einen wachsenden Schrecken vor diesen Vorwürfen und wird stets noch fügsamer und verängstigter. Sie unterliegt der mütterlichen Suggestion, hat Angst vor den Männern, vor der Geschlechtlichkeit, vor der Liebe, vor dem Leben. Sie flüchtet sich in eine Traumwelt. Das wachsende Gefühl, ihr Leben zu verfehlen, steigert diese Neigung und läßt sie der Wirklichkeit gegenüber immer ratloser und von der Mutter immer abhängiger werden.

Die andere Tochter antwortet dagegen mit starken Reaktionen. Schon in ganz jungen Jahren erhebt sie sich gegen die Ansprüche ihrer Mutter und revoltiert. Diese ist entrüstet über solche Unverschämtheit, und um den Widerstand zu brechen, will sie die Schraube des Zwangs noch stärker anziehen.

Von nun an stehen sich Mutter und Tochter in einem noch ungleichen Kampf gegenüber, wodurch sie beide angetrieben werden, auf ihrem Standpunkt zu beharren. Um ihre Mutter zu verhöhnen, geht die Tochter ostentativ aus; sie tut sich mit jungen Leuten von zweifelhaftem Ruf zusammen. Eines Tages überrascht sie die Mutter dabei und überhäuft sie mit Verwünschungen. Das ist der Tropfen Wasser, der den Becher überlaufen läßt. Die Tochter verläßt das Haus und schlägt die Türe zu. Um sie zur Sinnesänderung zu bringen, verweigert ihr die Mutter jede finanzielle Unterstützung. Daher lernt die Tochter, sich durchzuschlagen, sie findet Hilfe; sie macht auch schmerzliche Erfahrungen, gewinnt aber eine Reife, die seltsam von der kindlichen Haltung ihrer älteren Schwester absticht. Eifrig stürzt sie sich in die Arbeit, um einen Beruf zu erlernen und unabhängig zu werden. Sie hat Liebhaber und lernt von ihren Schwächen zu profitieren. Bald einmal sagt sie zu ihrer Schwester: „Du bist dumm! Du verpatzt dir das Leben selbst! Mach's wie ich! Setze dich durch und hab ein wenig Willen!" Diese Vorwürfe vermehren nur die Zweifel der älteren Schwester an sich selbst, während die jüngere sie mit Vergnügen wiederholt, um sich einzureden, auf dem richtigen Weg zu sein, trotz ihres unbehaglichen Gewissens.

Natürlich sucht die Mutter Ersatz und Trost bei ihrer selbstlosen Tochter. Auf sie ergießt sie ihre Klagen über die unwürdige Schwester. Sie erweckt Mitleid bei ihr, eifrige Bereitschaft zu trösten, grenzenlose Ergebenheit. Allein diese Mutter ist nicht zu trösten; denn nichts von dem, was die ältere tut, vermag die von der jüngeren erlittenen Kränkungen auszutilgen. Und nun treten bei der älteren Zwangsvorstellungen auf, Kristallisationspunkte jener dumpfen, verworrenen Angst, wie sie eine liebende Hingebung, die ihr Ziel nicht erreichen kann, unvermeidlich im Gefolge hat. Seitdem fühlt sich diese Tochter krank und demzufolge unfähig, den Kampf mit der Welt aufzunehmen, in der stets die Starken und die Bösen triumphieren. Und wenn sie den Psychiater aufsucht – letzte Bestätigung ihrer gesellschaftlichen Degradierung –, so beschuldigt sie sich ihm gegenüber ihrer Schwachheit, ihrer Feigheit, ihres Mangels an Liebe zu ihrer Mutter.

Unterdessen reist die jüngere Tochter ins Ausland, getrieben von einem unbewußten Verlangen, von der Mutter Abstand zu gewinnen. Dort bieten sich ihr unerwartete Gelegenheiten, und sie macht eine glänzende Karriere. Wohl fühlt sie einige Gewissensbisse, ihrer Mutter Leiden verursacht zu haben, aber sie verdrängt sie sofort unter einer Flut von Anklagen. Henri Baruk[2] hat diese Entstehung von Aggressivität durch Gewissensverdrängung wunderbar beschrieben. Die starken Reaktionen führen genauso wie die schwachen zu furchtbaren Verwicklungen: Sie reißen uns zu ungerechten und heftigen Handlungen hin, die ein peinliches Schuldgefühl hinterlassen; daher wird dieses sofort verdrängt und macht einer doppelten Gereiztheit dem Opfer gegenüber Platz. Auf diese Weise kommen die Präventivangriffe zustande, die eine Hauptrolle in allen menschlichen Beziehungen spielen und an die Fabel vom Wolf und vom Lamm erinnern. Wenn wir einem andern gegenüber im Unrecht sind, beugen wir vor, indem wir ihn beleidigen und angreifen oder mindestens in unserem Herzen tadelnde Gedanken ihm gegenüber hegen. Doch geschieht das nicht ohne Gewissensbisse, die die immer weiter reichenden aggressiven Gefühle tarnen. In einer solchen Haltung gefangen, setzt sich unsere emanzipierte Tochter über alles hinweg, was ihr im Wege steht. Sie ist eine starke Frau geworden, die alles Mitleid ablehnt und ihren Willen jedermann aufzwingt. Sie verachtet ihre Schwester, welche hingegen eine heimliche Bewunderung für sie hegt. Sie betört einen schwachen Mann, der in ihrer Stärke Halt sucht. Er heiratet sie und wird von ihr ebenfalls erdrückt. Später sind es dann ihre Kinder, die ihre Herrschsucht zu fühlen bekommen. Sie duldet keine Widerrede, weder von ihrem Mann noch von den Kindern, so sehr hat sie das Bedürfnis zu beweisen, daß sie im Recht ist.

Wie man sieht, ist eine der beiden Töchter schwach und krank, die andere ist nicht krank, aber die Verkettung ihrer starken Reaktionen bildet einen Krankheitsherd für die Mitmenschen. Die eine hat ihre „Aggressivität“ verdrängt und sie gegen sich selbst gerichtet; sie zweifelt, sie quält sich mit Skrupeln und Vorwürfen; sie verdrängt ihren Groll gegen die Mutter, die ihr Leben zerbrochen hat, aus ihrem Bewußtsein, und sie kompensiert diesen unbewußten Groll durch eine angstvolle Ergebenheit.

Die andere Tochter jedoch hat ihr Gewissen, ihr Herz, ihre Weiblichkeit verdrängt. Unablässig muß sie neue Siege davontragen, um das wankende Gleichgewicht aufrechtzuerhalten.

In Wirklichkeit ist keine der beiden Töchter frei. Sie sind Gefangene ihrer Reaktionen, die eine ihrer schwachen, die andere ihrer starken und ihres unentrinnbaren Ablaufs. Nun aber besteht die wahre Kraft darin, daß man frei ist. Man begreift infolgedessen meine Behauptung: Starke und Schwache sind nicht so verschieden voneinander, wie es den Anschein hat; sie tragen alle dieselbe Herzensnot in sich als gemeinsame Quelle ihrer falschen Reaktionen, der starken wie der schwachen.

Neurose, Schüchternheit, Minderwertigkeitsgefühle, Zweifel an sich selbst, Überempfindlichkeit, krankhafte Schuldgefühle, Erregbarkeit, Zwangsvorstellungen, panische Angst, funktionelle Störungen, Unentschlossenheit, Erschöpfung sind Ausdruck schwacher Reaktionen. Ihrerseits nähren all diese krankhaften Erscheinungen im Menschen ein Gefühl der Schwäche, das ihn dazu treibt, auf jede Schwierigkeit erneut mit schwachen Reaktionen zu antworten.

Aber die starken Reaktionen? Gehen sie nur den Moralisten und Soziologen etwas an und nicht den Arzt? – Keineswegs! Gewiß sind ihre unmittelbarsten Folgen soziale und politische Kämpfe, soziale Ungerechtigkeit, Gewalttätigkeit, Unduldsamkeit, Verleumdung, Rache, Grausamkeit, Krieg. Das ist aber nicht alles. Jene revoltierende Tochter, deren Lebensweg wir verfolgten, deren Gesundheit zur Neurose der Schwester in Gegensatz stand, sie finden wir vielleicht eines Tages wieder, befallen von einer dieser Krankheiten der Starken, die nicht verzeihen können: zu hoher Blutdruck, Arteriosklerose, progressiver Gelenkrheumatismus, Krebs. Oh, ich rühre hier an ein schwieriges und heikles Problem! Ich behaupte nicht, es mit einem Federstrich lösen zu können, aber ich muß es stellen. Es verdient ernste, wissenschaftliche Untersuchungen, die heute erst in den Anfängen stehen, jedoch zu einer Erneuerung unseres ärztlichen Denkens beitragen können.

Um dies zu verstehen, muß man stets die Einheit der menschlichen Person vor Augen haben. Jene schwachen oder starken Reaktionen, von denen wir sprachen, sind ja nicht nur psychologische Reaktionen, sondern solche des ganzen Menschen, an denen der Leib ebenso teilhat wie die Seele. Der Leser versteht das gut. Er hat sich beim Lesen meiner Geschichte wahrscheinlich das unterschiedliche Bild der beiden Schwestern vorgestellt: die Nervenkranke kraftlos, mager, in sich gekehrt, blaß, mit hageren Händen, ohne Spannkraft, mit labilem vegetativem Nervensystem ihre Schwester breitschultrig, mit erhobenem Kopf und vollem Gesicht, angespannt und von blühendem Aussehen.

Wenn aber ein Motor mit Überdruck arbeitet, gibt er mehr her und nützt sich infolgedessen rascher ab. So bleibt es denn auch nicht ungestraft, wenn man sich von einer starken Reaktion zur andern hinreißen läßt und so unaufhörlich alle körperlichen und seelischen Kräfte mobilisiert. Der erfahrene Arzt weiß das recht gut: Jener schwächliche Patient mit seinen ständigen kleinen Beschwerden, der ihn immer wieder wegen neuer funktioneller Störungen aufsucht, wird noch manches Jahr leben, während sein kräftiger Bruder, der sich rühmt, nie krank zu sein und gar nicht auf seine Gesundheit zu achten, ganz plötzlich einer akuten Krankheit erliegen wird.

Es scheint mithin, als gäbe es „schwache“ und „starke“ Krankheiten. Auf den ersten Blick scheinen erstere vor allem funktionell, nervös oder psychisch zu sein, letztere organisch und unerbittlich. Aber sowohl die einen wie die andern sind Krankheiten des ganzen Menschen. Die Person als Ganzes hat die ihr eigene Art, auf das Leben zu reagieren. Starke und schwache Reaktionen sind psychosomatische Reaktionen. Eine Bemerkung verdient hier noch angebracht zu werden, um das Gesagte zu illustrieren: Man beobachtet, daß nervöse und sensible Menschen auch ein sehr zartes und sprödes Haargefäßsystem haben. Beim geringsten Schlag bekommen sie einen blauen Fleck.

Man sieht also, wie seelische und körperliche Probleme ineinandergreifen. Der Arzt beobachtet zwei Formen entgegengesetzter psychosomatischer Reaktionen. Manche seiner Patienten können sich sowohl gegen Krankheitserreger wie gegen Angriffe ihrer Mitmenschen nur schlecht wehren. Ihre körperlichen und seelischen Leiden neigen dazu, chronisch zu werden, und folgen sich unaufhörlich. Ihre körperliche Schwäche bedingt ihre psychische Schwachheit, und ihre psychologischen und gesellschaftlichen Niederlagen rufen neue körperliche Störungen hervor, als materiellen Ausdruck ihrer schwachen Reaktionen. Kaum genesen von einem Übel, befällt sie schon ein neues. Sie sind in einem immer verwickelteren Netz einer ganzen Reihe von Problemen gefangen.

Andere Menschen hingegen reagieren kraftvoll und verdanken diesem Umstand während langer Zeit eine robuste Gesundheit, sowohl des Körpers wie der Seele. Alles erscheint ihnen einfach; sie stellen sich den Schwachen als Beispiel hin und erdrücken sie durch das herausfordernde Prahlen mit ihrer strotzenden Gesundheit. Wenn sie krank werden, ist es eine akute Krankheit mit stärkster Krise, wobei der Krankheitserreger auf eine machtvolle Abwehr stößt. Solche Menschen werden rasch wieder gesund oder unterliegen vorzeitig.

In gesellschaftlicher Hinsicht schreiten die Starken von Erfolg zu Erfolg. Alles erscheint ihnen leicht. Sie bemerken es nicht einmal, daß ihr Triumph oft mit den Tränen der Mitmenschen und tausenderlei Ungerechtigkeiten bezahlt wird, die eines Tages sowohl sie selbst wie die Gesellschaft in eine schwere Katastrophe stürzen können. Die Schwäche der Schwachen ermutigt die Starken zu ihrem rasenden Lauf, und die scheinbare Kraft der Starken hält die Schwachen in ständiger Angst.

Aber all das sind nur oberflächliche Reaktionen. Das Grundproblem aller Menschen ist die seelische Not, die sich hinter ihren starken und schwachen Haltungen verbirgt. Nach Ansicht der Psychologen besteht die Heilung darin, daß man die Schwachen ins Lager der Starken überführt. Die von den Freudschen Psychoanalytikern entwickelte Lehre der Aggressivität ist bekannt: Die Neurose entsteht aus einer Verdrängung der natürlichen Aggressivität; Moral und Religion sind nur gesellschaftliche Zwänge, die das Individuum erdrücken, es seiner Waffen berauben und es von vornherein zu einem Besiegten im Lebenskampf machen. Vielleicht gelingt es dem von jener neurotischen Tochter aufgesuchten Psychiater, ihr seine Lehre beizubringen. Es wird ihm keine Mühe bereiten, sie die Beweise für ihren leidenschaftlichen Groll gegen ihre Mutter in ihren Träumen erkennen zu lassen. Um sie zu heilen, wird er ihr helfen, sich dieses Grolls bewußt zu werden und ihn zu manifestieren. Ich hüte mich, diese Behandlung zu tadeln; sie kann eine notwendige Zwischenstufe sein. Man muß die Patienten so gut wie möglich behandeln. Und diese Tochter wird aufrichtiger gegen sich selbst sein, wenn sie sich wie ihre Schwester nun auch gegen ihre Mutter auflehnt, als zu der Zeit, da sie sich aus Schwachheit ihrem tyrannischen Willen unterwarf.

So habe ich viele Neurotiker gesehen, die nach einer psychoanalytischen Behandlung aus dem Lager der Schwachen in das der Starken übergingen und dadurch im klinischen Sinn des Wortes geheilt wurden. Es ist das immerhin ein nennenswertes Ergebnis, wenigstens für den Patienten, wenn auch nicht für eine alte Mutter, die nichts von dieser Flut von Vorwürfen versteht, mit denen ihr Kind sie überschüttet. Aber die Entwicklung hat sich offensichtlich nur auf der Ebene der Reaktionen vollzogen und nicht im Innersten der Person. Solche Patienten sind von der Verdrängung der Aggressivität zur Verdrängung des Gewissens übergegangen. Sie haben den inneren Grundkonflikt nicht gelöst. Sie drücken ihn nur durch andere Reaktionen aus. Dieser Hauptkonflikt ist der Kampf zwischen unserem Aggressionstrieb und unserem Gewissen, zwischen unserem Entfaltungsbedürfnis und den Hemmungen, die nicht nur gesellschaftlicher Zwang und fremder Wille uns auferlegen, sondern auch unsere eigene Erkenntnis des Guten und des Bösen. In diesem Kampf in der Tiefe der Person liegt das menschliche Drama. Es ist die Ursache jenes inneren Unbehagens, das zu den starken wie den schwachen Reaktionen führt.

Zwei Kräfte stehen sich im Menschen gegenüber: das Bedürfnis, so zu leben, als ob er allein wäre, alles beiseite zu schieben, was sich seinem Wachstum und seinem Ehrgeiz entgegenstellt; die Mitmenschen zu beherrschen, sie zu fügsamen Werkzeugen seiner Macht zu machen oder sie zu vernichten, wenn sie ihm Widerstand leisten. Und andererseits ein nicht weniger mächtiges Gewissen, das jede ungerechte Handlung mit unauslöschlichen Gewissensbissen quittiert, ein Bedürfnis, zu lieben und geliebt zu werden, ein Ahnen der göttlichen Ordnung, die den Lebensraum jedes Menschen im Schoße der Natur und der Gesellschaft harmonisch begrenzt. Wenn die Menschen alle schwach sind, so weil sie sich alle von diesen beiden Kräften entzweigerissen fühlen, unvermögend, den sich daraus ergebenden inneren Konflikt zu lösen.

Die Mehrzahl der Menschen zieht sich durch Kompromisse schlecht und recht aus der Sache: ein Gemisch von starken und schwachen Reaktionen. Je nach den Umständen stoßen sie vor oder blasen zum Rückzug. Sie gebrauchen ihre Ellbogen genau in dem Maße, wie es die herkömmliche Moral, das Gesetz und die öffentliche Meinung erlauben. Ihr Herz und ihr Gewissen lassen sie gleichfalls in dem Maße sprechen, wie dadurch ihre wesentlichen Interessen nicht gefährdet werden.

Weder die extremen Lösungen, seien sie nun stark oder schwach, noch die Kompromisse zwischen beiden bringen dem Menschen eine wirkliche Heilung. Der Kompromiß befreit ihn nicht von der unbestimmten Angst, die der innere Konflikt in ihm zurückläßt. Selbst wenn das Gesetz und die konventionelle Moral ihn nicht anklagen, klagt ihn sein Gewissen mancher heimlicher Ungerechtigkeiten an. Und wenn er aus Feigheit edelmütig war, so empfindert er ein Unbehagen, weil er aus Schwäche gehandelt hat.

Die extreme Haltung der Schwachen haben wir am Beispiel der älteren Schwester beschrieben. Weit davon entfernt, den inneren Konflikt zu beenden, verstärkt sie ihn noch. Den Lebenstrieb zerstört man nicht, man kann ihn gegen sich selbst richten, aber nicht ihn zum Schweigen bringen. Er nagt im Inneren weiter, wodurch das Unbehagen verschärft und die schwachen Reaktionen vermehrt werden.

Die extreme Haltung der Starken, wie sie die jüngere Schwester verkörpert, bringt das Individuum in Schwung und gibt ihm Kraft, löst aber den inneren Konflikt auch nicht. Denn das Gewissen ist ebenso unzerstörbar wie der Lebenstrieb. Gewissen und Stimme des Herzens können wohl verdrängt, aber nicht völlig zum Schweigen gebracht werden. Sie werden nunmehr zur unbewußten Ursache zahlreicher starker Deckreaktionen, und diese verschlimmern ihrerseits die Verdrängung.

So bleibt denn bei den Starken und den Schwachen der innere Konflikt ungelöst. Das beweist ihr gemeinsames Bedürfnis, sich durch ihre mit Leidenschaft verteidigten Lehren selbst zu beruhigen. Die Schwachen sind Pazifisten, Idealisten, Utopisten; sie erheben ihre Schwäche zur Tugend und prangern vergeblich die Ungerechtigkeiten der Welt an, ohne zu wagen, sie zu bekämpfen. Die Starken vertreten die Lehre vom Machtwillen, vom Übermenschen, vom Krieg, vom Fortschritt durch Kampf. Sie sind Materialisten, Realisten. Es gibt keine fanatischeren Anhänger der Aggressionslehre als ehemalige Neurotiker, die nach einer psychoanalytischen Behandlung ins Lager der Starken hinüberwechseln; und ihr glühender Eifer verrät die Qual ihres verdrängten Gewissens. Das beweist, daß alle Menschen das Bedürfnis haben, ihr Verhalten durch öffentlich vertretene Theorien zu rechtfertigen und die andern dazu zu bekehren, um sich selbst von ihrem Wert zu überzeugen.

Die eigentliche Heilung des Menschen liegt weder in seinen starken noch in seinen schwachen Reaktionen. Denn sie hängt von einer wirklichen Lösung seines inneren Grundkonfliktes ab. Sie kann nicht auf der Ebene der Psychologie gefunden werden, sondern nur auf der geistigen Ebene. Denn Gott ist es, der uns unsern Lebenstrieb und unser Gewissen gegeben hat. Deshalb sind sie beide unzerstörbar. Gott allein bringt sie in Einklang, wenn der Mensch ihm gehorcht.

Wenn das psychologische Heil darin besteht, von einem Lager ins andere überzutreten, so besteht das religiöse Heil darin, Gottes Plan wiederzufinden, in welchem beide, der Lebenstrieb und das Gewissen, die richtige Funktion finden, die Gott innerhalb der menschlichen Person für sie bestimmt hat. Wahrscheinlich wird dieser Plan hienieden nie ganz verwirklicht werden. Aber jedes echte geistige Erlebnis ist in dieser Hinsicht bedeutsam und zeigt uns den Weg der Heilung für den Einzelmenschen wie für die Gesellschaft. Die gleiche Erfahrung der Gnade befreit den Schwachen aus der Verkettung seiner schwachen Reaktionen und den Starken aus dem Teufelskreis seiner starken Reaktionen. Sie gibt dem Schwachen wieder Mut und bricht den Stolz des Starken. Sie versöhnt den Schwachen mit dem Leben, mit sich selbst, mit seinem Körper, mit seiner Sexualität, mit seinen Trieben; sie läßt den Starken die Stimme seines Gewissens hören und gibt ihm eine ganz andere Kraft, mit der er seine geheime Schwäche erkennen kann, welche er unter einem aggressiven Äußeren verbarg. Sie führt den Schwachen dazu, seine Feigheit in dem zu sehen, was er bisher für Edelmut gehalten hatte, und den Starken seine Ungerechtigkeit in dem, was er für sein gutes Recht hielt.

Kommen wir noch einmal auf das Beispiel der beiden Schwestern zurück. Wenn sie jene entscheidende Stunde der Begegnung mit Jesus Christus erleben sollten, so wird die ältere wieder ehrlich sich selbst gegenüber werden, sich ihren Groll gegen die Mutter eingestehen und ihr verzeihen. Dann wird sie von ihren schwachen Reaktionen befreit werden, ohne nun deswegen in die starken Reaktionen der Aggressivität zu fallen. Die jüngere wird Gott und ihre Mutter um Verzeihung bitten, und das wird keineswegs eine schwache Reaktion sein; ganz im Gegenteil: Erlöst von ihren Gewissensbissen, wird diese jüngere den inneren Frieden und die Liebe zu ihrer Mutter wiederfinden.

Wir sehen, wie die ältere sich von Erfahrung zu Erfahrung immer mehr behauptet, trotz mancher Rückfälle in die alten Reaktionen, und wie die jüngere immer sanfter wird.

All das gilt nicht nur für die extremen Fälle und die heftigen Konflikte, die ich der Deutlichkeit halber als Beispiel genommen habe. Vielmehr stellt sich in jedem Verhältnis von Mensch zu Mensch die Frage: Welcher der beiden Partner übt den größeren Einfluß auf den andern aus? In jeder gesellschaftlichen Beziehung steht ein Wille gegen den andern, wobei jeder den andern einschränkt, sei es, daß die beiden Partner in einem Konflikt aneinander geraten, sei es im Gegenteil, daß jeder, von der Richtigkeit seines Standpunktes überzeugt, den andern mit Liebe dafür zu gewinnen sucht. In jedem Verhältnis zwischen Menschen sind also diese drei Haltungen möglich: die passive, schwache Reaktion, die Unterwerfung, der Verzicht auf jede Einflußnahme; dann die starke Reaktion, ein heftiger oder sanfter Druck, der Versuch, die Oberhand zu gewinnen; und schließlich die geistige Erfahrung, der harmonische Ausgleich der beiden Willenskräfte durch ihre Unterwerfung unter den Willen Gottes, der jedem von ihnen die richtige Grenze setzt.

Ich kenne beispielsweise zwei gläubige Eheleute, die intelligent und voll guten Willens sind und sich gerne verstehen möchten. Aber ihre Temperamente sind einander entgegengesetzt. Der Mann ist von Natur aus passiv und beschaulich, seine Frau tatkräftig und aktiv. Und das mächtige und tragische Spiel ihrer wechselseitigen starken und schwachen Reaktionen hat zu vielen Schwierigkeiten in ihrem Eheleben geführt. Trotz der guten Eigenschaften, die beide besitzen, steht dieses Spiel ihrer wahrhaften Einigung im Wege. Immerhin versuchte die Frau nicht, ihren Mann zu beherrschen, oder war sich wenigstens dessen nicht bewußt. Sie wollte ihm helfen, sie ermahnte ihn, unternehmender zu werden, sein Herz zu öffnen, sich zu entfalten. Aber sie erreichte nur das Gegenteil. Ihr Mann fühlte sich unter diesem Druck, so liebevoll er auch gemeint war, minderwertig und unverstanden. Er verschloß sich immer mehr und verlor jeden Schwung. Beide Gatten wünschten im stillen, der andere möchte sich ändern.

Kürzlich erhielt ich von ihnen einen Brief, worin sie mir von dem geistigen Erlebnis erzählten, das ihnen zuteil wurde. Vor Gott sich sammelnd, hatte die Frau verstanden, daß er ihr gebot, auf diesen Druck zu verzichten, den sie auf ihren Mann ausübte, „aus Ungeduld, aus Selbstmitleid und aus Vergeltungstrieb", wie sie sich ausdrückte. Was den Mann betrifft, so hat er in der Sammlung erkannt, daß er es aufgeben muß, „die Dinge, die ihm Mühe machen, so tragisch zu nehmen".

Mit einem Schlag hat sich die eheliche Atmosphäre umgewandelt. Die gleiche Stimme Gottes befreite den Mann von seinen schwachen und die Frau von ihren starken Reaktionen, Reaktionen, die sich wechselseitig anfachten. Die stille Sammlung hat sie beide aus den blinden und hartnäckigen Mechanismen ihrer natürlichen Reaktionen herausgerissen, um sie auf eine neue Ebene zu heben, wo sich ihre Einheit in der Verschiedenheit ihrer sich ergänzenden Temperamente harmonisch verwirklichen kann. Und voller Freude haben sie ihren Brief mit den Worten geschlossen: „Keine Rede mehr davon, den andern zu ändern – sondern nur noch davon, sich selbst zu ändern mit Gottes Hilfe."

2. Kapitel

Die Erdrückten

Eine Frage stellt sich uns nun: Was ist die Ursache dieser so unterschiedlichen Reaktionsweise zwischen den Menschen? Woher kommt es, daß dieselben inneren Nöte von den einen mit starken, von den andern mit schwachen Reaktionen beantwortet werden, so daß erstere sich einer trügerischen Kraft und Gesundheit rühmen, während letztere sich dem Arzt als Erdrückte vorstellen?

Ja, wirklich als Erdrückte. Wie oft habe ich dies Wort aus dem Munde derer gehört, die mich aufsuchten, um mir von ihren Leiden zu berichten! „Ich habe mein Leben verfehlt. Vor zehn Jahren hätten Sie mir noch helfen können; jetzt ist es zu spät." Erdrückt von all dem Mißgeschick, unter dem sie zerbrochen sind, durch die Aufeinanderfolge von schweren Niederlagen, aus denen sich ihr Leben zusammensetzt, fühlen sie vage die unselige Verkettung, die wie ein Fluch auf ihnen lastet. Sie erwarten nichts anderes mehr als neue Katastrophen. Alles, womit sie in Berührung kommen, verderben sie; sie verdüstern das Leben derer, die sie lieben, sie machen sich deswegen Vorwürfe, und dieses schlechte Gewissen verschlimmert noch ihre ungeschickten Reaktionen. Sie sind das „schwarze Schaf" in der Familie, und sie glauben nicht mehr an das Glück. Alles wird verfälscht, ihre Sexualität, ihre Ehe, ihre Arbeit, ihre Bemühungen, ihr Urteil. Sie werden erdrückt vom Leben, von der Gesellschaft, vom Geld, von der Moral, ja selbst von denen, die ihnen helfen wollen und die sie belehren, die sie als egoistisch, stolz, empfindlich, heuchlerisch oder pervers hinstellen. Sie werden erdrückt von der Kritiksucht, die sich all diesen Ratschlägen beimengt, vom gesellschaftlichen, moralischen, religiösen Formalismus. Sie wehren sich mit dem Mut der Verzweiflung, schlagen aus innerhalb dieser engen Wände, wo sie zu ersticken drohen, und ziehen sich damit neue Vorwürfe zu.

Tragischer ist noch, daß sogar derjenige sie erdrückt, der ihnen mit Wohlwollen und Liebe zu helfen versucht. Das Mitleid, das sie bei ihm erregen, demütigt sie. Seine Fürsorge läßt sie ihr eigenes Elend fühlen. So habe ich es oft erlebt, wie sich die schwachen Reaktionen meiner Patienten vermehrten und verschlimmerten, sobald sie sich verstanden fühlten.

Ich unterhalte mich mit einer Patientin, die sich in ihrer Familie immer überzählig vorkam, an der Liebe ihrer Eltern zweifelte, sich schwächer fühlte als ihre Geschwister und durch eine Verkettung schwacher Reaktionen in eine Zwangsneurose fiel. Zwischen ihr und mir besteht ein scheinbares Mißverhältnis, das dazu beiträgt, sie zu erdrücken. In unserm innersten Wesen sind wir beide gleich elend, aber sie kann es nicht glauben. Sie betrachtet sich als die Gescheiterte und ihren Arzt als den Erfolgreichen. Sie ist die Kranke, die der Hilfe bedarf, ich bin der Arzt, der Hilfe leistet. Unser Ideenaustausch erscheint ihr als Einbahn, obwohl ich dabei viel lerne. In ihren Augen gleicht er einer Belehrung. Mein Ruf, meine Wissenschaft, ja selbst mein Glaube hindern sie, sich mir ebenbürtig zu fühlen. Daher kann sie auch nicht glauben, daß Gott sie ebenso sehr liebt wie mich, sogar mehr, weil ihm ja die Kranken, die Erdrückten besonders am Herzen liegen. Nur wegen meines Elends gewährt Gott mir seine Gnade, und sie glaubt, es geschehe meiner Verdienste wegen, während sie nicht einmal zu beten wagt. So erstrecken sich ihre Minderwertigkeitsgefühle mir gegenüber bis ins geistige Gebiet hinein und berauben sie der religiösen Erfahrung, die sie davon befreien würde. Sie hält sich für unwürdig, einem beschäftigten Mann so viel Zeit wegzunehmen. Je mehr Zeit ich ihr widme, um so mehr fürchtet sie, mich nach so vielen Bemühungen zu enttäuschen, und desto mehr schürt diese Befürchtung ihre Zweifel an sich selbst.

Diese Schwachen sind empfindlich, leicht erregbar, aber ist

ihre Erregbarkeit die Ursache ihrer Fehlschläge oder deren Folge? In der Regel übrigens tadelt und beklagt man sie abwechselnd. Bald rät man ihnen, ihre Nerven behandeln zu lassen, bald ihren Charakter zu ändern. Handelt es sich also um nervöse oder charakterliche Störungen? – Eine byzantinische Frage, die immer neu gestellt und nie gelöst wird; denn in beiden Fragestellungen liegt etwas Wahres. Sprechen wir also, um neutral zu bleiben und allen Aspekten des Problems gegenüber offen zu sein, von Störungen der Affektivität. Die Affektivität – Freude und Trauer, Begeisterung und Entmutigung, Vertrauen und Verzweiflung, Phantasie und mentale Hemmung – ist eine vielfältige, feine und mächtige Kraft, die nicht so leicht zu definieren ist. Sie scheint mir den Menschen ursprünglich zu ihrem Besten geschenkt worden zu sein, nämlich um sie in der Verwirklichung ihres Schicksals zu leiten. Jeder Schritt, den wir im Sinn unserer Bestimmung tun, ruft normalerweise ihre positiven Seiten wach, jeder Schritt im entgegengesetzten Sinn ihre negativen. Deswegen ist diese Kraft so mächtig und bestimmt tatsächlich das ganze Verhalten der Menschen.

Wenn sie gestört wird, gibt es keinen zuverlässigen Führer mehr, sondern nur noch Verwirrung und widersprüchliche Reaktionen. Die Nervösen ängstigen sich gerade dann, wenn sie den richtigen Weg einschlagen; sie werden getrieben – und sind sich oft dessen bewußt –, gerade das zu tun, was ihnen das Mißgeschick zuzieht, worunter sie leiden. Alsdann wissen sie nicht mehr, wo aus und ein wie in einem Spiegellabyrinth, wo man den tatsächlichen Ausgang nicht mehr von seinem tausendfach gespiegelten Ebenbild unterscheiden kann. In der Kopflosigkeit wächst die Verwirrung. Sie fühlen sich ohnmächtig und erdrückt.

Indessen, noch einmal: Woher kommt diese Störung? Waren diese Sensiblen schon in der Wiege, wie sie oft denken, dem Erdrücktwerden geweiht, durch eine angeborene Neigung zu schwachen Reaktionen? Oder sind im Gegenteil widrige Umstände ihres Lebens schuld an dieser Störung der Affektivität? Oder haben sich vielleicht die beiden Faktoren, der angeborene und der zufällige, teuflischerweise verschworen? – Ich glaube, ja.

Bekanntlich schrieb man zu Beginn dieses Jahrhunderts alle nervösen Störungen einer organischen Verletzung zu, mochte diese der wissenschaftlichen Forschung zugänglich sein oder nicht. Seither hat uns die analytische Schule die außerordentliche Bedeutung der zufälligen psychologischen Faktoren enthüllt, der in der Kindheit erlittenen Gemütserschütterungen, der Komplexe und Konflikte. Ich kann die Entstehung der schwachen Reaktionen hier nicht studieren, ohne den von den Psychoanalytikern aufgedeckten seelischen Vorgängen einen bedeutenden Platz einzuräumen. Allein es scheint mir jedoch auch, daß diese Männer, hingerissen von der Begeisterung über ihre Entdeckungen, einen Aspekt des Problems der Nervenkranken übersehen haben. Unzählige Kinder werden auf brutale Weise und vorzeitig geschlechtlich aufgeklärt, werden von einem Vater mißhandelt, der eifersüchtig ist auf die Liebe, die ihre Mutter ihnen entgegenbringt, oder werden von einem ungerechten Lehrer verfolgt, ohne deswegen der Neurose zu verfallen. Mehr noch, viele werden durch solche Schwierigkeiten im Gegenteil angespornt, abgehärtet. Ich habe das am Beispiel der beiden Schwestern gezeigt.

Wir sehen immer wieder Neurotiker, deren Krankheit auf in der Kindheit erlittene negative Suggestionen zurückzuführen ist; ihre Geschwister aber sind nicht krank. Ganz im Gegenteil, sie haben auf diese Eindrücke kräftig reagiert und sind eigenwillige und starke Persönlichkeiten geworden. Ich kenne ein Mädchen, dessen Geschichte nicht weniger tragisch ist als die unserer Patienten. Vor der Verheiratung ihrer Eltern geboren, war sie fremden Leuten anvertraut worden, die sie mißhandelt haben. Ganz unvermittelt nahmen ihre Eltern sie nach der Heirat wieder zu sich. Sie waren für das Kind nahezu Unbekannte; es fühlte sich gänzlich fremd in ihrem Haus. Bald begannen sich die Eltern zu streiten und gegenseitig zu betrügen. Das Kind hat heftige Auftritte miterlebt und ist oft bei den familiären Streitigkeiten zum Sündenbock gemacht worden, bis es dann zur

Ehescheidung kam. Darauf lebte es abermals bei fremden Leuten, die es ausnützten. Endlich fand es in einer neuen Familie ein wenig Liebe, aber schon nach kurzem ließen auch diese Pflegeeltern sich scheiden! Der einzige Lichtschimmer, der ihm in seinem Leben aufgegangen war, verwandelte sich in einen zerstörenden Brand. Als junges Mädchen ward sie noch einmal von ihrer Mutter aufgenommen, die mit einem Geliebten zusammenlebte und sie alsbald aus Eifersucht verfolgte, weil dieser Liebhaber ihr zu sehr zugetan war. Ihr Vater hatte sich dem Trunk ergeben und konnte ihr keinerlei Hilfe gewähren.

Nun, dieses Mädchen hat sich durch so viel Elend keineswegs niederdrücken lassen, sondern ist dadurch vielmehr angespornt worden. Es hat auf starke Weise reagiert, ist noch ganz jung in die Fremde gereist, hat sich durchgeschlagen und einen guten Beruf erlernt. Erst zwanzigjährig, verdient sie sich selber ihren Lebensunterhalt. Gegen Aufdringliche weiß sie sich zu verteidigen, und sie hat große Pläne im Kopf. Sie will nunmehr reisen und möchte von mir beraten werden.

Es sind die Kranken, die zum Psychiater gehen. Wenn er daher in ihrer Kindheit seelische Erschütterungen entdeckt, sieht er darin die Ursache ihrer Neurose. Seltener jedoch hat er Gelegenheit, jene andern Menschen zu untersuchen, die Gleiches erlitten haben, ohne jedoch deswegen krank geworden zu sein.

Die seelischen Erschütterungen der Kindheit, in welchen die Psychoanalytiker die Ursache der Neurose sehen, haben mithin eine reale, aber nicht entscheidende Bedeutung. Es spielt noch ein anderer Faktor mit, der der Veranlagung, nämlich eben die psychosomatische Konstitution, die angeborene Empfänglichkeit für schwache Reaktionen. Folglich müssen wir, wie mich dünkt, nun nach den organ-pathologischen und den psychoanalytischen Theorien eine befriedigende Erklärung auf psychosomatischer Grundlage suchen. Der Nervenkranke fühlt sich unverstanden bei einem materialistisch eingestellten Arzt, der die bedeutende Rolle der seelischen Faktoren in der Entstehung seiner Krankheit verkennt, die ausgestandenen Leiden, die erlittenen Kränkungen, die Tyrannei, der er ausgesetzt war, die

Gewissensbisse, die an ihm nagten, die Enttäuschungen, die er durchmachte. Aber er fühlt sich ebenso unverstanden, wenn der Arzt die Rolle des angeborenen Faktors verkennt; denn der Kranke selbst fühlt intuitiv, daß eine gewisse angeborene Disposition seiner körperlichen und seelischen Natur ihn dazu geführt hat, anders als seine Mitmenschen auf die Erschütterungen und Schwierigkeiten des Lebens zu reagieren, sich da erdrücken zu lassen, wo andere im Gegenteil angespornt worden wären.

Bei einer vom Leben erdrückten Frau zeigte die psychologische Analyse, welche Rolle in diesem Zusammenhang ihre Mutter, eine starke und edle Persönlichkeit, gespielt hat; sie beherrschte die Tochter und setzte sich ihren Neigungen und ihrer Berufswahl entgegen. Daher hatte die Tochter das Gefühl, von der Mutter gehemmt und an einem freien Leben gehindert zu werden. Aber als die Mutter starb, bewegte sie sich nicht freier und fühlte sich um nichts weniger erdrückt. Sie war von schwächlicher Konstitution; trotz vieler Anstrengungen konnte sie nicht zunehmen, und auch ihr Blutdruck erhöhte sich nicht, ihr Herz, ihr Darm, ihre neuralgischen Schmerzen konnten nicht geheilt werden.

Wenn man auch zum Verständnis der Neurose mit den Psychoanalytikern die Bedeutung der Zufälle der psychosexuellen (Freud), der psychosozialen (Adler) und der seelisch-geistigen (Jung) Entwicklung in Rechnung stellen muß, so können wir trotzdem nicht wie die genannten Autoren darin die einzige Ursache der Krankheit sehen. Damit die Krankheit zum Ausbruch kommt, braucht es noch eine gewisse Veranlagung zu schwachen Reaktionen, die mit dem psychosomatischen Temperament zusammenhängt.

Aber welches ist nun der beiderseitige Anteil der zwei ineinandergreifenden Faktoren? Was ist unabänderlich und was heilbar in ihrer Verkettung? Worin besteht endlich der angeborene Faktor? Dieser scheint mir psychosomatisch zu sein und beruht wahrscheinlich auf dem, was man heute Hemmungen nennt: körperlich gesehen, eine gewisse konstitutionelle

Schwäche, vom psychologischen Standpunkt aus ein hoher Grad von Empfindlichkeit und Erregbarkeit. Diese beiden Merkmale, körperliche Schwäche und seelische Empfindlichkeit, finden sich bei allen Neurotikern, und ebenfalls bei den „Krankheiten der Schwachen" mit eher körperlicher Symptomatik wie die Tuberkulose. Ein anderer Beweis dafür, daß der Körper dabei seine Rolle spielt, ist die Tatsache, daß eine Neurose häufig nach einer Entbindung, einer Operation, einer Infektionskrankheit, nach einer Periode der Überanstrengung oder nach einer körperlichen Krise wie die der Pubertät oder der Wechseljahre ausbricht.

Was ist nun die wesentliche Ursache dieser körperlichen Schwäche? Wir wissen es nicht. Es scheint mir, die somatische Medizin habe uns den Schlüssel zu dieser Frage noch nicht gegeben, vielleicht gerade weil sie zu analytisch und materialistisch war. Es ist übrigens sehr wohl möglich, daß die körperliche Schwäche und die seelische Empfindlichkeit ein und dieselbe Ursache haben, nämlich eine psychosomatische.

Es würde somit einen bestimmten, ursprünglichen und angeborenen Koeffizienten körperlicher Schwäche und seelischer Empfindlichkeit geben, der zu schwachen Reaktionen prädisponiert und durch diese noch vergrößert wird. Dieser letztgenannte Teufelskreis ist es, den wir mit unsern physischen und psychischen Heilmethoden zu brechen versuchen können, es ist dieser zusätzliche Koeffizient, den wir auszuschalten vermögen. Doch diese Patienten behalten ihr Temperament, ihren ursprünglichen, angeborenen Koeffizienten. Mit ihm müssen sie sich abfinden, ihn bei der Einrichtung ihres Lebens berücksichtigen. Denn wenn sie sich gegen ihre Natur auflehnen, wenn sie ihr trotzen, indem sie sich zu großen körperlichen Anstrengungen oder zu heftigen seelischen Belastungen aussetzen, werden alle Begleiterscheinungen der schwachen Reaktionen wieder auftauchen, für die sie prädisponiert bleiben. Aber wenn auch das Temperament schicksalhaft ist, wenn sie sich mit einer starken Empfindlichkeit abfinden müssen, so bedeutet das noch keineswegs, daß sie zum Erdrücktwerden verurteilt sind, wie sie den Eindruck haben. Es ist der Teufelskreis der schwachen Reaktionen, der ihnen diesen Eindruck verursachte, und wenn sie lernen, ihn zu durchbrechen, werden sie sich, wenn ich so sagen darf, wieder mit ihrer Empfindlichkeit versöhnen.

Was mich noch mehr bestimmt, an die Wichtigkeit des angeborenen, konstitutionellen Faktors bei der Empfindlichkeit zu glauben, das ist deren Vielgestaltigkeit. Im allgemeinen zeigen die Sensiblen eine verstärkte Empfindungsfähigkeit auf vielerlei Gebieten. Sie sind gleichzeitig empfindlich für Lärm, Kälte, Schmerz, Sympathie, Schönheit, für die Natur, für Freuden wie für Kummer und Verdruß, für intellektuelle Probleme wie auch für sittliche und geistige Fragen. Gewiß spielen die Suggestion und die psychologischen Komplexe eine beträchtliche, jedoch selektive Rolle; sie steigern die Empfindlichkeit für diesen oder jenen Eindruck, für dieses oder jenes Gefühl, während der angeborene Koeffizient der Empfindlichkeit eher eine allgemeine Prädisposition begründet.

Auf diesem Boden der angeborenen Empfindlichkeit entfalten die zufälligen Faktoren der Überempfindlichkeit ihr Spiel und lösen dann jenen bereits erwähnten Lauf in die Erdrückung aus. Von allen zufälligen Faktoren erscheint mir die Uneinigkeit der Eltern der wichtigste zu sein. Gleichviel ob es sich dabei um alltägliche Szenen und Brutalitäten handelt oder um diese schleichenden Konflikte, die ihren Ausdruck in einem bleiernen Schweigen oder ein paar kalten, beißenden Spottworten finden.

Vor meinen Augen liegen zwölf Krankheitsbilder von Menschen, deren Leben voller Unglück und Katastrophen war und deren Kindheit sich inmitten dieses elterlichen Ehedramas abspielte. Der Zusammenhang zwischen Ursache und Wirkung ist dabei unverkennbar. „Meine erste Enttäuschung“, sagte eine Patientin zu mir, „datiert von dem Tag, an dem ich bemerkte, daß meine Eltern sich nicht verstanden. Das war furchtbar für mich. Ich fühlte mich allein und habe mich gegen das Leben aufgelehnt.“

Instinktiv fordert das Kind von seinen Eltern Einigkeit. Daher erschöpft es sich in vergeblichen Versuchen, sie einander näherzubringen. Es erhält Schläge von beiden Seiten; gleichzeitig leidet es unter den Beleidigungen, die Vater und Mutter sich zufügen; es wird zwischen Hammer und Amboß erdrückt. „Es kommt ganz selten vor", schreibt ein Mädchen, dem die Eltern unablässig Moral predigen, „daß man einen ganzen Tag ohne Auftritte erlebt, einen friedlichen Tag. Gewiß, man möchte es wohl ändern; aber wie anfangen?"

Es ist dieses Gefühl der Ohnmacht, seine Eltern nicht versöhnen zu können, wovon das Kind erdrückt wird. Es lebt in der Angst vor einem neuen Auftritt. Es zittert schon, wenn der Vater nach Hause kommt. Heimlich belauert es seine Eltern, um ihre Laune festzustellen. Es kennt die Lügen, die sie sich gegenseitig sagen, und es fürchtet, ihre Entdeckung könnte eine neue Szene veranlassen. Aus Angst, selbst dazu beizutragen, macht es, von Gewissensbissen geplagt, bei diesem Lügenspiel mit. Es wagt sich weder seinen Eltern, noch seinen Geschwistern oder Großeltern zu eröffnen, da es befürchtet, dadurch die Dinge zu verschlimmern. Es behält alles in seinem Herzen und fragt sich angstvoll, wie das enden werde; es kann weiter nichts tun, als des Nachts, während es den Kopf unter seiner Decke verbirgt, stundenlang heimlich zu weinen.

Aufgebracht gegeneinander, verklagt jeder Elternteil den andern vor dem Kind, vertraut ihm abscheuliche Dinge an, sucht seine Zustimmung für seine eigene Entrüstung zu gewinnen und macht ihm bisweilen bittere Vorwürfe, weil es nicht offen Partei ergreift. Und später wird ein solches Kind sein Leben lang unter der gedanklichen Gegenüberstellung der Konstellationen leiden, die jeden Elternteil repräsentieren: einer versinnbildlicht den Konformismus, die Vernunft, die Besonnenheit, die Sittlichkeit, die Sparsamkeit; der andere das Leben, die Feinfühligkeit, die Laune, den Herzensschwung, die Sorglosigkeit; der eine das Gesetz, der andere die Gnade. Das Kind hat von beiden Eltern etwas geerbt, und es ist nun, als ob sich ihr Konflikt unlösbar in ihm fortsetzen würde, zwischen den beiden Teilen seines Ichs, die es mit den zwei Konstellationen verbinden. „Ich hatte die Gefühle meines Vaters und die Reaktionen meiner Mutter", schrieb mir eine junge Frau, Reaktionen der Geringschätzung bei der Mutter für die Gefühle des Vaters.

Die Entzweiung der Eltern läuft oft auf ein ganz bestimmtes Bild hinaus, das ich in der Vergangenheit so vieler Erdrückter wiederfinde, so daß ich es das klassische Schema nennen kann: moralische Abdankung des Vaters und Gefühlsbeherrschung durch die Mutter. Letztere leidet ja mehr unter dem Ehezwist als ihr Mann; sie hat weder das Büro noch das Café als Zufluchtsort; da tröstet sie sich denn mit einer eigennützigen Liebe zu ihrem Kind über die Gemütsleere hinweg. Der Vater verhält sich diesem Kind gegenüber gleichgültig; er gibt sich nicht mehr mit ihm ab, weil es zum Privateigentum seiner Frau geworden ist. Er überläßt es, ohne es zu verteidigen, der Mutter, die seine Zärtlichkeit erpreßt, es mit ihren Forderungen oder mit ihren Tränen beherrscht. Bisweilen sind die Dinge noch viel subtiler. Denn ... „was man nicht sagt, kann gleichwohl sein", schrieb Benjamin Constant, „und alles, was ist, läßt sich erraten". Ohne ein Wort zu sagen, durch Gefühls- und Stimmungswerte, gibt die Mutter dem Kind zu verstehen, daß es ihr weh tut, wenn es nicht alle ihre Gefühle teilt. Sie nimmt seine Liebe über Gebühr in Anspruch, um seine Anhänglichkeit zu genießen; sie sucht darin Trost für ihr eheliches Ungemach. Sie sagt ihm, daß es frei sei, aber es fühlt wohl, daß das nicht wahr ist. Eine meiner Patientinnen erzählte mir auf eindrückliche Weise von der unwiderstehlichen Waffe, die ihre Mutter gegen sie brauchte: Sie verweigerte ihr den Gutenachtkuß. Das Donnerwetter und die Schlaflosigkeit hielten so lange an, bis das Kind nachgab, aufstand und sich entschuldigte, um den Kuß zu erhalten.

Oft fühlt sich ein verzärteltes und umsorgtes Kind der echten Liebe beraubt, weil seine Mutter es nicht seinet- sondern ihretwegen liebt. Der Arzt merkt natürlich sehr wohl, daß die Mutter dabei nicht weniger leidet als das Kind. Darin liegt die Tragik. Die Zärtlichkeitsbeweise, die sie von ihm fordert, können ihr Herz nie sättigen; denn die wahre Ursache des Übels liegt in ihrem Ehekonflikt. Objektiv gesehen ist die Mutter ebensowenig

„verantwortlich" für die Leiden, die sie dem Kind verursacht, wie dieses nach Ansicht der Mutter „schuldig" ist, daß es ihr durch sein Verhalten Schmerz verursacht.

Je weniger die Mutter von ihren Ehenöten spricht, um so mehr projiziert sie diese bei jeder Gelegenheit in ihre Klagen hinein. Sie seufzt bei der geringsten Arbeit. Ich habe mehrere sehr begabte erwachsene Mädchen gesehen, die ihre Karriere opferten, in der Hoffnung, das ewige Geseufze ihrer Mutter zu stillen, wenn sie ihr bei der Hausarbeit an die Hand gingen. Vergeblich, denn die Ursache des Seufzens liegt anderswo; die Mutter hat einfach das Bedürfnis zu klagen und klagt unvermindert weiter, mag sich ihre Tochter noch so sehr für sie aufopfern.

Indessen ist der Vater in diesem klassischen Schema nicht weniger schuldig. Das Kind ist schwach. Gott hat ihm in der Person des Vaters einen Beschützer gegeben, damit er es behüte, bis es selbst stark geworden ist. Wenn der Vater nun seine Beschützerrolle vernachlässigt, bleibt dem Kind verständlicherweise fürs Leben ein Hang zu schwachen Reaktionen. Das sehen wir bei allen Kindern, die keinen Vater haben, sei dieser nun tot, geschieden, oder habe er moralisch abgedankt.

Andererseits wird die Mutter, wenn ihr der Beistand ihres Mannes bei der Erziehung der Kinder fehlt, im allgemeinen um deren körperliches und geistiges Wohl zu ängstlich besorgt sein. Durch übertriebene Vorsicht macht sie schwache Menschen aus ihnen. Es gibt überängstliche Mütter, die bei jedem Anlaß ihr Kind vom Schulbesuch abhalten und dadurch bei ihm Minderwertigkeitsgefühle erzeugen.

Dieses klassische Schema, von dem ich oben sprach, bringt ein feinfühliges Kind regelmäßig in übertriebene Abhängigkeit von seinen Eltern: vom Vater durch eine Art ewiger Sehnsucht nach einem Zeichen der Liebe, das aber nie erfolgt; von der Mutter durch ihre an ihm geübte Gefühlserpressung.

Hier das Beispiel eines Mannes, der sich scheinbar davon befreit hat. Er hat in einer andern Stadt Karriere gemacht, gerät aber beim Tod der Eltern in eine schreckliche moralische Verwirrung. Und wir finden in seinen Kindheitserinnerungen alle Einzelheiten des klassischen Schemas wieder.

Man begegnet der Erpressung von Gefühlen oft auch bei Eheleuten und Liebespaaren: Der eine Ehepartner beherrscht den andern durch die ewige Drohung, ihm eine Szene zu machen oder ihm seine Liebe zu entziehen. Dabei genießt er die Abhängigkeit, in der er den andern hält, weit mehr als seine Zuneigung. Eine gewisse Erpressung findet man auch in der Gepflogenheit so mancher Eltern, immer von neuem die Opfer aufzuzählen, die sie für ihre Kinder gebracht haben. Es ist dies gleichsam wie ein Hebel, den sie handhaben, um von den Kindern als Dank einen schmeichelhaften Gehorsam zu fordern. Ich selbst habe mich einmal dabei ertappt: Nach einem Ferienaufenthalt mit meinem Sohn beging dieser kurz nach der Heimkehr eine kleine Ungehörigkeit. „Ist das nun der Dank für die Freude, die ich dir mit dieser Ferienreise gemacht habe?" fragte ich ihn. Doch als ich mich in der Stille sammelte, mußte ich erkennen, daß ich den Sohn mir selbst zur Freude und auch seiner mir am Herzen liegenden Gesundheit wegen mitgenommen hatte; ich bat ihn um Verzeihung, daß ich die Dinge so gefälscht hatte, um ihn unter Druck zu setzen.

Die Forderung nach Erkenntlichkeit kann schweigend geschehen. Man findet sie häufig beim Kind einer verwitweten oder geschiedenen Frau, die seinetwegen darauf verzichtet hat, sich wieder zu verheiraten. Auch wenn es ihr nicht bewußt ist, erwartet sie von ihm einen Ersatz für ihren Verzicht, und diese Forderung erdrückt das Kind.

Ich habe einen sehr arbeitsamen und gewissenhaften Studenten behandelt, der jedesmal, wenn die Prüfungen heranrückten, plötzlich von einer panischen Depression befallen wurde, die ihm jedes Arbeiten unmöglich machte. Sofort fiel mir das falsche Schuldgefühl auf, das er empfand. Mit Nachdruck sagte er immer wieder: „Nach all den Opfern, in die meine Familie eingewilligt hat, um mich studieren zu lassen, ist es unwürdig von mir, mich derart zu drücken." Ruhe, Mut, Vertrauen und Erfolg stellten sich erst wieder ein, als er einsah, daß es sich in Wirklichkeit ganz anders verhielt: Nicht er war seiner Familie für die gebrachten Opfer etwas schuldig, sondern es waren vielmehr die Seinen, die ihm gegenüber in Schuld standen für die Ehre, die sie suchten, indem sie ihn auf die Hochschule schickten, Ehre die einen gesellschaftlichen Verruf, der die Familie einst getroffen hatte, austilgen sollte.

Wie viele Menschen werden von dem Gefühl erdrückt, das Pferd zu sein, auf das man setzt und das um jeden Preis das Rennen gewinnen muß. Ein Knabe hat Mühe beim Lernen, das ihm zur regelrechten Qual wird. Ich bemerke, daß die Panik von seinem Vater herrührt, der seinerzeit selbst durchgefallen war. Er hat seinen Sohn gefördert. um in ihm das zu verwirklichen, was er selbst nicht hatte erreichen können, und nun erwartet er das Ergebnis jeder Probearbeit mit ansteckender Angst und Nervosität. René Allendy[3] hat aufgezeigt, daß die Eltern um so größere Ansprüche an ihr Kind stellen, was sein sittliches Betragen anbelangt, je mehr sie sich im Unbewußten davon einen Ausgleich für ihre eigenen ehemaligen Fehler erhoffen.

Wir rühren hier an die „noblesse oblige", die so erdrückend auf manchem Leben lastet. Es ist der höchste Ausdruck des gesellschaftlichen Formalismus und der Sorge um das „Was wird man dazu sagen?". Es ist verbreitet in Familien mit adliger Tradition, besonders wenn sie finanziell oder moralisch heruntergekommen sind, und stärker noch in Kreisen, die sich für fein halten, ohne es wirklich zu sein. Hier lautet der einzige, aber falsche moralische Imperativ, daß man seinem Namen oder seinem Ruf, dessen Symbol ein berühmter Vorfahre ist, Ehre zu machen hat. Das Kind hat das Gefühl, in keiner Hinsicht frei zu sein; es kann weder nach seiner Neigung heiraten, noch einen Beruf nach seinem Geschmack erwählen und darf sogar manchmal nicht einmal lachen oder weinen. Auch wenn es sich gutwillig in alles fügt, hat es das Gefühl, das nicht aus persönlicher Überzeugung zu tun, sondern aus feiger Unterwürfigkeit; und wenn es sich über die Familienkonventionen hinwegsetzt, kann es das Unbehagen in seinem Herzen nie ganz loswerden, welches seine erste Erziehung dort zurückläßt. Keine seiner

Handlungen, sei sie nun konformistisch oder nicht, erscheint ihm frei gewählt, sondern entweder durch den Verzicht oder die Auflehnung bestimmt.

Es gibt auch eine „noblesse oblige“, die die Kinder von moralisch und gesellschaftlich sehr angesehenen Vätern trifft. Diese Kinder haben nicht das Gefühl, von ihrem eigenen Gewissen geleitet zu werden, sondern von der ihnen ständig eingehämmerten Sorge, den Ruf ihres Vaters nicht zu gefährden.

Umgekehrt lasten alle anormalen Familienverhältnisse und jede Familienschande auf einem feinfühligen Kind viel mehr, als die Eltern sich im allgemeinen bewußt sind. Oft merkt ein solches Kind ganz intuitiv etwas von dem Unbehagen, das man ihm verbirgt: beispielsweise daß es ein uneheliches Kind ist. Aber es kann noch viel subtilere Verkehrtheiten lebhaft empfinden: daß sich der Vater von einer reichen oder autoritären und eifersüchtigen Schwester beherrschen läßt, die in Wirklichkeit die Erziehung des Neffen lenkt und die Eltern in die Rolle von Marionetten drängt; oder auch daß eine ständig eingeladene Freundin der Familie sich dort ihren uneingeschränkten Einfluß zu verschaffen gewußt hat.

Jedes Kind, das sich seiner Eltern schämt, wird in dieses Räderwerk der schwachen Reaktionen hineingerissen. Es ist bekannt, wie scharfsinnig und erbarmungslos Schüler beim Verspotten eines Mitschülers sein können, der arme oder extravagante Eltern hat. Ich denke hier an eine deprimierte Frau: Als kleines Kind war sie einem Onkel und einer Tante anvertraut worden, die sie liebgewonnen und großgezogen hatten. In der Schule behandelten sie ihre Kameradinnen mit Verachtung als „uneheliches Kind“!

Auch da, wo solche Kränkungen nicht mit im Spiel sind, beobachtet man fast bei allen außerhalb ihres elterlichen Heims aufgewachsenen Kindern eine Anfälligkeit für schwache Reaktionen. Die Analytiker haben betont, daß es sich dabei um verdrängte Eifersucht Geschwistern gegenüber handle, die zu Hause bleiben durften, oder Kameraden gegenüber, die bei ihren Eltern leben. Doch mich dünkt, das auch hier ein geheimnisvolleres und sehr wichtiges Phänomen mitspielt: die Entpersönlichung. Es gibt einen Instinkt, sich selbst zu verwirklichen, der bei jeder Verpflanzung verletzt wird; vor allem, wenn man dem Kind eine ihm fremde Rolle aufnötigt, wenn beispielsweise eine Tante sich „Mama“ nennen läßt. Mitunter hat diese Tante ihr einziges Kind verloren, und um sie zu trösten, hat man ihr einen Neffen anvertraut; seitdem entpersönlicht sie diesen, indem sie ihn mit ihrem verstorbenen Sohn identifiziert.

Desgleichen habe ich mehrere Patienten gesehen, die ihre Mutter in früher Kindheit verloren hatten; der Vater hatte sich wieder verheiratet, und sie wurden gezwungen, ihre Stiefmutter „Mama“ zu nennen. Gewiß tut man das in der besten Absicht, aber man rührt dabei an ein unantastbares, instinktives Gefühl. Man hat nur eine Mutter; gibt man diesen einmaligen Namen einer Adoptivmutter, so entpersönlicht man das Kind. Die eigenen Eltern können übrigens dem Kind seine Persönlichkeit nehmen, indem sie es zum Doppelgänger einer verstorbenen älteren Schwester oder eines Bruders machen, dessen Neigungen es annehmen, dessen Beruf es ergreifen muß. Entpersönlichung findet auch statt, wenn ein Witwer unbewußt von seiner zweiten Frau verlangt, daß sie die erste wieder aufleben lasse. Ich denke auch noch an zwei Zwillingsschwestern, die sich so stark identifiziert hatten, daß sie sozusagen nur eine Person bildeten. Schon älter als zwanzig trugen sie noch die gleichen Kleider, die gleiche Frisur, hatten dieselben Gebärden. Nun, die eine war „stark“, sie hatte der andern ihre Persönlichkeit gegeben; und diese letztere, unfähig ihr eigenes Leben zu leben, verfiel einer nervösen Depression.

In der Schule denkt der Lehrer im allgemeinen beim Festsetzen einer Note nicht daran, sie nach dem zu bemessen, was an der Arbeit gut, originell, gescheit ist. Er beschränkt sich darauf, die Fehler zu zählen, um aus deren Summe nach einer Tabelle die entsprechende Zensur abzuleiten. Das scheint weniger willkürlich als eine wirkliche Würdigung der Arbeit, aber es erweckt im Kind die Vorstellung, das Wesentliche im Leben sei, keine Fehler zu machen. Diese Auffassung verfälscht sein Denken; sie ist dem Evangelium entgegengesetzt, welches vielmehr davon spricht, daß man Früchte tragen und mit seinen Pfunden wuchern soll. Und wie viele Angestellte verlieren den Mut, weil ihr Chef niemals ein lobendes Wort für sie hat, wenn ihnen eine schwierige Arbeit gelungen ist, während er den Finger auf einen unbedeutenden orthographischen Fehler legt, der ihnen entgangen ist.

Selbst Geschenke können solch eine negative Färbung annehmen. Wer einem Kind eine Uhr schenkt, verdirbt ihm die Freude, wenn er dabei sagt: „Ich gebe sie dir, damit du lernst zur Zeit zum Essen zu kommen." Man kann sich vorstellen, was geschieht, wenn gewisse Eltern, worauf René Allendy[3] hinweist, dem Kind eine Rute als Weihnachtsgeschenk überreichen. Die Wahl der Geschenke bildet übrigens stets ein interessantes Problem. So pflegte ein gebildeter Mann seiner Frau zum Geburtstag immer ein Buch zu schenken. Er setzte bei ihr seinen eigenen Geschmack voraus. Vielleicht übrigens rechnete er mit dem Vergnügen, das Buch auch selbst lesen zu können! Eines Tages brachte er ihr ein Fläschchen Parfum, das er sorgfältig für sie ausgewählt hatte. Seine Frau war überwältigt: Wie hatte ihr Mann sich geändert! Dieses Mal ist sie seiner Liebe gewiß.

Leider finden wir die unheilvollen und hartnäckigen Spuren der negativen Erziehung auch bei Kindern, die in der besten Absicht erzogen wurden, von Eltern, die besonders tugendhaft, fromm, verantwortungsbewußt und um die Zukunft ihrer Kinder besorgt sind, in sehr gebildeten Familien und besonders bei Kindern von Lehrern. Diese Eltern können sich nicht genug tun mit Vorschriften und besonders mit Verboten. Aus der Sicht des Erwachsenen sehen sie das Böse da, wo das Kind nichts Schlimmes sieht. Deshalb begreift es oft nicht, warum seine Eltern einem harmlosen Streich, einer naiven Gebärde so viel Bedeutung beimessen. Aus Angst vor dem Bösen suggerieren solche Eltern dem Kind das Böse, treiben es dazu an und wecken durch ihre Anspielungen in ihm eine falsche Erregung. Weit davon entfernt, ihm ein klares, realistisches Bild des Bösen und eine gesunde Wachsamkeit dagegen zu geben, rufen sie vielmehr eine geheimnisvolle und vage Angst in ihm hervor, die seine sittlichen Widerstände untergräbt.

Abgesehen von den Ehekonflikten der Eltern scheint mir diese negative Erziehung der häufigste Faktor zur Auslösung der schwachen Reaktionen zu sein.

Man wird mir entgegenhalten, daß die Erziehung früher noch bei weitem strenger war, daß einem Kind noch viel mehr Dinge verboten wurden, daß es beispielsweise bei Tisch nicht reden durfte, daß der Horizont der Mädchen nicht über den Klavierunterricht und die Handarbeitsnachmittage unter dem wachsamen Auge der Mutter hinausreichte; daß die Knaben sich viel öfter in ihren Neigungen widersprochen sahen und zum Eintritt ins väterliche Geschäft gezwungen wurden, um dort zur Fortsetzung der Dynastie beizutragen.

Ja, gewiß, all das ist wahr. Daher liegt das Problem tiefer. Es scheint mir mit dem geistigen Rückgang unseres Zeitalters in Verbindung zu stehen. Ehemals war die Erziehung noch strenger, aber die Kinder fühlten, daß diese Strenge bei ihren Eltern einer Überzeugung entsprach. Hinter den sittlichen Vorschriften konnten sie als Ursprung eine geistige Flamme wahrnehmen. Dieses strenge Leben, diese Selbstbeherrschung und das Maßhalten in der Freiheit und den Vergnügungen legten sich die Eltern auch selbst auf, weil ihr Glaube es verlangte. Und wenn sie dieselben Forderungen an ihre Kinder stellten, so geschah es nicht, um sie zu schikanieren, noch weil es einmal so Sitte war, sondern weil sie glaubten, Gott selbst wolle es so und es sei der rechte Weg zur Charakterbildung. Indem man die Moral von ihren geistigen Quellen loslöste, hat man sie zu einem drückenden Panzer gemacht. Wenn die Eltern nichts mehr glauben, erscheint alles, was sie befehlen oder verbieten, willkürlich.

„Früher", schrieb Jean de Rougemont[4], „lehrte man eine lebendige Moral, die mehr Ermahnungen als Verbote enthielt", und er berichtet folgende hübsche Anekdote:

„Warum darf ich das nicht tun?" fragte das fünfjährige Bübchen. – „Weil es verboten ist“, antwortete die Mutter. „Du siehst doch, daß ich es selbst nicht tue.“ – „Wer hat es dir denn verboten?“ – „Meine Mutter, als ich so alt war wie du jetzt.“ – „Ah! und ihr hatte es auch wieder ihre Mama verboten?“ – „Ja, wahrscheinlich.“ – „Nun“, entgegnete das Kind, „ich möchte nur wissen, wer so ein dummes Spiel erfunden hat.“

Es scheint also, daß die Erziehung infolge der Verweltlichung des modernen Lebens, von der ich an anderer Stelle gesprochen habe, ihren tieferen Wert eingebüßt hat, und was davon übrig bleibt, ist nur noch hohle Tradition, die mehr verletzt als hilft.

Wenn früher ein Vater seinen Sohn aufforderte, zu ihm ins Geschäft einzutreten, sprach er davon auch mit Überzeugung und Stolz. Er vermittelte ihm so eine glühende Hingabe an seinen Beruf. Dagegen hören die meisten jungen Leute heutzutage aus dem Mund ihres Vaters oder der älteren Brüder nur zynische und bittere Worte über ihre Arbeit, über dieses verfluchte Sklavenleben, dem sie gern den Rücken kehren würden, müßten sie nicht ihr Brot verdienen.

Es ist im modernen Menschen etwas Negatives und Skeptisches, das ihn dazu treibt, den freudigen Elan des Kindes zu zerstören. Nun sagt Jean de Rougemont[4] auch noch, „das Kind hat recht, und der Erwachsene irrt sich. Das Kind glaubt an das Leben, und der Erwachsene hat aufgehört, daran zu glauben.“ Wenn es in unserer Zeit so viele Nervenkranke gibt, wenn so manche unserer Patienten Gefangene ihrer schwachen Reaktionen sind, so liegt das zweifellos häufig am zynischen Einfluß all jener Erwachsenen, welche die Kinder aus ihren naiven Illusionen herausreißen wollen und an diesem Zerstörungswerk ein ungesundes Vergnügen finden.

Ein Kind erniedrigen ist für einen Erwachsenen eine bequeme Art, sich größer zu machen. Und er läßt sich um so lieber dazu verleiten, als er sich seiner eigenen Fehler bewußt ist. Oft ist Eifersucht mit dabei. Ein Vater verbietet seinem Sohn die Laufbahn, die dieser ergreifen möchte, weil er unbewußt fürchtet, sein Sohn möchte ihn in gesellschaftlicher Hinsicht überflügeln oder glücklicher werden als er, dem seinerzeit der Vater die gleichen Schwierigkeiten machte. Und oft züchten die Eltern die Eifersucht zwischen ihren Kindern, um sie leichter beherrschen zu können oder um jenes Kind zu demütigen, dessen glänzende Charaktereigenschaft ihren Neid erregt.

Manchmal handelt es sich um ein künstlerisch begabtes, intuitives und feinfühliges Kind mit tausenderlei Möglichkeiten, von denen die beschränkten Eltern nichts ahnen. Es kann sich jedoch in die starre Welt der Schule und der Familientradition nicht einfügen. Es fühlt sich unverstanden, ist das Opfer von Auftritten, Schlägen, Beschimpfungen und hat deshalb falsche Empörungs- und Verzweiflungsreaktionen, die mit drohenden Anspielungen auf Besserungsanstalt oder Irrenhaus beantwortet werden. Man behandelt es als hysterisch und macht es nervenkrank. Solch ein Kind kann nicht mehr an die Liebe der Eltern glauben, und dieses Gefühl der Verlassenheit kann zu unheilvollen Kompensationen Anlaß geben. Eine Neigung zum Diebstahl, beispielsweise, kann diesen Sinn haben: Weil man ihm das nicht gibt, worauf es ein Anrecht hat, nimmt es etwas anderes, das ihm nicht zusteht. Diese furchtbare Verkettung ist ganz dazu angetan, das Leben eines Kindes, das mehr als ein anderes Milde und Vertrauen nötig gehabt hätte, zu zerstören. Und wenn die wiederholten Drohungen die Reaktionen des Kindes verschlimmert haben, muß endlich etwas Entscheidendes geschehen. Der Leiter der Besserungsanstalt oder der Arzt der Irrenanstalt stoßen dann auf eine undurchdringliche Mauer von Widerstand, so sehr hat man jene dem Kind immer als Unmenschen hingestellt.

Ein Zwangsneurotiker sagte mir, daß sein Vater ihn während seiner ganzen Kindheit nie anders als mit „Dummkopf" angesprochen habe. Eine andere Patientin erzählte: „Meine Mutter sagte von mir immer, ich sei dumm, böse und häßlich." Eine dritte: „Ewig habe ich diesen Kehrreim gehört: Du bist zu nichts zu gebrauchen", und viele andere mußten hören: „Du hast einen schlechten Charakter."

Wenn man jemandem ein Etikett anhängt, trägt man unvermeidlich dazu bei, ihn dieses Etiketts gemäß umzuformen, zumal im Kindesalter, das der Suggestion so zugänglich ist. Man macht einen Lügner aus ihm, wenn man ihn für einen Lügner hält, einen Egoisten, wenn man ihn für egoistisch, einen Hochmütigen, wenn man ihn für hochmütig hält. Ich glaube nicht mehr an die schlechten Charaktere; ich glaube nur noch an die Sünde, und das ist etwas ganz anderes. Der erste Begriff beruht auf dem gesellschaftlichen Formalismus, der zweite auf einem sittlichen Realismus. Wir alle sind Sünder, gleichermaßen Sünder, die braven, ehrbaren und anständigen Leute genauso wie die andern, auf die sie verächtlich herabsehen; die grausamen, ungerechten und hochmütigen Eltern ebenso wie das Kind, das sie mit diesem Ausdruck „schlechter Charakter" erdrücken. Auf dem Boden der echten Sündenerkenntnis würden sie ihm zeigen, daß die Schwachheiten, unter denen es leidet, allen Menschen eigen sind, selbst wenn sie sie mit starken Reaktionen verdecken. Diese Einsicht würde ihm helfen, wieder Mut zu fassen und sich zu bessern. Indem sie es für ein schwarzes Schaf halten, geben sie ihm dagegen ein Gefühl schrecklicher, seelischer Einsamkeit, das Gefühl, schlecht zu sein, während die andern gut sind. In dieser beschämenden Einsamkeit reagiert es derart, daß es sich immer mehr demütigende Vorwürfe zuzieht. Es sind die Umstände, die körperlichen Gegebenheiten und die psychologischen Verkettungen eines Lebens, die bewirken, daß dieselbe, allen gemeinsame Sünde beim einen als hochmütige Selbstzufriedenheit, beim andern als Charakterschwäche auftritt. Im Lichte des Evangeliums ist die erste schlimmer als die zweite.

Es gibt einen Aschenbrödelkomplex. Unvorstellbar sind die Ungerechtigkeiten, unter denen ein Kind unaufhörlich zu leiden hat, wenn es einmal zum Blitzableiter der häuslichen Gewitter, zum Sündenbock aller Rachegefühle geworden ist. Wenn ein Spielzeug kaputtgemacht, ein Glas zerbrochen wird oder wenn sich seine Geschwister zanken, immer liegt die Schuld bei ihm.

Hier das Beispiel eines klugen Mädchens, das von lähmender

Angst befallen wurde, wenn es einen französischen Aufsatz schreiben sollte. Ich erfuhr, daß die Lehrerin den Einfall hatte, jedesmal den ihrer Meinung nach besten und schlechtesten Aufsatz unter Namennennung vor der Klasse vorzulesen. Man kann sich den seelischen Schock vorstellen, den das junge Mädchen erlitt, als ihr Aufsatz als der schlechteste vorgelesen wurde! – Einer meiner Patienten, der später, allerdings erst nach furchtbaren psychologischen Schwierigkeiten, eine glänzende Karriere machte, erzählte mir, welchen Eindruck es auf ihn gemacht habe, als man ihm folgende Bemerkung ins Schulheft geschrieben hatte: „Schlechter Schüler, ich weiß nicht, was später aus ihm werden soll!" Diesen Satz hatte er tausendmal in seinem Herzen wiederholt, mit einer Angst, die noch zu spüren war, als er davon berichtete. René Allendy[3] erwähnt auch jenes Kind, zu dem sein Lehrer gesagt hatte: „Du wirst einmal ein Landstreicher werden." Er hebt sehr richtig hervor, daß solche negativen Suggestionen um so zäher haften und um so schädlicher sind, je größeres Ansehen in den Augen des Kindes der genießt, der sie ausspricht. Nicht immer ist es der Vater oder der Lehrer; es kann auch ein älterer Bruder sein, den eine jüngere Schwester so bewundert, daß sie ihn zum Schiedsrichter in allen Dingen macht. Wenn sie dick ist, während ihr Bruder die schlanken Mädchen liebt, wenn er sie immer zu ihrem Nachteil mit jenen vergleicht, so wird sie auch noch als Erwachsene Zweifel an ihrer Schönheit hegen und sich vorstellen, daß kein Mann je ein so rundliches Mädchen wie sie werde lieben können. Sie kommt sich selbst viel dicker vor, als sie ist, und die Anstrengungen, die sie macht, um es zu verbergen, töten in ihr die für die Schönheit der Frau so unerläßliche Natürlichkeit. Sie kleidet sich unvorteilhaft, sie versteht nicht, ihren eigenen Schönheitstyp zur Geltung zu bringen. Und das wirkt sich auf den Instinkt aus. Es entsteht in ihr die Angst, nicht heiraten zu können. Daraus erfolgt eine solche Erregbarkeit, daß in dem Mädchen ein allgemeines Minderwertigkeitsgefühl entsteht, welches man in allen Bereichen seines Lebens und selbst noch in seinem religiösen Leben wiederfindet. Eine solche Frau ist zu mir gekommen, um mir ihren Schmerz über den Verlust des Glaubens zu gestehen. Wohlverstanden, es gibt für ihre religiöse Krise noch andere Ursachen, auf die ich hier nicht eingehen kann. Aber es liegt mir daran, diese ungeheure Ausstrahlung einer in der Kindheit empfangenen negativen Suggestion aufzuzeigen. Sie hat dieses Mädchen für jede andere Veranlassung zum Zweifeln empfänglich gemacht. Liebe und Religion sind zwei Bereiche von höchstem Gefühlspotential. Deshalb verbinden sie so viele Menschen in ihrem Denken. Fürchten sie, die Liebe einzubüßen, so haben sie auch Angst, den Glauben zu verlieren; sind sie in der Liebe zuversichtlich, so sind sie es auch im Glauben.

Zahlreich sind leider die Frauen, die schon in jungen Jahren daran zweifeln, hübsch zu sein. Das verfälscht ihr Leben ganz und gar; denn die Schönheit ist eine der kostbarsten Gaben, die Gott der Frau anvertraut hat und die sie nicht ungestraft verachten kann. Wenn dieser Zweifel sie nicht am Heiraten gehindert hat, so wird er noch in der Ehe fortbestehen, und eine solche Frau wird Mühe haben, an die Liebe ihres Mannes zu glauben und sich ihr von ganzem Herzen hinzugeben. Dieser Zweifel hat übrigens eine Rückwirkung auf den Körper, vermöge der psychosomatischen Wechselbeziehungen, die man jetzt anerkennt. Wir finden bei solchen Frauen häufig Anzeichen von mangelhafter Eierstockfunktion, von ausbleibender Regel, von unerwünschtem Haarwuchs usw. Der Zweifel hat sich hemmend auf die Funktion der endokrinen Drüsen ausgewirkt, die der Frau ihre Weiblichkeit und Schönheit verleihen.

Ein anderes junges Mädchen bewundert die Schönheit seiner Mutter so sehr, daß es daran verzweifelt, ihr je gleichkommen zu können, und dieser Zweifel hemmt auch ihre Entfaltung. Hier auch das Beispiel eines Mannes, der trotz einer glänzenden Karriere dieses Gefühl des Erdrücktseins nicht loswerden kann, dessen so verschiedene und gleichzeitig doch so ähnliche Mechanismen wir hier hervorzuheben versuchen. Ich stellte fest, daß dieses Gefühl auf der übertriebenen Bewunderung beruht, die er stets für seinen Vater hegte. Gewiß war dieser Vater ein hervorragender Mann, der seiner zahlreichen guten und ausgewogenen Eigenschaften wegen höchste Achtung verdiente. Doch gleich wie das oben erwähnte Mädchen in seiner Mutter eine wahre Fee erblickte, so erschien unserm Patienten der Vater immer noch wie ein Gott. Daher verglich er sich in Gedanken fortwährend mit diesem unwirklichen Vorbild, und es konnte nicht anders sein, als daß er ihm auf allen Gebieten unterlegen war. Was ich hier zeigen möchte, ist folgendes: Alle derartigen Entstellungen der Wirklichkeit, wozu die Eltern mitunter dadurch beitragen, daß sie ihren Kindern die eigenen Schwierigkeiten und Schwächen verbergen, spornen ein Kind nicht nur nicht an, sondern lähmen es auch in seiner körperlichen, geistigen und seelischen Entwicklung. Viele junge Mädchen haben mir gesagt: „Ich kann nichts richtig machen. Meine Mutter war in allen Dingen perfekt, daher habe ich in ihrer Gegenwart nie gewagt, einen Kochtopf oder einen Besen in die Hand zu nehmen.“ Eine andere verglich sich mit ihrer Mutter auf einem völlig andern Gebiet: Die Mutter hat ihr ihre Liebe niemals durch Liebkosungen bezeugt, sondern nur durch Aufopferung; die Tochter ist von anderer Art: Die Liebe treibt sie nicht zu fieberhafter Tätigkeit, sondern zu einer passiven und gefühlvollen Zärtlichkeit. Daher sagte sie zu mir: „Ich frage mich immer, ob ich tatsächlich liebe.“

Allein öfter noch ist es ein Bruder oder eine Schwester, womit Eltern ein Kind in systematisch nachteiliger Weise vergleichen. Dieser Bruder – es kann auch eine Schwester sein – hat ein anderes Temperament: er ist leicht zu haben und folgsam, ist ein guter Schüler, weil er keine ausgesprochenen Neigungen, keine Leidenschaft hat, die ihn von der Schularbeit abhalten. Später wird er im Leben vielleicht nicht mehr leisten, aber einstweilen macht er seinen Eltern große Ehre. Und die Achtung, in der er bei ihnen steht, spornt ihn sehr zur Folgsamkeit an. Daneben sieht sich ein jüngerer Bruder, der lebhafter und origineller ist, fortwährend mit dem älteren verglichen. Er wird ihm gegenüber schwere Minderwertigkeitsgefühle behalten, die ihm jeden Umgang mit den Mitmenschen erschweren werden.

Hier das Beispiel eines Mannes, der ziemlich genau die Grille in der Fabel darstellt, während seine Brüder der Ameise gleichen. Wie diese geben sie ihm weise, sogar sehr liebevolle Ratschläge, jedoch vom Gipfel ihres gesellschaftlichen Erfolgs und vom Piedestal herab, auf den ihre Eltern sie gehoben. Ihr Bruder fühlt indessen, daß er Schätze des Herzens besitzt, die sie nicht kennen, aber die einst empfangene Suggestion ist so stark, daß er sich seines inneren Reichtums eher schämt, als daß er stolz darauf wäre. Und diese Scham lähmt ihn, gleich wie auch die Grille nicht mehr zirpen konnte.

Ein Mädchen wiederum ist von künstlerischer und beschaulicher Natur, während ihre Schwester im Gegensatz dazu eine tatkräftige Frau ist. Jene hat viel an der andern auszusetzen, bewundert sie aber auch und vergleicht sich unablässig mit ihr, anstatt ihre eigenen Gaben zu entwickeln.

Eltern, die ihren Kindern stets nur ihre Fehler vorhalten und niemals ein anerkennendes Wort für ihre Tugenden oder ein Wort des Dankes für ihre Handlungen haben, solche Eltern setzen gewöhnlich ihren ganzen Stolz darein, in Abwesenheit der Kinder diese vor ihren Bekannten zu rühmen. Unterdessen bilden sich die Kinder ein, ihre Eltern in jeder Hinsicht zu enttäuschen. Ein alltägliches und tragisches Mißverständnis! Denn die Eltern glauben recht zu tun; sie haben sich diese Haltung zur Richtschnur genommen, denn sie fürchten, ihre Kinder stolz zu machen, wenn sie ihnen zu merken geben, daß sie ihre Vorzüge kennen und schätzen. Selbstverständlich gelingt es ihnen trotzdem nicht, sie vor Stolz zu bewahren, denn jedermann ist stolz, durch und durch stolz. Die Minderwertigkeitsgefühle, die sie auf diese Weise in ihnen hervorrufen, sind die verderblichste Form des Stolzes. Es ist viel leichter, im Erfolg demütig zu sein als in der Niederlage. Daran mußte ich oft denken, wenn ich arme, von Minderwertigkeitsgefühlen geplagte und durch Mißerfolge niedergedrückte Menschen sah, die man noch mit Vorwürfen überhäufte und eitel und stolz nannte, weil sie, ungeschickt genug, ein wenig Trost darin suchten, daß sie sich ganz naiv ihrer spärlichen Vorzüge rühmten. Während daneben von

Ehrenbezeugungen und Erfolgen begünstigte Brüder und Schwestern die heimliche Genugtuung, die sie darob empfanden, geschickt zu verbergen und ein bescheidenes Auftreten zu wahren wußten. Das Evangelium verlangt von uns vielmehr, einfach und wahrhaftig zu sein, unsere Kinder so zu sehen, wie sie wirklich sind, mit ihren guten und schlechten Eigenschaften, schlicht mit ihnen von den einen und andern zu sprechen, gleichwie von unsern eigenen, die sie ebenfalls wahrnehmen; wir sollen bekennen, daß wir alle voller Stolz sind, daß weder wir noch sie durch eigene Anstrengung diesen Stolz abzulegen vermögen, auch nicht, indem wir ihn nach außen hin verleugnen; sondern daß wir darauf bauen, Gott werde ihn uns verzeihen und uns durch seine Gnade davor bewahren.

Eine Familienmutter hat kürzlich betont, daß es ebenso gefährlich sei, seinen Kindern Weihrauch zu streuen wie sie anzuschwärzen. Nichts geht über die Wahrhaftigkeit.

Nichts geht auch über die Wahrhaftigkeit sich selbst gegenüber. Ich habe viele Leute gesehen, die die negative Erziehung an sich selbst praktizierten. In ihren Selbstgesprächen betiteln sie sich fortwährend mit Dummkopf; sie machen sich herunter und verachten sich. Trotz ihrer ständigen Proteste gegen die in der Gesellschaft so verbreitete Kritiksucht verzeihen sie sich ihre eigenen Fehler nicht. Sie gehen mit sich selbst lieblos um.

Das Evangelium verurteilt die Liebe zu sich selbst nicht; es gebietet uns nur, die andern so zu lieben wie uns selbst; es verkündet den Wert der menschlichen Person, insofern sie Gottes Geschöpf ist. Sich selbst als solches achten, bei allem ehrlichen Eingeständnis seiner Sünde, ist die Voraussetzung für jedes geistige Erlebnis.

Maxima debetur puero reverentia. Jede fruchtbare Erziehung muß von der Achtung vor dem Kind durchdrungen sein. Gewiß, sie klärt das Kind über seine unguten Neigungen auf, ermutigt es aber auch, indem sie ihm hilft, sich seiner Talente bewußt zu werden. Sie sucht es zu verstehen, statt es zu kritisieren. Hinter dem, was man als strafbare Laune zu taxieren pflegte, entdeckt sie „den Ausbruch eines Lebenskonflikts“ (Montessori). Sie ist bestrebt, das Kind die Wahrheit selbst finden zu lassen, statt sie ihm in dogmatischer Weise aufzunötigen. Sie ermutigt es bei seinen ersten Versuchen und drückt es nicht nieder, indem sie ihm zeigt, daß man nach dreißigjähriger Erfahrung geschickter ist als ein Anfänger. Sie achtet des Kindes eigene Persönlichkeit. „Laßt das Kind suchen, was es aus eigener Kraft zu entdecken fähig ist", schrieb Pestalozzi. Sie respektiert endlich seinen besonderen Rhythmus. Wieviele Eltern und Erzieher denken daran, daß, gemessen an der „physiologischen Zeit", eine Stunde der Aufmerksamkeit für das Kind so lange dauert wie eine Zeit von drei oder vier Stunden beim Erwachsenen? So habe ich viele Erdrückte gesehen, die es einfach deshalb waren, weil sie immerfort gehetzt wurden. Eher schwerfällig veranlagt, erzogen von lebhaften Eltern, inmitten gleichfalls flinker Brüder und Schwestern, kamen sie sozusagen immer zu spät, wurden immer von jemand anderem überholt, so daß man von ihnen sagte, sie seien zu nichts nütze.

Es ist erstaunlich, diesbezüglich zu beobachten, wie dünn gesät die Eltern sind, denen wirklich etwas daran liegt, ein Kind zu verstehen, das anders ist als sie. Alles, was an ihm originell ist, wird kurzerhand für abnormal erklärt. Die Eltern lieben es, sich in ihren Kindern wiederzufinden, und lassen gar bald ihre Grausamkeit an dem Kind aus, das nicht so ist wie sie. Sehr oft auch, wenn die Eltern sich nicht verstehen, verfolgt jeder Elternteil die Kinder, die seinem Ehepartner gleichen. Es kommt sogar häufig vor, daß ein Kind von beiden Seiten verfolgt wird: von der Mutter, weil es äußerlich seinem Vater ähnlich sieht, und vom Vater, weil es in seelischer Hinsicht seiner Mutter gleicht.

Viele kluge und von gutem Willen beseelte Eltern haben ein unbestimmtes Gefühl, daß gewisse psychologische Faktoren sie daran hindern, ihrer Liebe zu den Kindern oder zu einem von ihnen Ausdruck zu verleihen. Es gelingt ihnen nicht immer, den unbewußten Vorgang aufzudecken, der dabei mitspielt. Und selbst wenn sie ihn erkennen, vermögen sie sich nicht davon zu befreien. Es kann beispielsweise ein Drang sein, sich für die eigene Kindheit zu rächen, in der sie selbst zu wenig Zärtlichkeit empfangen hatten. Sie geben sich große Mühe, dieses Hindernis zu überwinden, aber man merkt eben die Absicht. Das Kind ist unendlich feinfühlig; es spürt mit unglaublicher Schärfe die geheimnisvollen Schranken, die es von seinen Eltern trennen.

Ich habe viele Patienten gesehen, die aus Mangel an Mutterliebe in einer infantilen Haltung erstarrt waren. Sie verewigen ihre Kindheit, weil ihnen nicht zuteil wurde, was ihr Instinkt verlangte. Eine von ihnen hat mir erzählt, daß sie in ihrer ganzen Kindheit kein einziges Geschenk erhalten habe. Oder doch, einmal eine Tafel Schokolade, die man ihr aber sofort wieder wegnahm, um sie einem andern Kind zu geben. Dabei sagte man ihr, sie werde eine andere Tafel erhalten, was aber nie geschah.

Unbewußte Faktoren können auch im Spiel sein bei Eltern, die sich wegen eines Kindes übertriebene Sorgen machen. Kommt dieses am Abend nicht zur Zeit nach Hause, so kann ihre Unruhe plötzlich phantastische Ausmaße annehmen. Derartigen Aufregungen ist mit keiner Logik, keiner Willensanstrengung beizukommen. Solch eine Mutter mag sich noch so oft die wahrscheinlichen Gründe der Verspätung wiederholen, sich ihre Angst als einen Mangel an Glauben vorwerfen, sich immer wieder sagen, wie sehr diese angstgeladene Atmosphäre ihrem Kind schaden könne, es scheint, daß all diese Selbstanklagen ihre Panik nur noch erhöhen. Ihr Mann übrigens kann ihr nicht dafür bürgen, daß dem Kind nichts geschehen ist. Daher können die beiden auch nicht mit Reden den Frieden finden, sondern nur im Gebet. Und in der stillen Sammlung wird diese Mutter zum Beispiel auch die wahre Ursache ihrer Ängstlichkeit entdecken können: Als Kind hatte sie darunter gelitten, daß ihre Mutter sich zu wenig um sie kümmerte. Ihre jetzige, quälende Unruhe ist die Projektion ihrer unerfüllten Forderung. Und diese Entdeckung hilft ihr, die Seelenruhe wiederzugewinnen.

Schließlich muß ich hier noch dem Problem des Einzelkindes einen wichtigen Platz einräumen. Schon die Tatsache, daß man nur ein Kind hat, ist im allgemeinen auf einen falschen Kleinmut der Eltern zurückzuführen: Angst vor der Schwangerschaft, vor der Geburt, vor den finanziellen Lasten einer größeren Familie. Meistens ist es ein wirklicher Ungehorsam gegen Gottes Gebot, und Eltern und Kind müssen es teuer bezahlen. Die Eltern setzen ihre ganze Hoffnung auf dieses Kind; sie möchten es vollkommen sehen, überschütten es mit Ratschlägen, ausgezeichneten, selbstverständlich; sie träumen von einer ehrenvollen Laufbahn für das Kind, sie suggerieren ihm einen verkehrten Hang zu einem geistlichen Beruf oder halten es zu einem Studium an, für welches seine Fähigkeiten nicht ausreichen. Sie lassen ihm keinerlei Möglichkeit zur Initiative, aus Angst, es möchte etwas Dummes anstellen; keinerlei Selbständigkeit, aus Angst, es könnte ihm etwas zustoßen.

Ein junges Mädchen konnte mit 25 Jahren noch nicht den Fahrplan lesen, weil sein Vater ihm für jede noch so kleine Fahrt die Züge herauszuschreiben pflegte, denn er befürchtete, es könnte sich irren. Ein anderer meiner Patienten war von einer Tante aufgezogen worden. Er war bereits erwachsen und diese damals achtzigjährige Tante begleitete ihn immer noch auf seinen Reisen, weil sie Angst hatte, er könnte in schlechte Gesellschaft geraten. Viel schlimmer noch ist die Lage des unehelichen Kindes, das von seiner Mutter aufgezogen wird; sie wacht mit um so mehr Zärtlichkeit und Bangen über seine Erziehung, als sie das Unrecht wettmachen möchte, das sie ihm durch ihren Fehltritt zugefügt hat. Oft macht sie aus ihm ein Wunderkind, das sich dann aber im Leben nicht zurechtfindet.

Und schließlich wird ein Alleinkind immer verwöhnt von den Eltern. All das flößt ihm Angst vor dem Leben ein, Angst, keinen Erfolg zu haben, Angst, allein zu sein, die es nie wieder los wird, wenn es nicht durch ein geistiges Erlebnis davon befreit wird.

Oft auch ist es der Ehemann, der seine Frau verwöhnt und ihr Zweifel an sich selbst suggeriert, indem er an ihrer Stelle alles tut, was sie selbst tun sollte. Bei seinem Tod läßt er sie dem Leben gegenüber ratlos zurück.

3. Kapitel

Die Angst

Man sieht: Ob nun das Kind durch die ehelichen Auftritte seiner Eltern erschreckt, ob es von ihnen oder von einem Lehrer nicht verstanden und verfolgt worden sei, ob es an sich selbst zweifle, infolge einer durchgemachten negativen Erziehung oder infolge von Ängsten, die ihm von besorgten Eltern eingeimpft worden sind, immer finden wir die Angst als wesentliche Ursache seiner schwachen Reaktionen.

Die Erwachsenen wissen nicht, wie sehr sie, lediglich schon durch ihre Gestalt und Größe, dem Kind Angst einjagen. Um sich dessen bewußt zu werden, müssen sie sich vorstellen, wie ihnen selbst zumute wäre, wenn sie inmitten von über vier Meter großen Riesen lebten, deren Kraft ihnen mehr als herkulisch, deren Intelligenz ihnen hervorragender als die Minervas, deren Stimme ihnen gewaltiger als die Jupiters erschiene, deren Handlungen an Wunder grenzten; Riesen, die in brutalen Szenen aneinandergerieten, tausenderlei Geheimnisse hätten, die auf alle Fragen nur kurz angebunden erwiderten: „Das geht dich nichts an." – „Du solltest dich schämen, so etwas zu fragen." – „Du bist noch zu klein, um das zu verstehen."

Insbesondere der Vater erscheint so, und ich kenne manches erdrückte Leben, dessen ganze Leidensgeschichte auf diesen unauslöschlichen Schrecken vor dem Vater zurückgeht, ein Schrecken, der sich zu einer Angst vor allen Männern, allen Autoritäten, allen Mächten erweitert hat.

Allendy[3] hält es für verbrecherisch, wenn Eltern und Erzieher aus dieser Angst eine allmächtige Waffe schmieden, um das Kind zu beherrschen, um seine Persönlichkeit zu ersticken und seine Unterwerfung unter ihre ungerechten Forderungen zu erzwingen. Und Weatherhead[5] schreibt: „Die Methoden der Täuschung, welche an die Angst appellieren, sind besonders schädlich und hassenswert: ‚Wenn du das tust, wird dich der Menschenfresser holen.' ‚Wenn du das tust, mußt du sterben.' ‚Wenn du böse bist, liebt dich Gott nicht mehr.'"

Ein junges Mädchen zitierte voll innerer Erregung den Satz, den seine Mutter unablässig im Munde führte: „Du wirst verflucht sein." Ein anderes Mädchen sagte mir öfters: „Es scheint, daß ich nicht das Recht habe zu leben." Es erzählte schließlich, daß es als Kind seinen Vater über es sagen gehört hätte: „Die da hätte nicht auf die Welt kommen sollen." Ein Mann war bei einem Heilpraktiker gewesen. Dieser hatte, um seinen Mißerfolg zu beschönigen, zu ihm gesagt: „Wenn ich Sie nicht heilen konnte, so deshalb, weil Sie vom Teufel besessen sind."

Die Angst ist der Katalysator der Suggestion, und die Suggestion sät tausenderlei hartnäckige und absurde Ängste in das Herz der Menschen, sogar der gescheitesten und mutigsten. Die Angst treibt sie zur Handleserin, und ein törichtes Wort von dieser impft ihnen eine Angst ein, die ihr ganzes Verhalten fälscht: „Sie werden Ihre Tage tragisch und in Schrecken enden." Mitunter werden solche Suggestionen in der besten Absicht ausgesprochen: Um eine Kranke zu beruhigen, die sich „vor der Angst, sie könne Selbstmord begehen, fürchtet", sagt ihr ein Arzt, sie habe ein „Temperament", das sie auf Selbstmordgedanken bringe. Unnötig zu sagen, daß dieser Ausspruch, statt sie zu beruhigen, sie innerlich verfolgt.

Tragisch ist, daß man gerade bei sensiblen, eindrucksfähigen und ängstlichen Kindern versucht ist, zu den Methoden der Einschüchterung zu greifen. Ihre Kameraden erzählen ihnen phantastische Geschichten, um sich an ihrer Schreckhaftigkeit zu ergötzen und damit eine gewisse Überlegenheit ihnen gegenüber zu genießen. Aber selbst Erwachsene, Kindermädchen, Eltern kommen auf die Idee, abends plötzlich als Geist verkleidet ins Schlafzimmer der Kinder einzutreten!

Es gibt Mütter, die um ihr Kind zu beherrschen, das Schreckgespenst der Gewissensbisse gebrauchen: „Du wirst schon sehen, wenn ich erst tot bin, wirst du den Kummer schwer bereuen, den du mir bereitet hast.“ Andere können sich vor den Kindern nicht zusammennehmen: Ein junges Mädchen behält in schrecklicher Erinnerung die unsägliche Angst, die es eines Abends erlebte, als seine Mutter weglief, indem sie erklärte, daß sie ins Wasser gehen werde. Das Kind rannte ihr im Dunkeln nach, vor Verzweiflung heulend; es fiel in einen Graben und blieb mit dem Gesicht nach unten liegen. Ein Vorübergehender, der es für ein unfolgsames Kind hielt, das eine Szene machte, warf ihm Scheltworte an den Kopf.

Hinzu kommen die zufälligen Schrecken, die Feuersbrünste, Bombardierungen, Blitzschläge. Oder auch die Bestrafung durch Einsperren im Keller oder in einer dunklen Kammer; die Begegnung mit einem Irrsinnigen, der epileptische Anfall eines Schulkameraden. All diese Dinge spielen eine enorme Rolle in der Geschichte unserer Patienten. Denn das alles findet im menschlichen Herzen einen fruchtbaren Boden. Nichts gedeiht darin besser als die Angst.

Ich kann natürlich nicht alle Arten von Angst aufzählen, von denen die Menschen geplagt werden und die sie so sehr beherrschen, daß sie sich fürchten, sie einzugestehen. Von jener vagen Angst, die um so hartnäckiger ist, als sie keinen bestimmten Gegenstand hat und deshalb einen gewissermaßen unmöglichen Kampf gegen einen unsichtbaren Feind von uns erfordert, bis hin zu jenen besonderen Ängsten, die auf einer bewußten oder unbewußten Ideenverbindung beruhen: Angst, nicht nur vor Krankheiten im allgemeinen, sondern vor dieser oder jener bestimmten Krankheit, von der die Leute mit besonderem Nachdruck sprechen: Tuberkulose, Wahnsinn, Krebs; Angst davor, im selben Alter oder an der gleichen Krankheit zu sterben wie der Vater; Angst vor den Wechseljahren; Angst vor Bakterien; Angst vor einer ärztlichen Untersuchung, weil man bangt, sie möchte die so gefürchtete Diagnose bestätigen, während sie vielmehr gerade von dieser falschen Angst befreien könnte; Angst, ein anormales Kind zu bekommen, was so viele

Frauen von der Mutterschaft abhält; Angst, während des Schlafs zu sterben oder als scheintot begraben zu werden, Ursache von Schlaflosigkeit; Angst vor Alpträumen, eine weitere Ursache von Schlaflosigkeit; Angst vor einer Operation; Angst vor der Narkose und Angst, darin durch irgendein verräterisches Wort ein Geheimnis zu verraten; Angst vor dem Tod, die auch auf die Umgebung des Kranken übergreift und sie hindert, ihm im Kampf gegen den Tod beizustehen; Angst, den Vater, den Gatten, ein Kind zu verlieren, was eine falsche Abhängigkeit zur Folge hat; Angst vor der Einsamkeit; Angst, ohne Heim zu sein; Angst, seine gewohnte Umgebung zu verlieren; Angst vor Verantwortlichkeit; Angst vor dem Unbekannten; Angst, ohne Geld zu sein; Angst, Schmerz zu bereiten, die uns hindert, aufrichtig zu sein, oder Angst, nicht verstanden zu werden, die die Ehegatten von der Aussprache zurückhält und zwischen ihnen einen Graben des Unverständnisses aufreißt; Angst davor, wieder allein zu sein, die davon abhält, eine Verlobung aufzulösen, der die echte Liebe fehlt; Angst, in der Freundschaft enttäuscht zu werden, was zur Zurückhaltung führt, wodurch die Freundschaft getötet wird; Angst vor dem Augenblick, da ein Vergnügen zu Ende geht, die uns hindert, das Vergnügen zu genießen; Angst, von der Wirklichkeit enttäuscht zu werden, was zum Träumen verleitet; Angst vor Ratschlägen; Angst, beeinflußt zu werden; Angst, sich nicht mehr selbst um das Gute verdient gemacht zu haben, wenn man jene Ratschläge befolgt, und nicht mehr länger die Freiheit zum Bösen zu haben, wenn man sie nicht befolgt; Angst zu enttäuschen; Angst, gescholten zu werden.

Alle Ängste reichen sich gleichsam die Hand bis hin zu jener „Angst vor der Angst“, von welcher der heilige Franz von Sales[6] sprach. Sie werden immer größer nach dem Schneeballsystem, bis zu jenem Taumel, wo die Seele jeden Widerstand gegen die Angst und jeden gesunden Menschenverstand verliert: Man wird von Ängsten geplagt, die sich gegenseitig ausschließen; man fürchtet den Erfolg und gleichzeitig die Niederlage. Eine meiner Patientinnen sagte mir: „Ich fürchte mich vor dem

Tod und fürchte mich vor dem Leben." Andere fürchten, krank zu bleiben, fürchten aber auch, gesund zu werden und den Lebenskampf wiederaufnehmen zu müssen.

Die Angst schafft das, was sie befürchtet. Ich habe das an anderer Stelle gezeigt, auf der sozialen Ebene, bei Anlaß des Krieges. Ich beobachte es täglich im individuellen Verhalten der Menschen: Das Lampenfieber läßt uns stottern; die Angst, seinem Vater oder seiner Mutter zu gleichen, führt dazu, daß man ihnen tatsächlich immer ähnlicher wird, und spielt eine mindestens ebenso große Rolle wie die eigentlichen Erbanlagen. Die Angst, seine Entschlüsse nicht halten zu können, hindert einen, sie mit ungeteiltem Herzen zu fassen, was eine Bedingung zum Erfolg wäre. Die Angst, der Onanie zu erliegen, bewirkt, daß man ihr todsicher erliegt. Die Angst, verrückt zu werden, macht nervös, derart nervös, daß die Umgebung einem den Wahnsinn prophezeit. Die Angst vor einem Zusammenbruch, die Angst, nicht genügend Kraft für eine Arbeit zu haben, untergräbt die Kräfte und läßt uns zusammenbrechen. Die Angst, seinen Verlobten zu enttäuschen, nimmt einem jungen Mädchen seine Natürlichkeit, so daß sie ihn tatsächlich enttäuscht. Die Angst, nicht geliebt zu werden, fälscht das Verhalten einer Frau, so daß ihr Mann ihrer überdrüssig wird und sich von ihr löst. Die Angst, nicht hübsch genug zu sein, führt zum Verlust der Schönheit und treibt eine Frau dazu, sich durch lächerliches Schminken zu verunstalten. Die Angst abzumagern hindert einen am Zunehmen. Die Angst, das Vertrauen seiner Frau zu verlieren, treibt den Mann dazu, sich zu verstellen, so daß er ihr Mißtrauen erregt. Die Angst, alt zu werden, macht alt. Die Angst vor dem Leiden führt zu tausenderlei Irrtümern, die tausenderlei Leiden mit sich bringen. Die Angst, ohne Geldmittel zu sein, führt zum Spekulieren, wobei man das Wenige, das man besitzt, noch verliert. Die Angst, keine Anstellung zu finden, treibt einen jungen Mann dazu, seinen Beruf zu wechseln, so daß er schließlich wirklich stellenlos bleibt. Die Angst, nicht heiraten zu können, mangels einer ausreichenden Position, nimmt ihm den Schwung, der nötig wäre, um sich im

Berufsleben durchzusetzen. „Ich bin mir bewußt geworden“, sagte eines Tages eine Frau zu mir, „daß meine Angst vor dem Tod in Wirklichkeit bedeutete, daß ich Angst hatte zu sterben, bevor ich das vollbracht hätte, was mir am Herzen liegt.“ Und ebendiese Angst hielt sie von aller Tätigkeit ab.

Eines Tages besuchte mich ein englischer Freund. Es war ein typischer Engländer, von kühler Gemütsart, charakteristisch für diese Art Mensch, die sich vor nichts zu fürchten scheint. Überdies nahm er in den intellektuellen und politischen Kreisen seines Landes einen hervorragenden Rang ein, der gewiß geeignet war, ihn mit Selbstvertrauen zu erfüllen. Noch bevor ich ein Wort sagen konnte, nahm er fröhlich Platz und begann zu erzählen: „Ich habe eine wundervolle Woche in Ihrem schönen Land verbracht; um mich besser kennenzulernen, habe ich ein Verzeichnis von Leuten, von Dingen und von Ideen aufgestellt, vor denen ich Angst habe. Das ist eine fruchtbare Meditation. Ich habe mehrere Hefte mit meinen Notizen angefüllt, aber die eine Woche hat nicht ausgereicht; ich werde mein Inventar noch geraume Zeit fortführen können.“

Jenen Besuch werde ich nie vergessen. Jedesmal muß ich daran denken, wenn ein armer, vom Leben erdrückter Mensch mir wie ein großes Geheimnis anvertraut, daß er sich vor irgend etwas fürchte. Dabei wird mir klar, daß sein Leiden zu einem guten Teil auf einem großen Irrtum beruht. Er glaubt, die „Starken“ hätten keine Angst; er schämt sich seiner Angst, als wäre sie eine außergewöhnliche Schwäche, wogegen mein Engländer ganz unbefangen davon sprach.

Man glaube also nicht, daß diese vorhin erwähnten zahlreichen Angstgefühle nur das Herz der Schwachen, Erdrückten, der Neurotiker heimsuchen. Männer, die mitten im gesellschaftlichen Erfolg stehen, vor denen jedermann zittert, die leitende Posten in Politik, Wirtschaft oder Militär innehaben, die in bestimmten Lebenslagen eine hervorragende Tapferkeit an den Tag legten, haben dennoch auch lächerliche Ängste, die sie nicht loswerden können. Wie viele fürchten sich vor ihrer Frau oder haben Angst vor sich selbst!

Die Wahrheit ist, daß man seine Angst vor andern wie auch vor sich selbst leichter verbirgt, wenn man stark erscheint. Um sie zu erkennen, muß man wie mein englischer Freund sich in der Stille sammeln. Im gesellschaftlichen Erfolg stehend, kann man das Gesicht wahren, eine glänzende Rolle spielen. Die Angst, die der Schwache vor dem Starken empfindet, hindert ihn daran, diesen scharf ins Auge zu fassen, um auch bei ihm die heimliche Angst zu erkennen.

Wenn der Schüler vor dem Lehrer Angst hat, so hat auch der Lehrer vor dem Schüler Angst. Kein Pädagoge wird mir hier widersprechen. Aber je mehr der Lehrer Angst hat, um so strenger und unter Umständen ungerechter wird er sein, desto eher wird er sich der Einschüchterung bedienen, um seine Angst zu tarnen. Wenn der Kranke vor dem Arzt Angst hat, der vielleicht eine schwere Krankheit entdecken oder eine indiskrete Frage stellen könnte, so hat auch der Arzt Angst vor dem Patienten, Angst, ihn zu enttäuschen, Angst, sich zu irren oder ihn nicht heilen zu können; und je größer seine Angst ist, um so größer ist die Gefahr solcher Mißerfolge. Wenn der Arbeiter Angst hat vor dem Chef, der ihn mit einem Wort um seine Anstellung bringen könnte, so hat auch der Chef Angst vor dem Arbeiter; und je mehr er Angst hat, um so autoritärer und anmaßender wird er sich benehmen. Der Konkurrent fürchtet den Konkurrenten. Wenn die Geschäfte schlecht gehen und man Angst vor dem Bankrott hat, trägt man die unbekümmertste Miene zur Schau ... „um nicht zu scheinen, als schiene man ...", wie ein Journalist so artig schrieb[7]. Weil man Angst hat, sucht man Angst zu machen. Diese starken Reaktionen, von denen wir sprachen, sind wie eine Schutzwand, hinter der wir unsere Ängste verbergen; aber ihre wahre Ursache ist die Angst, gleich wie sie auch die Ursache der schwachen Reaktionen ist.

Alle Menschen haben Angst, alle sehnen sich nach Geborgenheit. Die Hochschulgrade, die sie erwerben; die Erfolge, die sie geltend machen; die Achtung, nach der sie streben und sich durch ein ehrenvolles Betragen zu bewahren suchen; der Mut, den sie an den Tag legen; der Eifer, womit sie ihre Theorien verfechten; die Hartnäckigkeit, mit der sie beweisen wollen, daß sie immer im Recht sind; der Respekt, den sie von seiten der Schwachen verlangen; die geistreichen Bemerkungen, die sie machen; all das ist wie ein Panzer, um die eigene Schwäche zu verdecken. Aber wenn auch all dies zur Erhaltung unseres guten Rufs und unserer Selbstberuhigung beiträgt, so wissen wir doch recht gut, daß der Tod uns dessen berauben wird. Darin liegt einer der Gründe für die allgemeine Angst vor dem Tod, und diese Angst vor dem Tod nährt ihrerseits alle andern Ängste.

Hinzu kommt noch die Angst, die die Menschen mit allen andern Lebewesen teilen, die Angst vor Naturkatastrophen, die Angst vor dem Stärkeren, der uns verletzen, uns erdrücken kann. Zuckermann[8], der das Gemeinschaftsleben der Affen studiert hat, schreibt: „Innerhalb einer Gruppe scheint jedes Tier unter der Drohung der Angst zu leben."

Doch das ist nicht alles. Es gibt die Angst, die von innen kommt, jene Angst vor uns selbst, vor den Kräften, die wir in uns fühlen und die jeden Augenblick übermächtig werden könnten. Manch langwierige vertrauliche Mitteilung gipfelt darin: „Ich habe Angst vor mir selbst – Angst vor dem, was ich in mir entdecke – Angst vor meinen Trieben – Angst, daß ich mich zu einem Akt der Rache, des Hasses, der Eifersucht hinreißen lasse – Angst vor dem Feuer meiner Sinne, Angst, daß sie mich unversehens in gemeine Abenteuer stürzen könnten – ich habe Angst vor meinem Herzen, vor meinem Temperament, vor meiner Empfindsamkeit – ich habe Angst vor meinen Gefühlen – Angst, mich auszuruhen, weil ich Angst vor meinen Träumereien habe – ich hätte Ordensschwester werden sollen, habe aber darauf verzichtet, weil ich Angst hatte, mich in den Kaplan zu verlieben – ich habe Angst vor dem ‚Transfer', Angst, mich in sündiger Liebe an Sie zu binden."

All das bedeutet: Ich habe Angst vor der Sünde. Und die Angst erzeugt gerade das, was sie befürchtet. Wir bekämpfen das, wovon wir wissen, daß es Gewalt über uns hat. All jene Leute, die ihr Herz verschließen, aus Angst, ihre Gefühle könnten mit Sünde befleckt werden, verlieren sich in einer trostlosen Wüste, wo ein solcher Hunger nach Liebe herrscht, daß selbst die reinste Zuneigung von einer bestürzenden Unruhe getrübt wird, die der Sünde die Türe öffnet.

Man glaube nicht, daß nur die Patienten, die uns um Rat fragen, solche Ängste kennen. Sie sind latent selbst bei jenen vorhanden, die sich am meisten in der Gewalt zu haben scheinen. Denn wir wissen alle um gewisse Untugenden, die wir niemals zu überwinden vermochten, trotz all unserer Bemühungen und unserer Entschlüsse, oder über die wir nur vergängliche und unvollkommene Siege davongetragen haben. Je mehr wir diese Untugenden zu verbergen suchen, um so mehr untergraben sie unser Selbstvertrauen, und um so zahlreicher werden unsere schwachen Deckreaktionen, die ihrerseits unsere sittliche Kraft gefährden. Gerade deswegen ist die Beichte für jede Befreiung unerläßlich. Es gibt hervorragende Menschen, die unter gewissen heimlichen Fehlern fürchterlich leiden; je banaler diese Fehler sind, um so stärker werden sie dadurch gedemütigt: Es sind das Zerstreutheit, Trägheit, sinnliche Begierde, Liederlichkeit, Zorn, Onanie, irgendeine Marotte oder eingefleischte Gewohnheit. Je größeres Ansehen solche Menschen in der Gesellschaft genießen, je einflußreicher, bekannter, geehrter sie sind, um so größer ist ihre Scham und ihre Verlegenheit, wenn sie diese Fehler eingestehen sollten. Das ist das Drama im Leben so mancher Pädagogen, Industriellen, Richter, Ärzte oder Geistlichen, die mitunter von einem furchtbaren Gefühl der Heuchelei gequält werden, wenn sie ihre ehrenvolle Laufbahn fortsetzen, als ob sie eine Rolle spielten. Die vornehmsten Leute haben niedrige Gedanken, die sie nicht beichten können, ohne die heftigsten Widerstände ihrer Eigenliebe zu überwinden. Die Mutigsten erinnern sich an erstaunliche Feigheiten, die Mustergültigsten an Handlungen oder an Phantastereien, die sie erröten lassen.

Um das zu verstehen, müssen wir diese allzu abstrakte Aufzählung beenden und auf konkrete Einzelheiten eintreten. Mancher sehr tätige und vielbeschäftigte Mann weiß, daß er in gewissen Augenblicken seine Zeit auf stupide Weise vergeudet und daß er unfähig ist, etwas dagegen zu tun, trotz der Beschämung, die er dabei empfindet. Eine Frau, die unter der Impulsivität ihrer Mutter gelitten hat, ist verwirrt, als sie denselben Fehler bei sich entdeckt, und sie fühlt sich ohnmächtig, Herr zu werden über die sie plötzlich überfallende Gereiztheit, die sie dazu treibt, ihrem Kind eine Ohrfeige zu geben. Ein Mädchen, das zu stehlen angefangen hat, ist bestürzt über die natürliche Geschicklichkeit, die es dabei entfaltet – wie bei einem unwiderstehlichen Spiel –, und über die Arglosigkeit, womit seine besten Freundinnen ihm willfährig die Gelegenheit dazu verschaffen. Ein Mann von peinlicher Ehrlichkeit im Geschäftsleben kann sich nicht enthalten, die Steuererklärung leicht zu fälschen oder das Zollamt um eine kleine Summe zu betrügen, die für sein Budget völlig belanglos ist. Ein anderer, der sich immer in der Hand zu haben scheint, sieht sich außerstande, dem lockenden Anreiz einer Zigarette, einer Crèmeschnitte oder einer pornographischen Zeitschrift zu widerstehen. Ein bis über die Ohren in Geldnöten steckender Mann, der seiner Frau fortwährend Sparsamkeit predigt, wagt nicht, ihr gewisse Ausgaben zu bekennen, die in seinen Augen völlig sinnlos sind. Er unterläßt es sogar, sie aufzuschreiben und zu addieren, um sie vor sich selbst zu verbergen; oder aber er leiht einem Freund eine beträchtliche Summe, aus Schwäche, aus Angst, ihm seine eigene Geldverlegenheit einzugestehen, trotz der Einsicht, daß er unklug handelt. Die Unbeherrschtheit im Geldausgeben ist eine unversiegbare Quelle von Schwächegefühlen, und ihr Symptom ist nicht weniger konstant. Man findet sehr oft gleichzeitig eine übertriebene Sorge, keine Schulden zu machen, und einen absurden Trieb zum Vergeuden als eitle Kompensation.

Was manche Leute auch demütigt und quält, das ist, feststellen zu müssen, wie unbeständig ihre Gefühle sind. Sie sagen uns: „Ich beneide Sie um ihren festen Glauben; ich selbst falle immer wieder aus allen Höhen in alle Tiefen!“ In Wahrheit sind wir alle so; denn das Gefühl ist eine Bewegung; wäre es unbeweglich, so empfände man es nicht mehr. Der Glaube ist nichts anderes als eine fortwährende und beharrliche Rückkehr zu Gott, von dem wir uns immer wieder entfernen. Er ist nicht dem Gleichstrom ähnlich, der keinerlei Induktionseffekt hervorruft, sondern vielmehr dem Wechselstrom, dessen negative und positive Phasen einander ablösen. Ein ähnlicher Wechsel kennzeichnet die der Affektivität eignende Schwingung. Eine wahrhafte Sündenerkenntnis zum Beispiel ist äußerst selten und flüchtig; man erlebt sie für ein paar Sekunden, länger würde man sie nicht ertragen. Während Jahren, durch ein ganzes Leben hindurch wird die periodisch wiederkehrende Erinnerung daran das geistige Leben neu entfachen. In mehr oder weniger intellektueller Weise werden wir bei vielen Gelegenheiten unsere Sünde erkennen, aber das wird stets nur ein mattes Zerrbild jener erschütternden Erleuchtung sein, während welcher wir plötzlich unsere Nichtigkeit vor der Größe und Heiligkeit Gottes empfunden hatten.

Und wie es Wanduhren gibt, die man nur einmal wöchentlich aufziehen muß, während andere täglich aufzuziehen sind, so wechselt auch diese periodische Wiederkehr der Gefühle von Mensch zu Mensch, und das stürzt die Unbeständigsten unter ihnen in schreckliche Zweifel an sich selbst.

Hinsichtlich des Aussetzens der Gefühle möchte ich auf ein psychologisches Gesetz hinweisen, das die Nervösen immer beunruhigt, das Gesetz der verzögerten Depression. Wenn solche Menschen schwere Sorgen, einen Konflikt haben, beispielsweise vom Bankrott bedroht sind oder vom Ehebruch ihres Gatten erfahren, so halten sie durch, solange die Aufregung andauert. Wenn sie aber später zu uns kommen, rufen sie ganz gedemütigt aus: „Ich verstehe das nicht, jetzt, wo alles erledigt ist, breche ich zusammen!“ Gewöhnlich verhält es sich so: Solange der Kampf andauert – mochte er noch so schwer sein –, entfachte er eine instinktive Abwehrkraft in ihnen, die aufhört, sobald sie gegenstandslos geworden ist, und sie bleiben in niedergedrückter Stimmung zurück.

Was in all diesen seelischen Nöten die Kräfte am weitgehendsten untergräbt, das ist das Bewußtsein, sich selbst untreu zu werden. Wir finden es als Ursache der folgenschwersten schwachen Reaktionen. Ein sehr begabter Künstler zum Beispiel verzichtet auf die Künstlerlaufbahn aus ganz gewöhnlicher Angst, seinen Lebensunterhalt nicht verdienen zu können, und wird Bankangestellter oder Beamter. Das unbeschreibliche Gefühl, sich selbst verraten zu haben, verläßt ihn nicht mehr und macht einen in allen Lebenslagen schwachen Menschen aus ihm. Dasselbe gilt für den intelligenten Schüler, der sein Studium in einer momentanen Aufwallung von Trotz aufgibt, oder für einen Verliebten, der seine Liebe aus Angst, abgewiesen zu werden, nicht zu erklären wagt.

So erscheint uns, vom geistigen Standpunkt aus betrachtet, die spezifisch menschliche Angst immer an das Schuldgefühl gebunden zu sein. Dies drückt die Bibel so vortrefflich aus, wenn sie uns zeigt, wie Adam und Eva gleich nach ihrem Ungehorsam gegen das göttliche Gebot vor Gott fliehen und sich vor ihm verbergen (1 Mose 3,8). Es ist dieses tief in uns vorhandene Schuldgefühl, selbst wenn es mehr oder weniger verdrängt, unbewußt, unbestimmt bleibt, das in unserm Herzen eine den Tieren unbekannte Angst hervorruft, die wir dann auf äußere Dinge projizieren. Wir lassen uns daher von Gespenstern erschrecken, die wir gewissermaßen selbst schufen, um eine zu unerträgliche, unbestimmte Angst zu personifizieren und zu lokalisieren. Sie kommt aus unserem eigenen Herzen, und das macht sie so hartnäckig: Hat ein Gespenst für uns seinen Schrecken verloren, so tritt sofort ein anderes an seine Stelle.

Das zeigt uns eindringlich die Befreiung mancher Schüchterner. Man kann die Schüchternheit durch methodische Übungen, wie sie uns gewisse Bücher und gewisse Anstalten für angewandte Psychologie vorschlagen, nach und nach überwinden. Dieser Weg ist nicht zu verachten. Allein, es kann geschehen, daß wir bei Schüchternen zu Zeugen einer ganz andersartigen, plötzlichen, sozusagen explosiven Befreiung werden, in dem Augenblick, wo sie eine vollständige und konkrete Beichte ihrer Sünden ablegen. Tatsächlich sind derartige Fälle selten; denn selten ist auch eine solche Beichte. Niemand findet den

Mut dazu, wenn er nicht von Gott selbst dahin geführt wird. Aber diese Fälle sind erschütternd.

So wie wir den Menschen einerseits vom geistigen Standpunkt aus betrachten können, so können wir ihn andererseits auch immer vom technischen, vom psychologischen Standpunkt aus sehen. Das widerspricht unseren geistigen Betrachtungen nicht, bewahrt uns indessen davor, zu einfache Schlüsse daraus zu ziehen oder Urteile zu fällen. Vom psychologischen Gesichtspunkt aus gesehen, beruhen all diese seltsamen Verhaltensweisen, von denen wir sprachen, auf inneren Konflikten, wie es uns die Psychoanalytiker aufgezeigt haben. Wenn zwei gegensätzliche Kräfte in der Seele aufeinanderprallen, wird diese gelähmt und versinkt in schwache Reaktionen. Es ist das ein unermeßlich großes und hochwichtiges Thema, das ich hier nur mit wenigen Beispielen streifen kann.

Das Kind erhält sein Sittengesetz von den Eltern und Erziehern. Es ist noch zu unerfahren, um selbständig urteilen zu können. Die Erwachsenen, die ihm vollkommen erscheinen und es zu sein vorgeben, imponieren ihm zu stark, als daß es nicht sämtliche Punkte dieser Lehre in Bausch und Bogen annehmen würde. Nun kann der erste Punkt zwar gültig sein: „Du sollst nicht lügen“; aber schon der zweite ist irreführend: „Du sollst keine andere Meinung haben als dein Vater“; Nummer drei mag wieder echt sein: „Halte dein Herz rein“; Nummer vier ist abermals falsch: „Der Geschlechtstrieb ist strafbar und beschämend.“ Das Kind eignet sich folglich ein Durcheinander von Leitsätzen an, von denen die einen der geoffenbarten Moral entsprechen, während die andern lediglich der Ausdruck persönlicher Probleme seiner Erzieher sind. Später einmal wird es eine Wahl treffen müssen unter diesen Vorschriften, allein es wird die falschen mit den echten so sehr verquickt haben, daß ihm diese Wahl sehr schwer fallen wird. Selbst dann, wenn es mit vollem Bewußtsein ein unechtes Gebot verwirft, wird es darob ein Unbehagen, ein falsches Schuldgefühl verspüren, das dem echten erstaunlich ähnlich sieht. Von nun an wird in ihm ein Zwiespalt bestehen zwischen der richtigen Überzeugung, die es gewonnen, und dem falschen Widerstand, den die Erziehung ihm suggeriert hat. Diese falsche Sittenlehre nennen die Psychoanalytiker das Über-Ich, und mit Recht beklagt Charles Odier[9], daß man seine Bedeutung auch heute noch allzusehr verkennt.

Hier das Beispiel einer Patientin, die sich fortwährend Vorwürfe macht, an die sie im Grunde nicht glaubt. Sie wiederholt sich die Vorwürfe, die ihre Mutter ihr zu machen pflegte und von denen sie doch weiß, daß sie ungerecht sind. Sie ist lahmgelegt und ohnmächtig, etwas dagegen zu tun. Wenn sie daran glauben würde, könnte sie sich unterwerfen; wenn sie imstande wäre, sie aus voller Überzeugung zu verwerfen, so würde sie nicht mehr darauf zurückkommen. – Eine andere Frau sagte zu mir: „Das Schlimme bei mir ist, daß ich zwar suggestibel bin, aber nicht beeinflußbar." Sie drückt damit sehr gut jenes Gefühl des inneren Zwiespalts aus: Sie kann sich der Macht einer Suggestion zwar nicht entziehen, aber sich ihr auch nicht unterwerfen, ohne daß ihr Freiheitsdrang dagegen Einspruch erhebt. Deswegen übrigens sieht alle Welt in der Suggestibilität ein Zeichen von Schwäche. Zeichen und Ursache, wegen des inneren Konflikts, den sie hervorruft.

Eine Frau hat eine glänzende Karriere als Leiterin eines industriellen Betriebes gemacht. Sie kritisiert das Vorurteil der Leute, die behaupten, eine Frau gehöre nicht an einen solchen Platz. Mir gegenüber betont sie selbstgefällig, daß ihr auch die Beschäftigung mit dem eigenen Haushalt Vergnügen mache, als ob sie sich wegen der Vorwürfe der öffentlichen Meinung entschuldigen müßte. Allein sie erkennt gar bald, daß ihre Kritiken und ihre Erklärungen eine Verteidigung sind gegen eine gewisse Stimme in ihrem Inneren, die sich diesen gesellschaftlichen Vorurteilen und Vorwürfen der Nachbarn anschließt.

Hier das Beispiel einer andern Frau, die von einem autoritären Vater in einer patriarchalischen und aristokratischen Atmosphäre aufgezogen wurde. Nie hat sie die Schule besuchen, nie mit den Kindern des Dorfes verkehren dürfen. Selbst ihre Spiele wurden ihr von der Hauslehrerin vorgeschrieben. Solange sie Kind war, ging alles gut, sie ahnte nicht, daß es anders sein könnte; es gab keinen inneren Konflikt. Aber jetzt verrät ihre schwere Nervosität den Kampf, der sich in ihr abspielt, den Kampf zwischen der Folgsamkeit, die ihr jene Erziehung vorgeschrieben hat, und dem Drang nach sittlicher Freiheit, den sie empfindet, ohne daß sie ihm jedoch zu gehorchen wagte. Sie wäre nicht krank, wenn sie sich wie ihre Schwester dem familiären Zwang vorbehaltlos hätte unterwerfen können. Aber ihre Natur ist zu unabhängig, um sich nicht innerlich gegen Ungerechtigkeiten aufzulehnen, die sie gleichwohl ohne tatsächliche Abwehr hingenommen hat.

So macht der Schwache sich Vorwürfe, weil er sich nicht selbst verwirklicht, sich vor dem Starken beugt, auch wenn dieser im Unrecht ist; weil er seine Fähigkeiten und Talente aus Schüchternheit verbirgt und sie sogar noch verleugnet, wenn man sie ihm aufzählt; weil er den Besiegten und Unfähigen spielt, während er sich doch verborgener Kräfte bewußt ist. Jedermann ist erstaunt, wenn er entdeckt, wie sehr solche Menschen sich in schwierigen Lagen tapfer und mutig zeigen können. Sie selbst fühlen die in ihnen schlummernde, potentielle Kraft und tadeln sich, daß sie diese im Alltagsleben verbergen. Es besteht ein innerer Konflikt zwischen ihren schwachen Reaktionen und der Kraft, die sie verschleiern; und dieser Konflikt gibt ihren schwachen Reaktionen neue Nahrung. Hier noch das Beispiel einer Frau, die sich stark im Geschäftsleben und schwach in der Liebe erweist. Im Lebenskampf hat sie den Beweis einer starken Energie erbracht, und doch bringt sie es nicht fertig, eine Verbindung abzubrechen, die ihr kein Glück schenkt und sie wahrscheinlich daran hindern wird, es zu finden.

Hier ferner das Beispiel eines Mannes, der den artigen kleinen Jungen spielt. Ich entdecke in ihm eine Abenteurerseele, die es nie gewagt hat, sich zu behaupten, ein phantastisches Verlangen, den menschlichen Konventionen zu trotzen. – Ein anderer zeigt sich unentschlossen, friedliebend und im Übermaß fügsam und gehorsam. In Wahrheit ist er eine Kämpfernatur. In seinem Herzen liefert er all jenen, die ihn beherrschen, stürmische Wortgefechte; und er bleibt stumm, aus Angst, allzu heftig zu werden, wenn er seine Gefühle zum Ausdruck brächte. Eine Frau erscheint furchtsam, während sie in Wahrheit das kühne Trachten ihres Herzens bremst, das man in ihrer Kindheit unterdrückt hat. Man erkennt also eine Art Umkehrung des Charakters, die an viele andere biologische Phänomene erinnert, entsprechend dem Gesetz des „Alles oder nichts". Alles spielt sich so ab, als wäre das verwegene Kind unfähig, seine Kühnheit einfach durch einen Zuschuß von etwas Vorsicht zu mäßigen, und fiele dann plötzlich unter der Wirkung des erzieherischen Zwanges ins gegenteilige Extrem, das der Kleinmütigkeit. Aber die beiden Neigungen, die ausgelöschte natürliche und die künstliche, stoßen sich gegenseitig.

So ist die menschliche Lage; der Mensch ist unendlich komplex und zerbrechlich, tausenderlei falschen Suggestionen unterworfen, von zahlreichen Ängsten gequält, von unaufhörlichen inneren Konflikten zerrissen. Gewiß, es gibt einfache Naturen, die sich keine Rechenschaft geben von dem, was sich in ihnen abspielt; und andere, subtile, die sozusagen Zuschauer ihrer inneren Stürme sind. Aber die Unbewußtheit der ersteren erscheint wie eine instinktive Verteidigung gegen die Angst. Es gibt folglich nicht, wie man gewöhnlich meint, zweierlei Menschen: solche mit inneren Konflikten und solche, die davon frei wären. Wenn sich eine Abgrenzung machen läßt, dann eher die: Die einen leugnen ihre Angst, die andern gestehen sie sich ein. Nun verhält es sich so: Wenn wir unsern Ängsten ins Auge sehen, sie uns bewußtmachen, macht uns das Angst; dennoch ist es das einzige Mittel, ihnen standzuhalten. Masson-Oursel erwähnt folgende Maxime: „Es gibt Leute, die nichts fürchten und allem unterliegen. Es gibt Leute, die alles fürchten und nie unterliegen." Bekannt ist auch der Ausspruch des Grand Condé: „Man muß den Feind auf Distanz fürchten, um nicht in der Nähe vor ihm Angst zu haben." [10]

Die starken Reaktionen, wie Prahlereien und Großsprechereien, führen gewisser zur Niederlage als das Bewußtsein der eigenen Schwäche. Gerade dieses Bewußtsein ist die Voraussetzung jeder Ehrlichkeit gegen sich selbst, jeder geistigen Erfahrung, jedes schöpferischen Werkes.

Ich erinnere mich an einen mit Freunden verbrachten Abend. Es waren zwei Geistliche zugegen. Der eine, ein sehr geschätzter Kanzelredner, der die Massen anzog, gestand uns die schreckliche Angst, die er vor jeder Predigt hatte. Er widmete ihrer Vorbereitung, wie er sagte, jeweils lange Stunden mit immer wachsender Angst. Am Samstag noch warf er seinen Plan um. Zitternd pflegte er auf die Kanzel zu steigen, und wenn er wieder herunterkam, hatte er das Gefühl, sein Amt verraten zu haben. Sein Kollege mischte sich ins Gespräch und sagte: „Predigen hat mich nie geängstigt. Am Sonnabend kommt mir der Text ganz von selbst in den Sinn, und ich lege mich ruhig schlafen. Wenn ich auf der Kanzel stehe, ist es mir, als sprudelten die Worte ohne mein Zutun hervor.“ Doch sofort fügte er hinzu: „Entmutigend ist dann vielmehr, vor leeren Bänken predigen zu müssen. Die Gläubigen vergessen ihre Pflicht; die Kirche sollte etwas tun und energisch verlangen, daß sie zum Gottesdienst kommen.“

So gibt es also kein fruchtbares Werk ohne Angst. Es gibt keinen guten Schauspieler, der nicht gegen das Lampenfieber zu kämpfen hätte, keinen berühmten Redner, der nicht zitterte. Ich gestehe, ohne mich zu schämen, die Angst ein, mit der ich dieses Buch schreibe, und ich weiß, daß sie unvermeidlich ist. „Sehnsucht, Angst, Traurigkeit“, sagte der heilige Augustin, „können von der Liebe zum Guten und von der Nächstenliebe herrühren und sind an sich keine Fehler.“ „Die Angst“, schrieb Dubois[11], „ist, sofern sie gewisse Grenzen nicht überschreitet, eine außerordentlich nützliche Regung.“

Wenn wir daher auf die Utopie eines Lebens frei von Angst verzichten, wenn wir unsere angsterfüllte menschliche Lage annehmen, so ist das keineswegs eine gewöhnliche Resignation. Wir nehmen die Angst vielmehr als etwas Gutes, als eine Gabe Gottes an, die in seinem Plan ihre Bedeutung hat.

Wenn die Angst universell ist, so deshalb, weil sie ein Instinkt ist. Sie ist der Hebel des Selbsterhaltungstriebes. Ihr Sinn ist ein gottgewollter. Sie ist die Quelle jedes Fortschritts und die treibende Kraft der ganzen Zivilisation: die der Wissenschaft, welche die schreckenerregenden Geheimnisse der Natur zu durchdringen sucht; die der Philosophie und der Religion, welche nach der Wahrheit fanden; die der Arbeit, des Ackerbaus und der Industrie, womit die Menschen gegen ihre materielle Unsicherheit kämpfen; die der Gesellschaft, der sozialen Zusammenarbeit, worin sie ihre Kräfte vereinigen und vergessen, was sie trennt. Das wird deutlich, wenn ein Land bei plötzlicher Gefahr von außen die unantastbare Einigkeit und den sozialen Frieden verwirklicht, die es in mühelosen Zeiten vergeblich anstrebte. Die Angst vor allem Neuen gibt unserm persönlichen Leben und dem gesellschaftlichen Leben ihre Beständigkeit und jenes feste Gefüge von Gewohnheiten, ohne die es nur Verwirrung gäbe. Es ist auch die Angst, die glücklicherweise die Menschen einigermaßen davor zurückhält, blindlings ihren Leidenschaften zu gehorchen, deren verderbliche Folgen sie aus Erfahrung kennen.

Wir sagten vorhin, daß niemand die Liebe erleben kann, ohne die geheimnisvolle Angst zu empfinden, die sie in uns weckt. Ein Patient erzählte mir seinen Traum: Er befand sich in einem Boot; doch jedesmal, wenn er sich dem Landungssteg näherte, verwehrte ein drohendes Tier ihm den Zutritt. Bcim dritten Mal sprang er ans Ufer und schlug das Untier zu Boden. Augenblicklich fühlte er die Gegenwart eines unendlich schönen Weibes, das er umarmte. Dieses Erlebnis symbolisieren all jene Sagen vom drachenbehüteten Feenpalast[12]. Die Liebe wäre nicht mehr das, was sie ist, wenn nicht eine Angst und ein Sieg über die Angst mit ihr verbunden wäre. Jede poetische Regung beruht auf dem Mitschwingen dieser Angstgefühle, die der Preis für die Liebe und Schönheit sind.

Aber es kommt noch etwas anderes hinzu: Die Angst ist auch jene enge Pforte, von der Christus spricht, und außerhalb deren man Gott nicht finden kann. Die Gnade wird dem verheißen, der seine Schwachheit anerkennt, und nicht dem, der sich seiner

Stärke rühmt. Die Bibel mit ihrer realistischen Kenntnis des menschlichen Herzens wiederholt 365mal die Worte: „Fürchte dich nicht." Sie spricht auch von der „Gottesfurcht" als vom Anfang aller Weisheit. Christus, der jeder Seele auf den Grund sieht, weiß, daß es kein Leben ohne Angst gibt. Er selbst war davon nicht frei, wie Weatherhead[5] bemerkt. „Sein Schweiß wurde wie Blutstropfen" (Lukas 22,44). Daher rät er, die unheilvollen Ängste durch eine fruchtbare Angst zu verjagen. „Fürchtet euch nicht vor denen, die den Leib töten und die Seele nicht töten können; fürchtet euch aber vielmehr vor dem, der Leib und Seele verderben kann in der Hölle" (Matthäus 10,28).

So ist die Angst nützlich oder schädlich, je nachdem sie in unserm Leben die Rolle spielt oder nicht, die Gott ihr in seinem Heilsplan zugewiesen hat. Die Bibel empfiehlt uns nicht, aus dem Lager der Schwachen in das der Starken hinüberzuwechseln, sondern unsere Schwachheit einzugestehen. Wenn es uns so schwerfällt, unsere Ängste zu bekennen, so liegt es daran, daß wir immer stark erscheinen möchten. Und diese Scham ob der eigenen Angst fixiert die Angst und läßt sie schädlich werden. Eine Patientin, die an einem Brusttumor litt, schrieb mir, sie fürchte sich vor Krebs. Sie fügte hinzu: „Eine wirkliche Christin sollte sich nicht fürchten." Nicht doch, liebe Frau, auch ein Christ fürchtet sich, aber er legt seine Ängste vor Gott nieder. Der Glaube unterdrückt die Angst nicht; er erlaubt uns, trotzdem weiterzugehen. Als mein englischer Freund seine Ängste aufzeichnete, tat er es, um ihnen mit Gottes Gnade die Stirne zu bieten. Wenn wir uns in der Stille sammeln, lassen wir die stoische Utopie eines Lebens ohne Angst fahren, die die Ursache so vieler Verdrängungen und so vieler Lügen ist. In Gottes Gegenwart können wir der Angst ins Auge blicken und sie ihm bekennen, damit er fruchtbar mache, was göttlich in ihr ist.

Aber selbst dieser Weg wird vom „Drachen" der Angst bewacht. Alle Menschen fürchten sich vor Gott. Man öffne die Bibel, und man wird sehen, daß jedesmal, wenn Gott zu den Menschen spricht, Angst ihre erste Äußerung ist. Sie fürchten sich vor Gott, weil sie ein schlechtes Gewissen haben und weil sie Angst haben, daß er Opfer von ihnen verlangen könnte.

Ich habe oft den Eindruck, daß mein Beruf, sowohl in psychologischer wie in geistiger Hinsicht, eine bloße Jagd nach der Angst sei. Abwechselnd kommen Starke und Schwache, um vor mir die Ängste zu beichten, die sie lähmen und ihre Reaktionen verfälschen. Menschlich gesehen, habe ich keine Antwort. Die Angst entzieht sich dem Willen. Man kann sie verdrängen, aus der Welt schaffen kann man sie nicht. Man kann sich mit ihr abfinden, sein Leben einengen, um sich ihr nicht auszusetzen. Aber ein Sieg ist das nicht. Und ich muß ehrlich gestehen, daß ich all diese Ängste selbst auch kenne.

Wenn ich gleichwohl bisweilen den andern helfen kann, so dann, wenn ich ihnen nicht wie irgendeine wichtige Persönlichkeit vorkomme, die an ihren Kämpfen nicht teilnimmt, sondern wenn sie fühlen, daß ich ihnen nahe bin, und auch darum, weil ich selbst gelernt habe, meine Ängste einzugestehen und mich nicht mehr in der trügerischen Hoffnung wiege, ihnen entkommen zu können. Ich habe im Gegenteil folgende Erfahrung gemacht: Wenn wir der Angst ins Auge schauen, wenn wir sie im Glauben vor Gott bringen, so können wir sie überwinden. Das ist keine einfache Sache. Hier wie im Krieg ist der Stärkere nicht derjenige, der sich stark wähnt und die Macht des Gegners unterschätzt.

Es gilt daher, die menschliche Lage, in die Gott uns nach seinem Willen gestellt hat, damit wir uns ihm zuwenden, realistisch anzunehmen; wir sollen Tag für Tag das Sündige an unserer Angst ablegen und ihren Stachel bewahren, soweit Gott selbst ihn in unser Herz gelegt hat, um uns unser Elend bewußtzumachen.

ZWEITER TEIL

Reaktionen

4. Kapitel

Schwache Reaktionen

Wir können nun die beiden Arten von Reaktionen – die schwachen und die starken –, mit welchen die Menschen ihre gemeinsame Angst manifestieren, im einzelnen untersuchen.

Die schwachen Reaktionen sind hemmende, die starken anspornende Reaktionen. Zu den schwachen gehören Depression, Katerstimmung, Traurigkeit, Selbstmitleid, Selbstverleumdung, Lebensüberdruß, übertriebene Selbstkritik, Panik, Flucht, Insichgekehrtheit, Stummheit, Empfindungslosigkeit.

Zu den starken Reaktionen gehören Lebhaftigkeit, Hochgefühl, Fröhlichkeit, Herablassung, Selbstzufriedenheit, Optimismus, übertriebene Kritik an andern, Kühnheit, Angriffslust, Entfaltung, ein gutes Mundwerk, Betriebsamkeit.

Ich könnte noch mehr solcher Begriffe anführen; die schwachen Reaktionen lassen sich jedoch alle mit der Flucht und der Hemmung in Verbindung bringen. Von der Flucht habe ich bereits in meinem Buch „Krankheit und Lebensprobleme" gesprochen. Ich begnüge mich hier damit, jene zahllosen Arten der Flucht hervorzuheben, die unsere täglichen kleinen Feigheiten bilden: das Gesprächsthema geschickt wechseln, wenn es für uns ungemütlich zu werden oder einen unerquicklichen Streit zu provozieren droht; uns an eine dringende Pflicht erinnern, um uns vor einer nicht minder eiligen, aber langweiligen Aufgabe zu drücken; beteuern, daß wir nicht zuständig seien oder von nichts wissen, wenn wir Stellung beziehen sollten; uns in ein kluges Schweigen hüllen oder uns in die Bescheidenheit, in die Theorie, in ein endloses und hohles Gerede flüchten; uns auf die Meinung eines Gewährsmannes berufen, dessen Autorität uns Sicherheit gibt. Wenn so viele Gespräche banal verlaufen, so liegt das daran, daß die Beteiligten sich gegenseitig ausweichen. Sie verbergen ihre verwundbare Person hinter einer Wand seichten Geschwätzes, höflicher Komplimente, witziger Bemerkungen oder künstlicher Übertreibungen.

Ein gerades, unbedingt ehrliches Gespräch, ohne Ausflüchte, ohne Vorwände, ohne Fluchtversuche, ohne Meinungsänderung ist schwer durchzuhalten. Sobald es gefährlich wird, hüllen wir uns wie die Kriegsschiffe in künstliche Nebel. Mit ein wenig Erfahrung können wir solche Fluchtbewegungen an tausenderlei kleinen Zeichen auf Schritt und Tritt erkennen, auch bei den Menschen, die uns in der ehrlichen Absicht aufsuchen, sich so zu geben, wie sie wirklich sind. Aber noch fruchtbarer ist es, solchen Manövern in uns selbst auf die Spur zu kommen. Häufig fragen mich meine Kollegen: „Wie bringen Sie es nur fertig, mit jedermann so intim zu reden?“ Es braucht dazu nichts weiter, dünkt mich, als sich niemals an einer Ausflucht mitschuldig zu machen, selbst nie den Dialog abzubiegen, wenn er geradewegs in die Tiefe zu führen beginnt, selbst stets bereit zu sein, jedes beliebige Problem anzupacken und jede noch so heikle Frage zu stellen.

Es gehört zu den großen Wohltaten der stillen Sammlung, daß sie uns hilft, mit diesen Schwierigkeiten fertig zu werden. Vor kurzem sprach ich mit einem sehr sympathischen Patienten, mit dem ich schon zahlreiche tiefe und ehrliche Gespräche geführt hatte. Als ich ihm jedoch vorschlug, sich mit mir in der Stille zu sammeln, gestand er mir seine Verwirrung. „Ich weiß genau“, sagte er, „daß mir, wenn ich mich sammle, ein bestimmter Gedanke kommen wird, der mir Angst macht.“ Auf der Stelle waren wir uns bedeutend näher gekommen. Wir standen uns auch vorher schon nahe, aber jetzt schien es uns beiden, als wäre das Eis gebrochen, als träten wir ins Allerheiligste ein.

Oft wiederfuhr es mir auch, daß ich bei mir selbst dachte: „Jetzt sollten wir uns sammeln“, und dann statt es vorzuschlagen, in die sinnlose Fortführung des Gesprächs flüchtete. In der

Sammlung selbst ist es sehr schwer, ganz ehrlich zu bleiben, keinen Gedanken beiseite zu schieben, weder unter dem Vorwand der Schicklichkeit noch der Zweckmäßigkeit. Es ist viel leichter, einige schmeichelhafte, edle und alltägliche Grundsätze zu notieren, als einfach das niederzuschreiben, was uns spontan in den Sinn kommt.

Die andere Form der schwachen Reaktionen ist die Hemmung. Man nennt das in der Physiologie und Psychologie Inhibition. Das deutsche Wort „Hemmung" drückt vortrefflich dieses Gefühl aus, man sei wie durch unsichtbare, geheimnisvolle Bande gefesselt, gelähmt, versteinert.

Hier das Beispiel eines sehr erregbaren jungen Mädchens, das viel unter der Feindseligkeit seiner Eltern gelitten hat. Der Vater war seiner Tochter gegenüber immer gereizt und hatte nichts als Vorwürfe. Eines Tages, als sie noch ganz klein war, stellte dieser Vater plötzlich einen Schmuckanhänger, einen winzigen Elephanten aus Glas auf den Tisch und sagte: „Da nimm, ich hab dir das mitgebracht!" Verblüfft, entzückt, fassungslos angesichts eines so unerwarteten Geschenks, blieb das Kind wie angenagelt, anscheinend gleichgültig stehen. Der kleine Elephant erschien ihr strahlend wie ein Weihnachtsstern; sie sah nicht einmal genau, was das kleine funkelnde Ding denn eigentlich darstellte. Sie war keiner Gebärde, keines Wortes fähig. Nach kurzer Zeit ging sie langsam, automatisch ins Nebenzimmer, und als sie von dort zurückkehrte, sah sie den kleinen Elephanten am Hals ihrer Schwester glänzen. „Da du ihn nicht haben willst, schenkte ich ihn deiner Schwester", erklärte der Vater trocken. Hier wird deutlich, was tragisch an den schwachen Reaktionen ist: Sie sind irreführend für die andern; die Sensiblen werden immer falsch verstanden. Das kleine Mädchen war so stark beeindruckt, daß es wie verzaubert dastand; seine Hemmung wurde als Gleichgültigkeit ausgelegt. Das Mißverständnis, das die Kleine um ihr zauberhaftes Geschenk brachte, verwirrte sie dermaßen, daß sie außerstande war, es durch eine Erklärung zu beseitigen.

Ich möchte diesen letzten Punkt besonders hervorheben; er

ist subtil, spielt aber eine wichtige Rolle in den seelischen Erschütterungen der Sensiblen. Da ist beispielsweise eine andere intelligente Patientin, die ihre Komplexe recht gut kennt. Ihr hat vordem eine Frau viel Böses zugefügt, an das sie nicht denken kann, ohne sich erneut aufzuregen. Nun war sie bei Freundinnen auf Besuch, und diese kamen auf jene Frau zu sprechen. Unsere Kranke fühlte ganz richtig, daß sie sich entfernen sollte; sie machte Miene aufzubrechen; man protestierte energisch dagegen. Die Erregung hinderte sie daran, eine Erklärung abzugeben; sie blieb, aber nun war sie völlig außer Fassung geraten. Zu der durch das Gesprächsthema verursachten Aufregung kam noch eine Art Erbitterung über sich selbst hinzu, weil sie nicht imstande gewesen war, offen zu sprechen und wegzugehen.

Eine andere Ursache zu Mißverständnissen ist das lange Andauern der Erregung. Der Schwache bleibt lange unter dem Eindruck eines Ärgers, einer Suggestion oder eines Mißerfolgs, ohne darüber hinwegzukommen. Die andern Leute verstehen ihn nicht; sie meinen, der Sturm in seinem Herzen habe sich längstens gelegt; sie halten seine Undurchdringlichkeit für Zerstreutheit oder Gleichgültigkeit. Aber wenn der Schwache sich so unverstanden fühlt, fällt es ihm noch schwerer, seine Ruhe wiederzufinden.

Das ist auch oft der Mechanismus des Zögerns. Wenn der Schwache vor eine Wahl gestellt wird, hätte er mehr als ein anderer Zeit und Ruhe nötig, um sich zu entscheiden. Da er seine Erregbarkeit kennt, hat er Angst, daß er Ausflüchte sucht und sich den Willen der andern aufzwingen läßt, wenn er überrumpelt wird; und diese Angst vergrößert seine Unruhe. Er sagt, daß er sich nicht entschließen könne, aber das stimmt nicht; in seinem Herzen hat er gewählt, er kann die Wahl jedoch nicht zum Ausdruck bringen. Nun kommt diese Erbitterung über sich selbst hinzu, die ihn ganz gefangennimmt, die ihn daran hindert nachzudenken, sich zu entscheiden, seinen Willen in Worten auszudrücken.

Die Müdigkeit ist ein spezifisches Merkmal des Erdrücktseins. Sie bildet das ständige und hauptsächlichste Symptom, über das jeder Nervöse sich beklagt. An und für sich bildet sie die schwache Reaktion par excellence, das Versagen der Kräfte angesichts eines Hindernisses, das unübersteigbar erscheint. Aber durch diese Hemmung wird sie ihrerseits wieder zur Ursache zahlreicher schwacher Reaktionen. Das Problem ist folglich viel komplexer, als die Kranken meinen, wenn sie sich von der Müdigkeit eine völlig passive Vorstellung machen, in ihr lediglich einen Mangel an Kräften sehen.

In der täglichen Praxis finden wir vier Hauptursachen für die Müdigkeit. Wir müssen uns davor hüten, allzusehr zu schematisieren; denn diese Ursachen überlagern sich oft.

Da gibt es zunächst die Überanstrengung im eigentlichen Sinn. Ich glaube, behaupten zu dürfen, daß sie die seltenste Ursache ist. Bisweilen hängt sie von äußeren Gegebenheiten ab, vom Zusammentreffen von Umständen, von Krankheit, Armut, sozialer Ungerechtigkeit, die zu widerrechtlicher Arbeitszeit oder Verweigerung des notwendigen Urlaubs führt. Oft aber beruht die Müdigkeit auf einer schlechten Einteilung des Lebens, was man bei etwas gutem Willen beheben kann. Man muß sein Leben dem Temperament anpassen. Menschen, die nicht über genügend Vitalität verfügen, die „kleinen Naturen", überanstrengen sich oft, weil sie fürchten, für faul gehalten zu werden oder den Vorwurf zu hören, sie seien zu sehr um ihre Gesundheit besorgt.

Viele Leute wollen niemals zugeben, daß sie müde sind, und sie setzen ihren ganzen Ehrgeiz daran, es zu verbergen. Christus selbst hat die Müdigkeit gekannt und sich auszuruhen verstanden. Viele Leute auch empfinden eine falsche Scham darüber, krank zu sein. Ich denke hier an ein junges Mädchen mit einem gerade kompensierten Herzfehler. Von Gesundheit strotzende Freunde forderten sie auf, sich doch nicht so sehr zu schonen. Es brauchte einen echten moralischen Sieg, damit sie es wagte, in ihrem Beisein den Lift zu nehmen.

Wer nervenkrank ist und an funktionellen Störungen leidet, schämt sich ganz besonders seiner Gebrechen. Wenn sich ein

Freund nach ihrer Gesundheit erkundigt, empfinden sie seine wohlwollende Frage wie eine Beleidigung. Diese falsche Scham gibt ihren Störungen Nahrung, wie übrigens auch das Andauern der letzteren ihre falsche Scham erhöht; denn sie wissen nicht, was sie dem Freund antworten sollen, der erstaunt ist, daß sie noch nicht geheilt sind.

Eine weitere Ursache der Übermüdung ist unser Widerstreben, eine uns liebgewordene Tätigkeit aufzugeben oder einen Menschen, den wir lieben, zu enttäuschen. Es fällt mir immer schwer, einen Vortrag abzusagen, um den man mich dringend ersucht hat, oder einem Patienten mitzuteilen, daß ich ihn vor einem bestimmten Datum nicht empfangen kann. Aber wenn ich selbst ein Gehetzter werde, wie kann ich dann zu jenen von Ruhe sprechen, die sie suchen? So sieht man Geistliche, die von der Sonntagsruhe predigen und selbst sieben Tage in der Woche bis spät in die Nacht hinein arbeiten, ja sie halten sich nicht einmal die Zeit frei, die zur Pflege ihres inneren Lebens notwendig wäre. Und es gibt Staatsmänner, die bis zur Erschöpfung tausenderlei seichte Kundgebungen mit ihrer Gegenwart beehren, denen es aber an Muße fehlt, um über die wesentlichen Probleme ihres Volkes nachzudenken.

Natürlich ist Geldgier oder Angst vor der finanziellen Zukunft eine häufige Ursache der Überarbeitung. Es gehört zu den wesentlichen und schwierigen Aufgaben des Arztes, die Tätigkeit seiner Patienten nach Maßgabe ihrer körperlichen Kräfte zu regeln. Dabei erlebt man manche Überraschungen: Es gibt scheinbar schwächliche Naturen, die ungeahnte Kraftreserven haben, und Kolosse ohne Widerstandskraft. Besonders schwierig ist die Einteilung des Lebens der Rekonvaleszenten. Nach einer körperlichen Krankheit oder einer nervösen Depression ist eine langsame und schrittweise Wiederaufnahme der Tätigkeit wesentlich. Man stößt dabei auf tausenderlei Klippen: Ungeduld der Rekonvaleszenten, denen es nicht schnell genug vorwärts geht oder die sofort das tun wollen, was ihnen am besten gefällt; Kleinmut oder Verzagtheit, wenn sie so rasch ihre Grenzen fühlen; Unverständnis von seiten der Arbeitgeber, die keine verkürzte Arbeit lieben oder schonende Behandlung zwar versprechen, aber keine drei Tage lang einhalten.

An dieser Stelle soll an das Gesetz des Trainings erinnert werden, das so einfach ist und dennoch so verkannt wird. Die Ärzte [13], die sich mit dem körperlichen Training unserer Armee während des Krieges befaßten, haben es klar und deutlich aufgezeigt: Die Ruhe ist ebenso wichtig wie die Anstrengung; man gelangt zur „athletischen Form" nicht durch übermenschliche Anstrengungen, sondern im Gegenteil durch ganz allmähliche, wohl dosierte Steigerungen derselben und, was wichtig ist, indem man genügend Ruhepausen dazwischenlegt. Das gilt auch für die geistige Arbeit. „Kein richtiges Ausruhen, keine richtige Arbeit", schrieb R. P. Sertillanges [14].

Anderswo habe ich hervorgehoben, welch schlechten Gebrauch viele Leute von ihrer Sonntagsruhe oder ihren Ferien machen; sie ermüden sich mehr als bei der Arbeit; nicht zu reden von den Mißbräuchen beim Essen und Trinken, die sie dabei begehen.

Eine zweite Ursache der Ermüdung ist der Übereifer. Da ist ein junger Mann, der sich überanstrengt hat. Er ist Handelsreisender und gibt sich übermäßig aus in unermüdlicher Geschäftigkeit. Nun, diese Verbissenheit ist der Ausdruck eines ständig empfundenen Bedürfnisses, sich im Leben zu rehabilitieren, weil die in seiner Kindheit an ihm geübte, ungerechte Kritik Minderwertigkeitsgefühle in ihm zurückließ. Hier noch das Beispiel einer jungen Hausangestellten, die von ihrer Arbeitgeberin selbst zu mir geschickt wurde, weil sie ihre Tätigkeit nicht zu mäßigen vermochte. Wir finden heraus, daß sie sich mit der Arbeit betäubt, um den Schmerz über ein schweres Zerwürfnis mit ihrer Familie zu ersticken. Viele Leute beschäftigen sich unablässig und fieberhaft auf diese Weise, weil sie Angst haben, sich ihrem eigenen Ich und ihren Gedanken gegenüber zu finden, oder weil sie einen Zusammenbruch fürchten, sobald sie zu arbeiten aufhören – sie gestehen es manchmal ein.

Eine solche Arbeit ist ermüdend, nicht bloß wegen der eigentlichen Anstrengung, die sie mit sich bringt, sondern auch wegen der seelischen Qual, die damit einhergeht. Ein und dieselbe Arbeit kann nämlich ein Spiel sein, wenn wir sie leichten Herzens tun, oder zur Erschöpfung führen, wenn sie in uns seelische Spannungen erzeugt: Neid zum Beispiel; Wetteifer, der zwischen Mitarbeitern so häufig vorkommt; Neid der Frau auf die Kräfte ihres Mannes, dem sie es gleichtun möchte; oder Hochmut, wie bei jenen Krankenschwestern, die auf ihren Beruf so stolz sind, daß sie ihre Müdigkeit niemals zugeben wollen; oder Angst, seiner Aufgabe nicht gewachsen zu sein; oder endlich jenes erdrückende Pflichtgefühl, das auf all denen lastet, die das Erlebnis der Gnade nicht kennen.

Was jedoch am meisten ermüdet – und damit kommen wir zur dritten Ursache –, das ist unsere innere Auflehnung. Eine Körperbehinderte spürte immer eine ungeheure Müdigkeit. Sie hat mir erzählt, daß sie ganz plötzlich davon befreit worden sei, von dem Augenblick an, als sie ihre Gebrechlichkeit angenommen hatte, während sie über den Ausspruch eines alten Arztes nachdachte: „Was in dieser Welt zählt, ist nicht, wieviel Kräfte man hat, sondern wie man sie verwendet."

Wer mit seinem Beruf unzufrieden ist und ihn nur mit fortwährender innerer Gereiztheit ausübt, wer die Umstände oder die Menschen dafür verantwortlich macht, daß ihm ungerechterweise eine Arbeit aufgebürdet wird, die seine Kräfte übersteigt oder die seinen Fähigkeiten und Neigungen nicht entspricht, wer von den erlittenen Widerwärtigkeiten innerlich nicht loskommt, wer glaubt, daß sein Vorgesetzter ihn mißbrauche und ausnütze, wer sich nach Ferien sehnt und wegen Überbürdung und Schikanen krank zu werden fürchtet, ein solcher Mensch wird von der Müdigkeit erdrückt. Diese ganze gedankliche Buchführung läßt ihm die Arbeit und die Beleidigungen noch schlimmer erscheinen, als sie sind, und dieses erschreckende Bild ermüdet ihn noch mehr, was wiederum seine Auflehnung steigert. Eine Hinnahme aus tiefstem Herzen kann dann bewirken, daß die Müdigkeit von ihm abfällt wie ein loser Überwurf. Oder aber er muß den Mut aufbringen, gerechte Arbeitsbedingungen zu fordern oder seine Kündigung einzureichen.

Viele Leute nennen Müdigkeit, was nur Gereiztheit ist. Sie sagen: „Ich bin erschöpft", und das bedeutet: „Ich bin im höchsten Grad gereizt." Das sind die „unechten Müden". Unecht nicht etwa, weil sie lügen; denn sie haben ein wirkliches Gefühl von Müdigkeit, sondern weil sie nicht entkräftet sind; sie sind im Gegenteil äußerst energischer Reaktionen fähig. Häufig sind sie müde, weil sie sich zu wenig beschäftigen, und damit haben wir unsere vierte Ursache. Ich habe viele feurige, stark vitale Naturen gesehen, die es nötig gehabt hätten, sich in einer fruchtbaren und fesselnden Arbeit auszugeben, statt dessen aber in steriler Erschöpfung dahinlebten, während ihre ungenutzten Kräfte heftig in ihnen brodelten. Nichts ist ermüdender als ein ewiger innerer Kampf. Seelische Komplexe, Erziehungsfehler, Konflikte oder Ängste lagen ihrer Nervosität zugrunde. Statt daß man sie behandelt und ihnen geholfen hätte, sie zu überwinden, hatte man ihnen einfach gesagt: „Wenn Sie nervös sind, dann ruhen Sie sich aus."

Hier das Beispiel eines sehr intelligenten Mannes, der seine Arbeitsfähigkeit allmählich abnehmen sah. Er hat um einen längeren Urlaub nachgesucht und ist weggegangen. Bei seiner Rückkehr an die Arbeit war er sehr enttäuscht, keine Besserung feststellen zu können. Er begann an sich selbst zu zweifeln und befürchtete, vorzeitig zu altern. Allein als wir die Dinge sorgfältig prüften, bemerkten wir im Gegenteil, daß er sich seines Wertes bewußt war, daß er fähig wäre, große Verantwortung zu übernehmen, während man ihm noch immer nur banale Aufgaben anvertraute. Es war wohl von seiner Beförderung die Rede gewesen, aber infolge ungerechter Machenschaften, die mit der Vetternwirtschaft zusammenhingen, wurde sie verschoben. Seine Müdigkeit ist nur Nervosität, und seine Nervosität verrät eine innere Ungeduld; sie werden nur noch zunehmen, solange man ihren wirklichen Sinn verkennt und solange er – sehr zu Unrecht – seine Fähigkeiten einzubüßen fürchtet.

Die Ermüdung als schwache Reaktion par excellence beruht

häufig auf einer emotionellen Blockierung. Man kann sie in dieser Hinsicht mit einem Streik der Kräfte vergleichen. Sie lähmt die Kräfte des Menschen, wie ein Streik die Wirtschaft eines Landes lähmt. Und wie der Streik ist sie eine Waffe des Schwachen. Wer sich seinem Gesprächspartner nicht gewachsen fühlt, dem versagen Kopf und Sprache den Dienst. Er wird von einer Hemmung des Geistes befallen: Er kann nicht mehr denken; oder aber, wenn er denkt, bleiben ihm die Worte im Hals stecken. Sie drängen sich dort aufgeregt zusammen wie eine Gruppe von Streikenden. Das ist der Mechanismus des Trotzes und des Schmollens. Mit Recht wird die Umgebung durch den Trotzkopf gereizt und wendet sich erbost gegen ihn, um seinen Streik zu brechen, in den sie ihn aber durch ihre Erbitterung nur tiefer hineintreibt. Diesen Sinn hat auch die Stummheit (Mutismus) mancher Kinder, deren Entfaltung man gehemmt oder deren Empfindsamkeit man verletzt hat. Sie hüllen sich in eine menschenscheue Einsamkeit. So sind auch gewisse Leidenschaften für Tiere der Ausdruck einer Art Trotzhaltung gegen die Menschen.

Die Streikreaktionen sind sehr häufig. René Allendy[3] hat sehr überzeugend aufgezeigt, daß das faule Kind, mit Ausnahme gewisser krankhafter Fälle, ein streikendes Kind ist, und daß man, statt es auszuschelten, viel eher nachforschen sollte, wodurch es gekränkt wurde. Auch die Passivität mancher Leute ist ein Streik; ein Bummelstreik sind unsere kleinen Zeitverschwendungen und viele unserer Vergeßlichkeiten. Ich selbst, obwohl es mir sehr am Herzen liegt, dieses Buch zu schreiben, um meinen Lesern zu zeigen, was ich von meinem privilegierten Beobachtungsposten aus von den menschlichen Problemen wahrnehmen kann, ich selbst sitze mitunter stumpfsinnig vor meinem Blatt Papier. Umsonst drehe und wende ich einen Satz in meinem Kopf, um ihm eine passende Form zu geben, während er ganz von selbst aus meiner Feder fließen würde, wenn ich bloß einen Brief schriebe. Es scheint mir, daß ich nicht mehr denken kann. Schwache Reaktion! Alsdann vertue ich die Zeit, indem ich kleine Zeichnungen mache oder Kerben in mein

Wörterbuch schneide; und wenn ich stolz bin, ein sinnreiches Verfahren entdeckt zu haben, um sie regelmäßig zu formen, dann weil diese kleine Genugtuung mich ein wenig darüber hinwegtröstet, daß der Ausdruck meiner Gedanken mir so viel Mühe bereitet. Im Grunde bin ich mir bewußt, daß ich durch diese Zeitverschwendung eine gewisse Dosis an schlechtem Gewissen in mir aufzustauen suche, woraus ich dann die nötige Kraft schöpfen werde, um die Bremswirkung meiner schwachen Reaktionen zu überwinden.

Viele funktionelle Störungen sind Streiksymbole; so auch ein unüberwindliches Schlafbedürfnis. Ein Büroangestellter beispielsweise wird vom Schreibkrampf befallen. Er ist ein gutmütiger Kerl, dem die Kollegen alle langweiligen Arbeiten überlassen und der sich nicht zu verteidigen wagt. Er nährt ihnen gegenüber ein dumpfes Gefühl der Empörung, das er hinter seinen scheinbaren Gefälligkeiten verdrängt. Die seine Tätigkeit lahmlegende Krankheit ist nur ein durch sein Unbewußtes hervorgerufener Streik. Ebenso ist die Frigidität der Frau und die Impotenz des Mannes meistens ein sexueller Streik, der sich gegen den Gatten oder Partner richtet, die Gegenstand unausgesprochener Klagen sind. Streik ist auch manchmal die Flucht in eine scheinheilige Frömmigkeit oder in die Krankheit, wo man vor dem Leben mit seinen Gefahren in Sicherheit ist. Ich will nicht auf das zurückkommen, was ich von vielen andern Leiden in meinem Buch „Krankheit und Lebensprobleme“ gesagt habe: von Verstopfung, Migräne, Asthma, Querschnittlähmungen, Asthenie; das Bettnässen der Kinder bedeutet häufig nichts anderes als verschiedene und unbewußte Arten von Streik.

Gewisse Fälle von Magerkeit erscheinen mir oft wie der Ausdruck eines Streiks gegen das Leben. Hier das Beispiel eines jungen Mädchens, das von psychisch bedingter Appetitlosigkeit befallen ist. Die Mahlzeiten sind für sie ein wahrer Alpdruck. Als ich sie zu verstehen suchte, entdeckte ich, daß sie von dem Gefühl gequält wird, den Zug im Leben verfehlt zu haben. Sie fühlte in sich große Gaben, aber die Umstände erlaubten es ihr nicht, sie zur Geltung zu bringen. Es schien ihr, daß sie allein auf dem Bahnsteig zurückbliebe, während die andern sich auf eine schöne Reise begäben. Aus Verdruß trat ihr Unbewußtes in den Hungerstreik.

Eine schlechte Handschrift, ein griesgrämiges Gesicht stellen einen Streik den gesellschaftlichen Beziehungen gegenüber dar.

Manchmal kommt zum Streik noch Sabotage hinzu: Ohne es zu wollen, verhält sich ein Mensch gerade so, daß er in all dem, was er am sehnlichsten wünscht, scheitern muß. Sein Unbewußtes treibt ihn dazu, auf diese Weise seinen Eltern, denen er nie etwas vorzuwerfen gewagt hatte, das katastrophale Ergebnis ihrer Erziehung zu zeigen. Hätte er Erfolg im Leben, würden seine Klagen gegenstandslos, sein Unbewußtes will sie aber nicht aufgeben. Ich habe eine Patientin gekannt, die den Gesang der Vögel nicht mehr ertragen konnte, solchen Ärger erweckte er in ihr.

Ich hüte mich, solche Reaktionen zu verurteilen. Sie bedeuten oft einen instinktiven Schutz der Persönlichkeit gegen einen allzu heftigen Schmerz, der unmöglich ohne noch größere Schädigung zu ertragen wäre. Es ist wie eine Art von Abdichtung, wenn sich gewisse Leute in angenehme Träume und Sentimentalitäten flüchten, um die harten Schläge der Wirklichkeit abzuschwächen. „Mein Vater verläßt das Zimmer, sobald man ein ernstes Gespräch führen will", berichtete mir ein junges Mädchen. „Ich höre nicht gern vom Krieg reden", sagte eine andere Patientin. Es ist die „Vogelstraußpolitik", wie eine dritte sich ausdrückte, die Kunst, die Augen vor dem zu schließen, was einem Angst einflößt oder mißfällt. Viele Nervöse haben mir bekannt: „Was mich beunruhigt, ist, daß ich allem gegenüber gleichgültig werde; nichts berührt mich mehr." Gleichgültigkeit als Schutz, was von ihrer Sensibilität zeugt, während sie im Gegenteil glaubten, sie verloren zu haben. Es scheint, daß sich solch eine Gleichgültigkeit nach wiederholten Bombardierungen aus der Luft einstellt. Oft kann man übrigens dieses Gefühl einer allgemeinen Gleichgültigkeit als Vorbote der Heilung nach einer langen Periode der Depression ansehen.

Die ausgesprochene Zweifelsucht mancher Leute ist häufig nur das Ausdrucksmittel für ihren Unwillen, daß sie nicht die absolute Gewißheit erlangen können, nach der sie streben. „Alles ist mir egal“, bedeutet wie in der Fabel vom Fuchs und den Trauben: „Es verdrießt mich sehr, daß ich nicht erhalten kann, was ich brennend begehre.“

Solche Schutzreaktionen lassen sich mit dem eisernen Vorhang vergleichen, den man im Theater herunterläßt, wenn es auf der Bühne brennt, oder mit einer Zugbrücke, die man hochzieht, wenn Gefahr droht. Jedes schwache Wesen sucht sich eben einen Schild. Als solcher erscheint auch der scherzhafte oder weltgewandte Ton, womit man seine innere Unruhe verbirgt, oder jener Strom fortgesetzter Klagen, durch die die Nervösen ihre Umgebung warnen wollen, daß der Becher am Überlaufen ist und daß sie keinen neuen Ärger mehr ertragen könnten.

Wenn jedoch viele schwache Reaktionen in mancher Hinsicht auch wie Heilungsversuche erscheinen, sind sie doch immer falsche Heilmittel. So untergräbt die Zuflucht zu Anregungsmitteln, namentlich zum Alkohol, mit dem so viele Schwache sich Mut zu machen suchen, ihre wahren Kräfte, und sie sehen darin auch wohl selbst den Beweis ihrer Schwäche. Ein streitsüchtiger, jähzorniger Mann gestand mir, daß er in diesen ewigen Wortgefechten einen künstlichen Anreiz suche, um seine Schüchternheit zu überwinden. Als Mann von Herz, intelligent und begabt, gab er sich darüber Rechenschaft, daß seine Charakterschwäche diese Vorzüge wie unter einem Schleier verbarg. Seine Heftigkeit war ein vergeblicher Versuch, diesen Schleier zu zerreißen; sie fügte vielmehr noch eine weitere Maske hinzu. Oder dann flüchtete er sich in Träumereien, um sich über seine fehlgeschlagenen Versuche hinwegzutrösten.

Manche Menschen mit sehr lebhaftem Sinn für geistige Kultur, aber durch Minderwertigkeitsgefühle an ihrem Studium gehindert, verlegen sich darauf, dieses abends heimlich in ihrem Zimmer fortzusetzen, und sie bringen es mitunter bis zur Gelehrsamkeit. Aber dieses Geheimnis trennt sie von der Gesellschaft und verschlimmert ihre Minderwertigkeitsgefühle. Sie haben weder mit ihren Kollegen im Büro Kontakt, deren banale Gespräche sie nicht mehr interessieren, noch mit den Intellektuellen, die sie meiden, weil sie diese naiverweise für gelehrter halten. Alle Träume machen den Menschen, indem sie ihn von der Wirklichkeit abwenden, noch schwächer, unangepaßter an diese Wirklichkeit.

Viele Sensible bremsen ihr Leben ab, schränken ihre Aktivitäten ein, um die durch sie erzeugte Erregung zu vermindern. Am Ende einer Konsultation, die ganz gewöhnlich verlaufen ist, gestehen sie, daß sie nicht gewagt hätten, von den Dingen zu sprechen, derentwegen sie mich aufgesucht haben, aus Angst, sich aufzuregen; und sie gehen ganz enttäuscht und innerlich erregt weg; denn wenn man sich vom Leben zurückzieht, isoliert man sich, gerät in Verzweiflung und inneren Aufruhr. Ich denke oft, was sie anbelangt, an einen mit einer Signalpfeife versehenen Dampfkochtopf; wenn der Dampf austritt, schließen die Sensiblen die Pfeife aus Angst vor diesem verräterischen Zeugen ihrer inneren Spannung. Und das verursacht größeres Unheil. Wenn man seine Erregung verbergen will, wächst sie und mit ihr die Angst, die Erregung zu verraten, und um so mehr muß man sich anstrengen, sie zu verheimlichen, wodurch sich dann der Teufelskreis schließt. So ist der Wunsch zu heiraten bei jedem jungen Mädchen mit enormer Emotion geladen. Die, welche sich deswegen schämen und ihre Verwirrung verbergen wollen, verstärken ihre Angst, so daß sie jeden Bewerber vertreiben. Ein sehr musikalisches junges Mädchen gibt sein Klavierspiel schließlich auf, weil es von der Angst besessen ist, sich zu sehr an seinen Lehrer anzuschließen.

Daher schränken die Schwachen ihre gesellschaftlichen Beziehungen ein. Aber wenn sie dann fast keine Freunde mehr haben, wird das Gefühl, das sie beim Genuß einer seltenen Freundschaft empfinden, so intensiv, daß es diese verdirbt, denn sie haben ihre Natürlichkeit verloren. Sie konzentrieren ihr ganzes Liebesbedürfnis auf eine einzige Person, und dadurch wird diese Zuneigung gefälscht. Und dann fürchten sie, ihren Freund durch das Übermaß ihrer Freundschaft zu ermüden. Wenn man eine Flüssigkeit in ein sehr enges Gefäß gießt, steigt sie darin viel höher als in einem Gefäß mit breiter Basis. Die Sensiblen verengen ihre Lebensbasis unaufhörlich, und ihre Erregung steigt immer höher. Oder dann verbergen sie ihre Neigung aus Angst, sich zu sehr zu binden, und diese unausgedrückte, geheime Liebe wächst sich zur Abhängigkeit aus.

Bei ihrer Abgeschlossenheit kann es geschehen, daß sie ihren Freund vergöttern, ihn vollkommen sehen und auch so haben wollen. Zwangsläufig kommt dann ein Tag, wo sie von ihm enttäuscht sein werden; dann wird dieser von seinem Sockel gestürzte Freund zum Gegenstand einer erbitterten Verleumdung; aber eine heftige Erregung bleibt bestehen; denn es ist ein innerer Konflikt vorhanden zwischen der verdrängten Liebe und dem Groll.

Die Selbstverleugnung erscheint ebenfalls als ein eitler Versuch, die Erregung zu vermindern. Ein Mann schickte mir seine Gedichte, die beachtenswert waren. Er schrieb dazu: „Ich weiß wohl, daß sie nichts taugen." Er sicherte sich damit ab gegen die Erregung, die er empfinden würde, wenn ich ihn lobte oder kritisierte. Ein anderer sagte: „Ich habe niemals ein geistiges Erlebnis gehabt." Sicherung gegen die Erregung, die ihn erfassen würde, wollte er seine Erlebnisse eingestehen, die Konsequenzen daraus ziehen, die Verantwortung, die sie mit sich bringen, auf sich nehmen. Ein junger Kommunist ist der Partei beigetreten, um sich zur Tätigkeit zu zwingen; denn er ist reich an Ideen, kann sie aber nicht in die praktische Wirklichkeit umsetzen. Ich forderte ihn auf, in der Partei möglichst aktiv zu sein, aber er antwortete mir, sein Entschluß sei ein „falsches Heilmittel" gewesen, und damit tarnte er seine Flucht vor der Tätigkeit wiederum auf intellektuelle Weise. Wer sein Examen aus Angst vor der Aufregung hinausschiebt, ist sehr viel aufgeregter, wenn er sich später zum Examen stellen muß, und vielleicht wird er es nie bestehen. Wer sagt: „Ich bin unfähig zu allem, ich bin dumm, ich bin häßlich", sucht unbewußt die Gefahr zu vermindern, seine Fähigkeiten unter Beweis stellen zu müssen. Eine Geschäftsfrau, als angehende Ladeninhaberin noch unerfahren, empfiehlt dem Kunden den billigsten Artikel, um die Aufregung zu dämpfen, die sie beim Verdienen empfindet.

Ein Mann befürchtet, von seinen Gefühlen genarrt zu werden; darum mißtraut er in seiner Verwirrung da, wo er Vertrauen entgegenbringen sollte, und er vertraut, wo er argwöhnisch sein sollte, so daß er, da er öfters getäuscht wurde, an sich selbst zu zweifeln beginnt und noch beunruhigter wird.

Die Frau, die sich vor den Szenen ihres Mannes fürchtet, ruft durch ihre Heuchelei und ihre Verlegenheit diese Szenen hervor. Der schwache Ehemann, der Angst vor den Konflikten zwischen seiner Frau und seiner Mutter hat, will die eine und die andere schonend behandeln; durch seine Unentschlossenheit provoziert er diese Konflikte und zieht sie herbei, wodurch jede der beiden Frauen dazu getrieben wird, ihn unter Druck zu setzen, um ihn dem Einfluß der andern zu entziehen. Es besteht also ein unerbittliches Räderwerk, das die schwachen Reaktionen wie Schneebälle anwachsen läßt.

Wie René Allendy[3] hervorhebt, zeigt sich das zu Hause verfolgte Kind in der Schule schüchtern und wird alsbald zum Sündenbock der Klasse. Ich habe in dieser Hinsicht lebhafte Gewissensbisse, wegen der raffinierten Grausamkeit, womit wir einst Kameraden behandelten, die gegen Spott empfindlich waren und sich nicht verteidigen konnten. Kinder wie Erwachsene haben Respekt vor denen, die sicher auftreten, und quälen die, welche zittern. Der Lehrer, der den Radau fürchtet, ruft ihn gerade hervor. Ein Vater, der seine Autorität wanken sieht, ermahnt seinen Sohn zum Respekt, in einem Ton, der sein Ansehen vollends zerstört. Der Ängstliche weicht vor den Starken zurück; er fürchtet jeden Streit wegen der furchtbaren Erinnerung an jene Streitigkeiten, die einstmals zwischen seinen Eltern ausbrachen, aber die Starken gehen mit ihm um, wie der Schachspieler mit seinen Figuren; sie machen ihn zum Opfer von Konflikten, die sie lenken, indem sie sich selbst vor Schlägen schützen.

„Mein ganzes Leben lang“, schrieb mir eine Frau, „habe ich mich vor dem Leiden gefürchtet, und diese Angst hat mich in zahllose Leiden geführt.“ Das Kind, das seinen Vater fürchtet, reizt diesen durch seine Scheu und zieht sich seinen Zorn zu. Oder es sucht in seiner Angst Zuflucht bei der Mutter, wodurch es seinen eifersüchtigen Vater mißtrauisch macht und sich seinen Quälereien aussetzt. Sehr oft malt ihm dann die Mutter selbst ein entstelltes und abschreckendes Bild von seinem Vater. Ich habe lange ein junges Mädchen betreut, das erst später durch eine psychoanalytische Behandlung geheilt wurde, in deren Verlauf es sich mit seinem Vater wieder aussöhnte. „Ich habe wieder Vertrauen“, schrieb sie mir, „weil ich einen Vater besitze, auf den ich stolz sein kann.“ Ein Witwer fürchtete, seine Tochter aufzuregen, wenn er ihr mitteilt, daß er sich wieder zu verheiraten beabsichtige. Er stellte es sogar in Abrede, als sie, durch Kameradinnen gewarnt, ihn darüber befragte. Der Schock war nicht mehr wiedergutzumachen, als ihr der Vater kurze Zeit nachher die „neue Mama“ vorstellte.

Wer sich schwach fühlt, hat ein großes Liebesbedürfnis. Doch gerade dadurch gelangt er in Abhängigkeit von jenen, die ihm Liebe bezeugen. Und wenn er sich so abhängig fühlt, kommt ihm seine Schwäche stärker zum Bewußtsein. Wer aus Schwäche eine dringende Arbeit, einen schwierigen Brief aufschiebt, hat ein schlechtes Gewissen. Je länger dieser Aufschub dauert, desto mehr nimmt auch das schlechte Gewissen zu, das ihn immer mehr lähmt und ihn die peinliche Stunde hinausschieben läßt, wo er sich für seine Verspätung entschuldigen muß.

Wer schlecht schläft, fürchtet die Schlaflosigkeit, wenn er zu Bett geht, und diese Sorge hält ihn wach. Ein Nervöser war von der Angst vor Krebs wie besessen. Von Darmstörungen geplagt, in denen er bereits die Anzeichen jener Krankheit zu erkennen glaubte, suchte er mich auf. Er gestand mir, daß er seit

Jahren täglich ein Abführmittel nehme, weil er irgendwo gelesen habe, daß Abführmittel vor Krebs schützten!

Ein sensibles junges Mädchen zeigte harmlose funktionelle Störungen. An seiner Gesundheit zweifelnd, verzichtete es auf die Missionstätigkeit, zu der es sich berufen fühlte, und seine Störungen verschlimmerten sich durch die Erregung, die ein solcher Verzicht mit sich bringt.

Wer an sich selbst zweifelt, fragt jedermann um Rat, und angesichts der sich widersprechenden Meinungen wird er noch unentschlossener. Ein von der mütterlichen Tyrannei erdrücktes junges Mädchen suchte Halt in allen Religionen: Im Islam erzogen, besuchte sie die katholische Kirche, vertiefte sich in die Lektüre der indischen Weisen und nahm am Gottesdienst der Christlichen Wissenschaft teil. Wollte ich ihr meinerseits meinen calvinistischen Glauben darlegen, steigerte ich ihre Verwirrung nur noch.

Ebenso konsultierte eine Nervöse unaufhörlich andere Ärzte, die allzu oft ihr Vertrauen in die Medizin dadurch erschütterten, daß sie ihre Kollegen kritisierten, von denen sie vorher behandelt worden war. Oder dann ist die Patientin von ihrem letzten Arzt so begeistert, daß sie ihn vor ihren Freundinnen übermäßig rühmt, wodurch sie diese zum Widerspruch reizt und sie ihr Fälle aufzählen, wo er keinen Erfolg hatte; oder schlimmer noch, sie sagen zu ihr: „Du bist ja verliebt in deinen Arzt!" Und eine solche Anspielung macht sie verwirrt und hindert sie, sich ihrem Arzt wirklich anzuvertrauen.

Und dann, wer ständig zu den Ärzten läuft, hat das niederdrückende Gefühl, ein „Fall" zu sein, wer ständig ihren Rat einholt, fühlt sich zuletzt unfähig, aus sich selbst zu leben. Eine Frau ist während langer Zeit erfolglos von einem Psychoanalytiker behandelt worden, dann nicht minder erfolglos von einem christlichen Heiler. Alle beide waren voller Eifer und Güte. Allein sie kam sich bei dem gelehrten Psychologen so unwissend und bei dem Gläubigen so ungläubig vor! Der Arzt ihres Dorfes schickte sie zu mir. Noch eine weitere Hilfe, wie demütigend! Wenn ich sie nicht davon überzeugen kann, daß ich in meinem

Wesenskern ebenso schwach bin wie sie, so wird alles, was ich ihr sage, namentlich was ich ihr Richtiges, Wahres, Gutes sage, wiederum nur erdrückend für sie sein.

Wie viele Sensible sind endgültig an sich irre geworden, weil man sie in eine Klinik, ein Erholungsheim oder in eine Besserungsanstalt schickte, „um ihnen zu helfen“! Wie viele unsichere Seelen sind erdrückt worden durch all die guten Ratschläge, mit denen man sie überschüttet hat. Eine Frau gestand mir, es sei ihr, als sie sich in der Stille sammelte, der Gedanke gekommen, sie solle ihre Schwester endlich in Ruhe lassen; denn je mehr sie ihr im Haushalt helfen wolle, desto mehr werde jene gedemütigt und entmutigt. Aber in der Entmutigung vernachlässigt jene Schwester die Hausarbeit immer mehr. Eine Frau rät ihrem Mann, er solle weniger um seine Gesundheit besorgt sein. Das ist richtig, aber führt ihn wieder auf sich selbst zurück.

Ein Mann, der mit einigen psychologischen Schwierigkeiten zu kämpfen hatte, suchte mich auf. Die Anforderungen des kollektiven Lebens im Militärdienst ängstigten ihn. Der Arzt glaubte, ihm zu helfen und all seinen Besorgnissen ein Ende zu bereiten, indem er ihn vor die ärztliche Untersuchungskommission schickte, um seine Entlassung aus dem Dienst zu bewirken. Seither hat das Gefühl, dienstuntauglich zu sein, seinen Zustand bis zur Besessenheit verschlimmert. Ich habe ihn nochmals an die militärische Untersuchungskommission gewiesen, und diese hat ihn wieder in die Armee eingesetzt. Einige Jahre später suchte er mich wieder auf. Er hatte viel Militärdienst getan, und alle seine Störungen waren verschwunden.

Manchmal läßt sich ein Arzt wider seinen Willen von ängstlichen Eltern beeinflussen. Ein Mädchen möchte Krankenschwester werden, aber seine Eltern blicken angsterfüllt auf all die Gefahren der Ansteckung, die es in diesem Beruf bedrohen. Sie schicken die Tochter zum Arzt und unterrichten ihn aufs genaueste über deren schwache Gesundheit. Der Praktiker macht sich zu ihrem Werkzeug und erklärt der Tochter, sie sei nicht stark genug, um Krankenschwester zu werden. Da ihr die Laufbahn zerschlagen ist, fehlt diesem jungen Mädchen die für die Gesundheit unerläßliche Dynamik, wie sie ein wirkliches Lebensziel uns verleiht. Sie fällt von einer Krankheit in die andere, sie schreitet von Mißerfolg zu Mißerfolg, und dadurch wird ihr Leben weit mühsamer als das einer Krankenschwester. Ich bin vielen „Pseudoschwachen" begegnet, die mir von Anfang an erklärten, sie hätten halt eine zarte Gesundheit, und die sich nachher bei der körperlichen Untersuchung von ausgezeichneter Vitalität erwiesen. Sie waren krank, weil sie ihre Kräfte nicht ausgaben. Der gesündeste Mensch der Welt fühlt sich schon weniger wohl, wenn er auf der Straße einem Freund begegnet, der zu ihm sagt: „Du siehst aber schlecht aus!" Es gibt Leute, die finden, jedermann sehe schlecht aus, aus einem unbewußten Bedürfnis, ihre Mitmenschen zu bedauern; damit reden sie sich ein, ein warmes Herz für die andern zu haben.

Erinnern wir uns hier an den Unterschied, den wir zwischen wirklicher Schwachheit und schwachen Reaktionen gemacht haben. Es kommt bei uns Ärzten oft vor, daß wir sie verwechseln. Dem Sensiblen, bei dem jeder Anpassungsversuch sich derart auf seinen Körper auswirkt, daß er zu eindrücklichen funktionellen Störungen führt, geben wir allzu leicht den Rat, das Spiel aufzugeben. Und der Mann, der daraufhin seine Studien abbricht, die Frau, die ihren schönen Posten verläßt, werden von nun an in ihrem Herzen das Gefühl nicht mehr los, feige gewesen zu sein, ein Gefühl, das sie, wehrloser noch als zuvor, ihren schwachen Reaktionen ausliefert.

Eine meiner Patientinnen bewältigte eine beträchtliche Arbeit; sie stand um vier Uhr morgens auf, um große Wäsche zu haben, bohnerte ganz unnötigerweise täglich alle Zimmer des Hauses; denn ihr klang noch immer ein ärztliches Verdikt in den Ohren: Als junges Mädchen hatte sie, in einem seelischen Konflikt befangen, einen Arzt konsultiert, der zu ihr sagte: „Sie werden im Leben immer nur 50% leisten können." Es scheint, daß die Überbürdung, die sie sich zumutete, das instinktive Bedürfnis ausdrückte, zu beweisen, daß der Arzt sich geirrt habe. Aber nichts vermochte die empfangene Suggestion auszulöschen.

Ein befreundeter Kinderarzt hat mir seine Ansichten zu diesem Thema mitgeteilt, die mir von höchstem Interesse zu sein schienen. Gewisse Tendenzen in der Kinderernährung suchen dem Kind die schwierigen physiologischen Anpassungsanstrengungen zu ersparen. Verträgt es ein Nahrungsmittel schlecht, so streicht man es von seinem Speisezettel. Man gibt ihm halbverdaute Breie mit der Flasche und erspart seinem Magen die notwendige Anstrengung. Das gilt für alle Gebiete des körperlichen und seelischen Lebens des Kindes. Nun ist die Kindheit gerade das Alter der größten Anpassungsfähigkeit. Man müßte diese Jahre ausnutzen, um es zu einer größeren körperlichen und seelischen Ausdauer zu erziehen. Im Erwachsenenalter wird seine Anpassungsfähigkeit ihre in Zukunft unüberschreitbaren Grenzen erreicht haben. Eine Intoleranz der Verdauung erscheint, wenn man darüber nachdenkt, eher als ein Zeichen von körperlicher Kraft als von Schwäche: einer in Unordnung geratenen Kraft allerdings, aber es ist ein Zeichen intensiver Reaktion auf einen neuen Reiz.

Wir finden bei denen, die man als schwach bezeichnet, all die Merkmale körperlicher und seelischer Intoleranz: Anaphylaxie (Überempfindlichkeit), beschleunigter Stoffwechsel, funktionelle Störungen, Erregbarkeit, Zwangsvorstellungen usw. Man sieht, wie wichtig das Problem ist. Wenn man diesen Patienten sagt, sie seien schwach, weil sie bei jedem Anlaß krank sind, weil sie an heftigen und sonderbaren Übeln leiden, die in keinem Verhältnis zur auslösenden Ursache stehen; wenn man sie, um ihnen solche Übel zu ersparen, von allem fern hält, was sie hervorrufen kann – schlecht vertragene Nahrungsmittel oder Schwierigkeiten im gesellschaftlichen Leben –, so schließt man sie in einen Teufelskreis ein. Sie leiden nach wie vor, und ihre Störungen werden durch immer schwächere Reizmittel ausgelöst. Die geringste Abweichung von ihrer Diät oder der geringste Wortwechsel werfen sie um. Ihr Leben wird immer ärmer, und sie sind immer fester davon überzeugt, daß sie schwach seien.

Gewiß ist es nicht leicht, solche Patienten zu behandeln. Die einfache Verschreibung einer Arznei ist in diesem Fall unzureichend. Sie bedürfen einer dauernden Ermutigung, um im Leben auszuharren und den Schwierigkeiten zu begegnen, trotz den schmerzlichen Reaktionen, die sie in ihnen auslösen. Aber nur um diesen Preis lassen sich ihre Reaktionen abschwächen, ohne übrigens je ganz zu verschwinden, wie man zugeben muß. Wir müssen sie lehren, ihre Reaktionen nicht mehr zu fürchten, dieser Angst nicht mehr nachzugeben.

Um auf das Beispiel der Kinderheilkunde zurückzukommen: Der Arzt, der diesen Richtlinien folgen will in der Behandlung eines sensiblen Kindes, das gewisse Nahrungsmittel nicht verträgt, hat einen regelrechten Kampf mit den Eltern auszufechten. Instinktiv möchten alle Eltern der Welt ihrem Kind jedes Leiden, jede Schwierigkeit und jede Gefahr ersparen. Sie möchten ihm die Speise vorenthalten, die ihm Beschwerden macht; das Buch, das es verwirren kann; ihm den Freund fernhalten, der einen schlechten Einfluß ausüben kann. Aber es ist die Angst, die die Sensibilität der Kinder steigert und ihre Verwundbarkeit erhöht, gerade jene so ansteckende Angst, die sie hinter den Verboten der Eltern wahrnehmen.

Zu diesen Teufelskreisen kommt noch ein weiterer hinzu, der auf der sogenannten Ungeschicklichkeit der Schwachen beruht. Nachdem sie sich lange Zeit in den Hintergrund gestellt haben, wollen sie sich eines Tages behaupten. Doch das geht nicht ohne lebhafte Aufregung. Daher fangen sie die Sache verkehrt an; sie fallen in einen aggressiven Ton, der ihnen eine unwiderlegbare Entgegnung einträgt. „Ich verstehe es nicht, einem Vorwurf eine liebenswürdige Wendung zu geben“, schrieb mir eine junge Frau, „und sage die Dinge immer in schärferem Ton, als ich wollte.“ Daher ihr Gefühl, sich nie verständlich machen zu können. Der Starke hat es nicht nötig, sich anzustrengen. Er rechnet damit, daß er Gehör findet. Deshalb drückt er seine Meinung mit ruhiger Sicherheit aus. Der Schwache hingegen zerstört seine Autorität durch eine übertriebene Anstrengung. Man schneidet sich, wenn man bei einem harten Brot so stark auf das Messer drücken muß, daß es übers Ziel hinausschießt.

Übrigens gewöhnt man sich in einer Familie an das Verhältnis der Kräfte, das sich allmählich herauskristallisiert hat. Die eine Tochter erhält von ihren Eltern alles, was sie verlangt. Ihre Schwester hingegen wagt niemals etwas zu verlangen. Läßt sie sich je einmal einfallen, zaghaft eine Bitte anzubringen, so stürzt sie die geltende Ordnung um. Jedermann fällt über sie her, jeder hält sie für eine Egoistin.

Aus Angst, kein Gehör zu finden, übertreiben die Schwachen ihre Argumente bis zur Absurdität, so daß ein „du bist albern" die Auseinandersetzung abbricht! Man gibt ihnen nur nach, wenn sie eine Szene machen; und das treibt sie unvermeidlich dazu. Sie schämen sich deswegen, was ihr Minderwertigkeitsgefühl noch steigert. Man wirft ihnen diese Szenen vor und behandelt sie als verwöhnte Kinder, während sie sich doch nur deshalb als verwöhnte Kinder gebärden, weil man sie gerade nicht verwöhnt.

Sie sprechen zu viel von ihren Schwierigkeiten, und man hält für schwere Fehler, was nur leichte Skrupel sind; oder aber man hält für eitle Skrupel, was wirkliche Qual ist, und läßt sie allein. Weil sie oft hintergangen wurden, sind sie der Ansicht, es sei nicht gut, jede Wahrheit auszusprechen; doch statt sich durch ihre Intuition und ihr Herz leiten zu lassen in bezug auf das, was zu sagen und was zu verschweigen ratsam ist, irren sie sich in ihren diplomatischen Berechnungen und begehen eine Ungeschicklichkeit nach der andern.

Alles, was sie unternehmen, tun sie zweifelnd, und ihre Niederlagen vervielfältigen sich. Die Erinnerung daran steigert ihre Verwirrung. Ein junger Mann hatte schwere Komplexe im Verkehr mit Mädchen zu überwinden: Er sehnte sich jedoch brennend danach. Endlich fand er eines und ging mit ihr spazieren; aber ein Freund, dem sie begegneten, schloß sich ihnen an. Alsbald war unser junger Mann nicht mehr Herr seiner selbst; er gebärdete sich wie rasend und verlor in den Augen des Mädchens jede Achtung. Eine Kindheitserinnerung stieg in ihm auf, als er mir den Vorfall erzählte. Er war mit Kameraden auf einem Spielplatz. Schon damals litt er darunter, daß die Mädchen ihm weniger Aufmerksamkeit schenkten als andern Knaben. Da vollführte er ein paar Hanswurstereien, die ihm etwas Beifall eintrugen, aber nicht die Achtung und Liebe, um die er sich bemühte.

All das trägt den Schwachen nicht nur Niederlagen ein, sondern auch ungerechte Kritik, die sie verletzt, ihnen Zweifel an sich selbst einflößt und neue schwache Reaktionen hervorruft.

Ein kleines Mädchen von vier Jahren hegte für seine ältere, siebenjährige Schwester die größte Bewunderung und Liebe. Doch da starb diese Schwester. Die Kleine ermaß den Kummer ihrer Mutter, als sie ein paar Tage später, nachdem sie von der verstorbenen Schwester gesprochen hatte, ihre Mutter schweigend und mit abgewendetem Gesicht sich entfernen sah. Da fühlte das Kind, daß es nie mehr davon sprechen dürfe. Nun hatte die ältere Schwester vor ihrem Tod der jüngeren das Versprechen abgenommen, ihr in den Himmel zu schreiben. Sie mußte das Versprechen halten: Des Schreibens unkundig, nahm sie ein Blatt Papier und machte mit dem Bleistift Striche darauf, wobei sie ganz leise den Wortlaut der Botschaft sprach. Dann nahm sie vom Schreibtisch der Mutter einen Briefumschlag mit Namensaufdruck und warf ihren Brief in den Kasten. Als der Briefträger am nächsten Tag den Brief brachte, mußte ein Strafporto bezahlt werden, da er unfrankiert war! Und die Mutter, die ihn öffnete und darin das Gekritzel der Tochter fand, glaubte, es handle sich um einen Scherz, rief das Kind herbei und schalt es tüchtig aus. Die Kleine erstarrte, wagte kein Wort zu ihrer Entschuldigung zu sagen und verschloß das Geheimnis in ihrem Herzen.

Hier das Beispiel einer Waise, die durch den Tod ihrer Mutter und die Wiederverheiratung des Vaters reizbar geworden war. In ihrer Verwirrung reagierte sie oft heftig, was als boshafter Ungehorsam aufgefaßt wurde und ihr feierliche Vorladungen bei der Anstaltsleiterin eintrug, wodurch ihre Empörung sich aufs höchste steigerte.

Diese Wesen werden ungerechterweise fortwährend gescholten, abgekanzelt, ermahnt, gestraft. Man appelliert an ihren Willen, während es sich doch um Gefühlsstörungen handelt, die dem Willen in keiner Weise unterstehen. Schließlich tadeln sie sich unaufhörlich selbst; sie sagen: „Ich verabscheue mich."

Manche Fehler im Betragen, die von den Erziehern und der Gesellschaft streng verurteilt werden, erscheinen bei aufmerksamer Prüfung als bloße schwache Reaktionen auf ungelöste Probleme. Ein Kind verlegt sich aus Angst vor Schelte aufs Lügen; ein anderes aufs Stehlen, um die ihm vorenthaltenen Geschenke und die Mutterliebe, um die es betrogen wurde, symbolisch zu ersetzen. Ein Mann belügt seine Frau, aus Verdruß darüber, daß er mit ihr nicht die erträumte, vollkommene und aufrichtige Vertraulichkeit hatte herstellen können; ein anderer begeht einen Ehebruch, der ihm ein angenehmer Zufluchtsort ist vor der Tyrannei seiner Frau.

Jener Mann, den man seiner selbstgefälligen Haltung wegen kritisiert, leidet einfach an geschlechtlichem Unvermögen, jener andere an irgendeiner Perversion; jene Frau, die sich einen prächtigen Pelzmantel nach dem andern kauft, dadurch in schwere Schulden gerät und sich bittere Vorwürfe ihrer Mutter zuzieht, zweifelt an ihrer körperlichen Schönheit. Jene Krankenschwester, die ihre Kameradinnen durch ihren naiven Überschwang reizt, zweifelt an sich selbst. Sie werfen ihr vor, daß sie sich zu breit mache, und durch diese Kritik gerät sie noch tiefer in ihre Zweifel hinein, von denen sie ihr übertriebenes Benehmen nicht zu befreien vermochte.

Das Gebiet der Sexualität ist sehr ergiebig für Fehlurteile. Ich kenne viele Männer und Frauen, denen man Sinnlichkeit nachsagt, die für Don Juans, für Abenteurerinnen gehalten werden, die aber im Gegenteil an einer psychosexuellen Blokkierung leiden. Sie scheinen ständig auf der Suche nach neuen Eroberungen zu sein, während sie tatsächlich überhaupt keine machen. Es ist die Heilung ihrer Blockierung, die sie impulsiv in immer neuen Liebesverhältnissen suchen, welche sie dann wieder aufgeben, weil sie nicht wahrhaft lieben können.

Eine Frau wird beschuldigt, auf gewöhnliche Abenteuer auszugehen; in Wirklichkeit aber wird sie von einem starken Bedürfnis getrieben, eine kulturelle und geistige Gemeinschaft zu finden, die ihr keiner ihrer Liebhaber je bieten konnte. Ein Mann scheint von einer schuldhaften Liebe nicht mehr loszukommen; in Wirklichkeit hält ihn die Frau, die ihn in einer schwachen Stunde zu verführen wußte, einfach durch die Drohung zurück, sich ein Leid anzutun, falls er sie verläßt.

Eine andere Frau stürzt sich impulsiv in eine banale Liebschaft, aus Trotz, daß sie sich nicht dem Mann schenken konnte, den sie wirklich liebt. Ein Mann hat sein Familienleben durch Ehebruch zerstört; in Wirklichkeit hat ihm eine puritanische Erziehung die Verachtung der Sexualität eingeimpft; deshalb konnte er in der Ehe die normale Verknüpfung zwischen seelischer und körperlicher Liebe nicht vollziehen.

Eine feinfühlige Frau ließ sich in einer Stunde der Verwirrung durch den Annäherungsversuch eines Mannes, den sie verachtete, verführen. Sie wurde von einem solchen Ekel vor sich selbst ergriffen, daß ihr moralischer Widerstand untergraben wird, was sie daran hinderte, mit dem Mann zu brechen. Wir rühren hier an eine häufig zu beobachtende Erscheinung. Es sind die Menschen, denen Reinheit über alles geht, die dann übertrieben enttäuscht sind, wenn sie ihr zuwiderleben, und sich aus Zorn einem unreinen Leben hingeben, wie um die Herabwürdigung, die sie sich vorwerfen, zu realisieren. Ein Mann blieb jahrelang an seine Geliebte gebunden, weil er eine moralische Kraft bei ihr fand, weil sie ihm Halt gab, ihn wirksamer als seine Frau davon abhalten konnte, in Saus und Braus zu leben und sich dem Trunk zu ergeben.

Ein junges Mädchen ist nicht imstande, ein schuldhaftes Verhältnis, das schwer auf ihr lastet, abzubrechen, weil sie fürchtet, wieder in die furchtbare Einsamkeit zurückzufallen, worin sie einst Niederlagen erlitten hatte, die weit bedenklicher waren. Wenn man derart hinter die Kulissen von Menschenleben sieht, ermißt man die Ungerechtigkeit vorschneller und heuchlerischer Urteile, die in den Salons und Kaffeehäusern kursieren.

Dieses Gefühl, immer ungerecht beurteilt zu werden, trägt

in höchstem Maße dazu bei, die Schwachen zu erdrücken und sie in das Räderwerk ihrer schwachen Reaktionen einzuschließen. Ich behaupte nicht, sie seien frei von Sünde. Vielmehr gibt es Hochmut, Egoismus, Rachsucht, Neid, Unreinheit, Reizbarkeit in ihnen wie in mir und jedem von uns. Sie haben aber eine richtige Intuition von der Tatsache, daß alle Menschen in Wirklichkeit zutiefst in ihrem Herzen gleich sind, daß man aber sie, die Schwachen, immer anklagt, weil ihre Reaktionen den Jammer des Herzens verraten, während die Starken die andern irreführen.

Dieses erdrückende Räderwerk schwacher Reaktionen und Urteile nimmt den Charakter eines „Nervenkrieges" an, der geradewegs dazu führt, daß man das tut, was das gefürchtete Unglück entfesselt. Die ständige Sorge dieser Schwachen, wieder zu Ehren zu kommen, endlich einmal verstanden zu werden, belastet sie, und die Erregung löst ihre schwachen Reaktionen aus, die sie aufs neue dem Unverständnis aussetzen. Sie fallen von der Skylla in die Charybdis. Ihr Leben gleicht einem Lauf in die Katastrophen.

Der Arzt, der danach strebt, objektiv zu sein, betrachtet das Leben solcher Menschen mit tiefem Mitgefühl. Er sieht, daß alles so verläuft, als ob eine verborgene und geschickte Kraft die Ereignisse lenkte. Er spricht von Masochismus oder mit René Allendy[15] von innerem Gericht. Es scheint, daß diese Wesen das Unglück anziehen, wie um sich irgendwie für jene einstmals verdrängte Wut zu bestrafen, für die Auflehnung gegen ihre Eltern oder Erzieher, so berechtigt sie auch gewesen sein mochte.

Dann ist dieser Arzt versucht, ihnen die Methode der Starken zu predigen: Sie sollen diese scharfe Waffe, die sie immer gegen sich selbst richten, gegen die andern verwenden, sie sollen sich verteidigen, von dieser verdrängten Aggressivität und dem Sadismus, der sich hinter ihrem Masochismus verbirgt, loskommen. Manchmal hat der Arzt damit Erfolg. Aber manchmal haben diese Sensiblen viel zuviel Herz, um ihm auf diesem Weg folgen zu können. Wenn sie einen Hieb versetzen, so schmerzt sie dieser Hieb selbst viel mehr, als den, den sie schlagen. Dann braucht es eine andere, eine tiefere Lösung, die des Glaubens.

Im letzten Grunde sind all jene schwachen Reaktionen nur Symbole der Verzweiflung. „Wozu bin ich geboren?“ rief eine Patientin aus, indem sie so ihrer Verwirrung Ausdruck gab. Eine Seele kann so tief davon durchdrungen sein, daß sie nicht mehr an das Glück glaubt und es mit ihren ungeschickten Reaktionen zurückstößt, wenn es sich zeigt. „Um glücklich zu sein“, sagte Coué[16], „muß man an das Glück glauben.“ Diese Schwachen haben eine ungesunde Neigung zum Drama; bei jeder Gelegenheit veranlassen sie eines; und selbst während unserer Unterredung verschleiern sie ihr Gefühl mit törichten Worten, die sie fallenlassen, ohne wirklich daran zu glauben, und die dazu angetan wären, das Vertrauen zwischen uns zu zerstören, wenn ich nicht ihre wahren Gedanken kennte, die sie hinter dieser Schutzwand verbergen. Es ist, als ob ihr Unbewußtes danach trachtete, auch noch den letzten Hoffnungsstrahl auszulöschen, an den sie sich anklammern. „Ich verderbe mir alles selbst im Leben, und das bringt mich zur Verzweiflung“, schrieb mir eine Patientin. „Wozu Sie noch einmal aufsuchen?“, sagen sie, „das führt zu nichts, und Sie verlieren Ihre Zeit vergeblich mit mir.“ Und das bedeutet: „Ich fürchte, daß Sie meiner überdrüssig werden und mich aufgeben.“ Sie sagen: „Sprechen Sie mir nicht mehr von Gott, ich hasse ihn“, und das bedeutet: „Ich habe nur noch Hoffnung auf Ihn.“

Aber hier liegt gerade die letzte Konsequenz dieser tragischen Verkettung: Sie versperrt ihnen den Weg zum Glauben, der ihnen die wahre Lösung bringen würde. „Ich kann nicht mehr beten“, sagte eine sensible Patientin. „Ich weiß nicht mehr, wo Gott zu finden ist.“ Erst nach vielen Unterredungen erzählte sie mir, unter welchen Umständen sie ihn verloren hatte. Eines Tages hatte sie aus Treue zu Gott ihren Glauben mutig bezeugen wollen. Sie zog sich die Kritik ihrer Vorgesetzten zu und gab nach. Es war ihr vorgekommen, als ob Gott sich von ihr abwendete, sie ihren schwachen Reaktionen überlasse.

Eine Patientin sah in der Neurose den Beweis dafür, daß

Gott sie verworfen habe und daß seine Vergebung, von der ich ihr sprach und die die Verkettung ihrer schwachen Reaktionen durchbrechen würde, für sie nicht gelte. Wieder eine andere schämte sich, daß sie nicht den Mut aufbrachte, ein sündhaftes Verhältnis abzubrechen. Sie dachte, sie habe nicht mehr das Recht zu beten, solange sie es nicht tue; so beraubt sie sich gerade der Gemeinschaft, die ihr die Kraft dazu geben würde.

Daher verbergen diese Verzweifelten ihren Kummer oft hinter zynischen Theorien, fatalistischen Philosophien, sogenannten biologischen Auffassungen von den unerbittlichen Gesetzen der Vererbung oder hinter den Lehren der Seelenwanderung, der letzten Zuflucht desjenigen, der auf den Lebenskampf verzichtet. Solche Anwandlungen von Unglauben geben den Schwachen wiederum Anlaß zur Verzweiflung: „Gott wird mir nicht beistehen; er kann mich nicht lieben, da ich nicht an ihn glaube."

Und dennoch gehören all diese Reaktionen wie Angst, Erregung, Verzweiflung zum Bereich der Affektivität. Weder Wille noch Intelligenz vermögen etwas über sie. Sie hält uns unter ihrem Einfluß, weit mehr, als wir es uns eingestehen. Mein Sohn war durch ein Examen gefallen; ich glaubte, es von Herzen angenommen zu haben; da marschierte am Tag der Schulfeier der von Fanfaren eröffnete Festzug unter meinem Fenster vorbei. Die Klänge der Blasmusik mit ihrer eindrücklichen Wirkung auf meine empfindlichen Nerven genügten, um meine Augen feucht werden zu lassen. Ich hatte meine Affektivität verdrängt, aber nicht überwunden.

Nur ein Gefühl läßt sich einem Gefühl gegenüberstellen. Hierin gehen unsere ungläubigen Kollegen mit uns vollkommen einig. Dieses Gefühl ist das Vertrauen, das dann wieder entsteht, wenn man sich geliebt fühlt. Wir nennen es den Glauben. Indem ihr Vertrauen wächst, fangen die Schwachen wieder an, ihre Gefühle, deren Verdrängung sie immer mehr lähmte, auszudrücken. „Impression ohne Expression erzeugt Depression", sagte mir ein Engländer. Bekanntlich erzeugt ein zurückgehaltenes Gefühl, ein großes Leid, bei dem man „nicht hat weinen können“, ein heimlicher Liebeskummer Störungen. Die Empfindlichen schämen sich ihrer Empfindlichkeit; sie suchen sie zu verbergen. Sie entlädt sich dann in falschen Reaktionen, die man ihnen vorwirft, was ihre Scham über ihre Empfindlichkeit noch steigert und damit den Teufelskreis schließt. Oft war ihre Erziehung vor allem darauf angelegt, ihnen beizubringen, ihre Gefühle zu verbergen. Und gerade dadurch sind sie so empfindlich geworden. Eine von einem Ekzem befallene Frau suchte mich auf. Nach einem geistigen Erlebnis wurde sie von ihrem Ekzem geheilt. Aber eines Tages kam es plötzlich zu einem Rückfall. Meine Patientin schrieb mir, daß sie die Ursache davon sogleich erkannt habe: Sie hatte eine verletzende Ungerechtigkeit zu erdulden gehabt. Um großmütig dazustehen oder aus Schwäche hatte sie ihre Entrüstung zurückgehalten. Es war keine echte Entsagung, sondern eine Verdrängung; daher der innere Konflikt und das Wiederauftreten des Ekzems.

Diese falschen Entlastungsreaktionen können oft einen andern Komplex wieder aufleben lassen, etwa so wie ein Funke, der auf ein Pulverfaß fallen würde. Eine Mutter machte sich Vorwürfe, weil sie ihre Kinder schlug, die sie doch zärtlich liebte. Sie gab sich große Mühe, sich zu beherrschen, fürchtete aber, wieder rückfällig zu werden: unstabiles Gleichgewicht. Widerfährt ihr aber auf einem ganz andern Gebiet etwas Widerwärtiges, von dem sie nicht loskommen kann, so bekommt ihr Kind bei der geringsten Unart wieder ihre Hand zu spüren.

Die Schwachen haben das Bedürfnis, sich über alles, was sie verletzt, auszusprechen, ohne daß man sie sogleich beschuldigt, sie hätten böse Zungen oder seien Leute, die ständig etwas forderten. Eine sensible Frau sagte: „Mein Mann reizt mich; ich kann ihn nicht mehr sehen.“ Wenn wir sie ausschelten, wenn wir sagen, sie solle ihn lieben, so fühlt sie sich nicht verstanden; denn in Wirklichkeit möchte sie ihm ihre Liebe bezeugen; und wenn sie ihre verdrängte Gereiztheit, die sie daran hindert, zum Ausdruck bringt, dann gerade, um sich von ihr zu befreien. Die Sensiblen sprechen nicht, um Gedanken zu formulieren, sondern um ihr Herz zu entlasten. Deshalb kommen sie zehnmal auf die gleiche Klage zurück. Das belästigt ihre Umgebung, weil diese nichts weiteres zu antworten hat, als was bereits gesagt worden ist. Man muß Verständnis dafür haben, daß die Sensiblen sich so lange wiederholen, bis ihre Gefühlsentlastung vollkommen ist. An dem Tag, wo mir der Unterschied zwischen den beiden Bedeutungen der Ausdrucksweise aufging, schien es mir, daß ich etwas entdeckt hätte, was mir den Schlüssel zu manchem meiner Irrtümer lieferte. Wenn jemand redet, um einen Gedanken zu äußern, muß man mit ihm diskutieren; es hieße, den Menschen nicht ernst nehmen, wenn man auf die Idee, die er vertritt, nicht einginge. Die Diskussion ist in diesem Fall fruchtbar und aufschlußreich für beide Gesprächspartner. Redet der andere aber, um sein Herz zu erleichtern, muß man zuhören und nicht diskutieren; denn die Diskussion führt dann nur zu Mißverständnissen und gibt diesem Menschen das Gefühl, nicht verstanden zu werden.

Die Schwachen haben es auch noch aus einem andern Grund nötig, sich sehr ausführlich auszusprechen: die Angstgefühle, sagte ich, hängen aneinander wie an einer endlos langen Kette. Häufig wagt der Sensible erst allmählich tiefer in seine Seele einzudringen, nachdem er die ganz offensichtlichen und bewußten Ängste ausgedrückt hat; er entdeckt dann weniger bewußte und stärker mit Emotion geladene, verdrängte Ängste. Damit er sie auszusprechen wagt, braucht er noch größeres Verständnis und Vertrauen. Wenn er sich dieser Kette entlang tastet, erkennt er die ungeheure Rolle, die die Angst in seinem Leben gespielt hat, und er gelangt von selbst an die Schwelle der Glaubensfrage.

Die Schwachen bedürfen der Liebe. Sie möchten in unserem Herzen einen Widerschein und ein Zeugnis der Liebe Christi finden. Dann können sie Siege über sich selbst davontragen, die zu erringen sie verzweifelten, und die Verkettung ihrer Verzweiflung durchbrechen. Ein erster konkreter Sieg wie: aufstehen, sobald der Wecker ertönt; sich seinen Eltern zu eröffnen wagen; jemanden, den man haßt, um Verzeihung bitten; dem Ehepartner die Schulden bekennen, die man hinter seinem

Rücken gemacht hat – ein solcher Sieg kann unberechenbare Folgen haben. Es ist wie die Eröffnung einer „zweiten Front" in einem unentschiedenen Krieg, die eine neue strategische Lage schafft.

Aber damit sie das erreichen, ist es wichtig, daß unser Glaube und unsere Liebe zu ihnen echt sind. Nichts stellt den Erfolg so sehr in Frage, wie wenn man Gefühle heuchelt, gute Worte gebraucht, die nicht von Herzen kommen, Güte bezeugt, die nicht echt ist. Es gibt zwei Arten von Sanftmut, von Vertrauen, von Mitgefühl, von glühendem Eifer: die spontane, die allein wirksam ist; sie erblüht ganz natürlich in uns, wenn wir geistig „in Form" sind; und jene, die wir uns aneignen, wenn wir es nicht sind und es scheinen möchten. Wenn man die Hoffnung aufgibt, einen Baum blühen zu sehen, so behängt man ihn mit künstlichen Blüten.

5. Kapitel

Starke Reaktionen

Wir haben die aktiven Reaktionen starke Reaktionen genannt. Das Phänomen ist nicht nur ein psychologisches; es betrifft den ganzen Menschen. Es manifestiert sich in seinem Körper, in seinen Gefühlen und in seiner Phantasie, in seinen Ansichten und in seinem Geist. Im Gegensatz zu den schwachen Reaktionen, die uns festnageln und das Denken lähmen, erzeugen die starken Reaktionen eine Bewegung und Unruhe und öffnen die Schleusen der Phantasie und des Verstandes einer Flut von erfreulichen Vorstellungen, interessanten Einfällen, passenden Argumenten. Selbst das religiös-geistige Leben bleibt ihrer Resonanz unterworfen. Ebenso wie die Liebe und der Glaube den Schwachen fern und unerreichbar erscheinen, so kommen sie den Starken leicht und natürlich vor.

Es handelt sich um automatische, spontane, unmittelbare Reaktionen; eine Antwort des natürlichen Temperaments auf jeden körperlichen oder psychischen Reiz. Bei der körperlichen Gefährdung durch das plötzliche Auftreten von Bakterien, durch eine Erkältung, durch ein vergiftetes Nahrungsmittel oder durch übermäßige Anstrengung werden beim Starken die biologischen Abwehrkräfte gesteigert, die weißen Blutkörperchen mobilisiert; die vasomatorischen Schutzreaktionen greifen ein; der chemische Stoffwechsel wird beschleunigt. Bei der psychischen Gefährdung durch einen Konflikt mit andern, durch eine Kraftprobe, durch eine schwere Verantwortung oder eine bewußte oder unbewußte Gedankenassoziation, die geeignet ist, jenes tiefe und unbestimmte Mißbehagen zu erwecken, von dem jede menschliche Seele bisweilen heimgesucht wird, werden beim Starken die seelischen Abwehrkräfte ebenfalls gesteigert. Ein beruhigender Gedanke wischt seine Verstimmung hinweg; ein mutiger Aufschwung verschleiert seine Angst; das Selbstvertrauen, das Vertrauen in den Sieg spornt seinen Eifer an; das rettende Wort, die Eindruck machende Gebärde stellen sich ein; aus seinem ganzen Verhalten spricht sein Machtwille.

Nun, ein Mensch kann sich nicht unbegrenzt entfalten, ohne durch die Entfaltung anderer behindert zu werden, so daß seine starken Reaktionen ihn bald in zahllose Konflikte verwickeln, wobei er den Starken die Stirn bietet und die Schwachen erdrückt. Aber Kampf und Risiko stacheln ihn an, unterhalten seine Reaktionen und erweitern sie ebenso, wie wir die schwachen Reaktionen durch einen Teufelskreis sich verschlimmern sahen. Mehr noch, der Starke braucht Kampf und Gefahr; er sucht sie auf und fordert sie heraus, um der Euphorie willen, die er dabei findet, um jene belebende Flut von Reaktionen zu unterhalten, die ihm eine innere Unruhe verschleiern helfen, die der der Schwachen sehr ähnlich ist.

Aber die starken Reaktionen führen nur indirekt zu Konflikten, infolge der Widerstände, auf die sie stoßen. Hüten wir uns also, sie mit bloßer Kampfeslust zu verwechseln. In aller Aufrichtigkeit erklären die Starken sich für friedliebend: Es sei nicht ihre Schuld, denken sie, sondern die der andern, wenn es zu Streitigkeiten komme; sie hätten keinen andern Wunsch, als verstanden zu werden, und sie verstehen sich mit jedermann ausgezeichnet, solange ihnen niemand Widerstand leistet! Sie bekämpfen nicht ihre Gegner, sagen sie, sondern deren Irrtümer. Sie werden ihnen die Hand reichen, sofern jene ihre Irrtümer einsehen und fahrenlassen wollen.

So kann beispielsweise eine Schwiegermutter ihre Schwiegertochter grausam verfolgen und uns naiv versichern, sie hege eine makellose Liebe für sie. Aus Liebe zu ihr und dem eigenen Sohn und für das Glück von deren Heim bekämpft diese Schwiegermutter erbittert alles, was ihr am Verhalten der Schwiegertochter falsch erscheint. „Ich kenne meinen Sohn, ich weiß, wie man ihn nehmen und was man tun muß, damit er glücklich ist; willst du das nicht auch, und trägt das nicht zu deinem eigenen Glück bei? Handle darum so, wie ich immer gehandelt habe, statt ihm diese neuen und törichten Gewohnheiten beizubringen, die dir von deiner schlechten Erziehung her anhaften!"

Aber die starken Reaktionen tragen auch friedliche Früchte; sie spornen den Arbeitseifer an, sie stimulieren die Selbstbeherrschung, die Ausübung der Tugenden, die schöpferische Phantasie, den Gedankenschwung und die Begeisterung des Herzens. Und all das läßt den Starken auch die Unruhe vergessen, die er in seinem tiefsten Inneren vorfindet, wenn er nicht mehr von den Schwingen des Erfolgs getragen wird.

So erscheinen in der Psychoanalyse viele kostbare Güter, edle Werke und großmütige Bemühungen in Wirklichkeit als Kompensationen jener geheimen Ängste, die den Schwachen niederdrücken. Es besteht kein Anlaß, sie deswegen gering zu schätzen, aber es ist nützlich, sich diesen Kompensationsvorgang bewußtzumachen, wenn man sich selbst und die andern verstehen will.

Ich bin mir nunmehr bewußt, in welchem Maß während meiner Studienzeit meine intellektuelle Aufgewecktheit durch unbewußte Komplexe angestachelt wurde. Ich litt, ohne es mir einzugestehen, unter einer furchtbaren seelischen Einsamkeit; ich hatte Angst vor den Menschen. Dann habe ich gemerkt, daß meine Begabung, Ideen zu formen, sie auszusprechen, sie zu verteidigen, mir als Eintrittskarte in die Gesellschaft dienen konnte. Ich vermochte so die Zuneigung und Achtung zu erwerben, nach denen ich Verlangen hatte, um mir Mut zu machen. Ich habe diese Karte gespielt. Ich schrieb Theaterstücke, habe Mathematik gebüffelt, juristische Arbeiten verfaßt, große Reden gehalten, das Präsidium meiner Studentenverbindung innegehabt, meine Begeisterung in den Dienst des Roten Kreuzes, dann der Kirche gestellt, glänzende medizinische Examina abgelegt.

All das befreite mich nicht von meinem heimlichen Komplex,

es half mir, ihn zu verbergen. Meine tiefinnerste Schwäche, die Kompromisse meines Herzens dauerten fort, aber jene Tätigkeiten erlaubten es mir, sie ein wenig zu vergessen. Ich verleugne heute weder jene jugendliche Begeisterung noch die intellektuellen und religiösen Wahrheiten, für welche ich gekämpft habe. Später ging ich durch geistige Krisen hindurch und habe dabei erkannt, was unecht war an jenem Eifer, womit ich einst Lehren verteidigte, die mein wirkliches Leben allzuoft Lügen strafte. Eine solche Entdeckung, weit davon entfernt, mich in meinen Überzeugungen zu erschüttern, hat sie im Gegenteil gefestigt und erneuert, indem sie von mir eine bessere Verbindung von Theorie und Praxis verlangte.

In dem Maß wie unsere Tätigkeit, mag sie noch so edel und nützlich sein, eine psychologische Kompensation für Minderwertigkeitsgefühle oder verdrängte Probleme bildet, trägt sie eine gewisse Spannung, eine gewisse Unbeugsamkeit und eine gewisse Übertreibung in sich, die sie aushöhlen. So habe ich mich für theologische Wahrheiten begeistert, für Tendenzkämpfe erhitzt, mich hinter meinen Grundsätzen verbarrikadiert. Und eines Tages gab ich mir Rechenschaft, daß es mehr eine religiöse Tätigkeit als ein geistiges Priesteramt war. Ich hatte, wenn ich so sagen darf, den Eindruck einer totalen Niederlage, die sich aus Teilerfolgen zusammensetzte.

Ebensowenig also wie wir den Nutzen verkannt haben, der in manchen schwachen Reaktionen liegt, möchte ich hier die starken Reaktionen verleugnen. Ich suche lediglich die verborgenen Kräfte sichtbar zu machen, die die Menschen zum Handeln treiben, nachdem ich jene untersucht habe, die sie davon abhalten.

Da ist zunächst häufig ein Vergeltungsbedürfnis. Unzählige Entgleiste üben einfach Vergeltung an der strengen Erziehung, die sie durchmachen mußten. Eine junge Frau rief nach einem ernüchternden Abenteuer aus: „Ich glaubte mich selbst zu bejahen, doch nun merke ich, daß ich nur aus Reaktion gegen meine Umgebung handelte.“

Ich selbst ertappe mich häufig, wie ich mir nach einem Gehorsam, der mir schwerfiel, zur Entschädigung einen Ungehorsam erlaube, wobei ich mich so stelle, als ob ich ihn für harmlos hielte. Eine Frau, die als junges Mädchen die Mutter verloren und ihre Geschwister mühselig aufgezogen hatte, verhält sich jetzt gleichgültig ihren eigenen Kindern gegenüber, um sich für die der Pflicht geopferte Jugend zu rächen. Ein Mann, der früher bereitwillig und aus Liebe darauf verzichtet hatte, sich gewissen Neigungen zu widmen, für die sich seine Frau nicht interessierte, kommt jetzt unter dem Vorwand, seine Persönlichkeit wiederzufinden, mit einer Leidenschaft darauf zurück, die deutlich jenen Vergeltungstrieb verrät. Eine Tochter, die lange Zeit von ihrem Vater beherrscht wurde und all seine Ideen übernahm, rächt sich jetzt dafür, indem sie ihm bei jedem Anlaß widerspricht; eine andere, indem sie ihre Unnachgiebigkeit nun ihrerseits ihre Töchter fühlen läßt. Wieder ein anderer wird von dem Verlangen umgetrieben zu studieren, was in seinen Augen eine Vergeltung für all das bedeutet, was ihm seine Eltern früher vorenthalten haben.

Ein Mann tyrannisiert seine Frau, indem er ihr unablässig die Opfer aufzählt, die er sich einst ihretwegen auferlegt hatte und die sie ihm jetzt durch einen knechtischen Gehorsam abgelten soll. Wir kommen damit zur zweiten Stufe der Vergeltung: der Rache. Eine unberechenbare Zahl unserer Handlungen, unserer Regungen und Gefühle stellt in Wirklichkeit eine Rache für eine nicht verwundene Kränkung dar. „Ich verschwende aus Abscheu, um mich am Geld zu rächen", schreibt eine junge Frau. „Ich gehe mit den Männern um, als ob ich mich an meinem Vater und an meinen Brüdern rächen wollte", schreibt ein junges Mädchen. Eine Frau, die ihren schwachen Mann unterdrückt, rächt sich an ihm für die Schikanen, die sie von ihrem ersten Mann auszuhalten hatte. Eine andere, die ihren Gatten unaufhörlich mit den unerträglichen Verdächtigungen ihrer Eifersucht plagte, nimmt so an ihm Rache für einen Verlobten, der ihr ehedem zugunsten einer Rivalin untreu wurde. Ein Mann befindet sich trotz aller guten Vorsätze in ständigem Konflikt mit seiner Mutter. Er entdeckt den verborgenen Sinn dieses Hangs. Er fühlt sich dazu getrieben, den Vater für das eheliche Ungemach zu rächen, das dieser einst zu erdulden hatte. All das nimmt bei den Kranken ungeheure Ausmaße an: Rachgier, Verfolgungswut. Selbst die Weigerung, an Gott zu glauben, bedeutet für viele Leute gleichsam eine Rache an ihm, den sie für ihre Übel verantwortlich machen.

Diese Tendenzen können den edlen Anstrich wahrhafter Kreuzzüge annehmen. Eine Tochter hat ihre Mutter verloren. Seither hat sie sich sehr an ihren Vater angeschlossen und furchtbar gelitten, als dieser sich wieder verheiratete. Sie glaubt aufrichtig, der neuen Frau verziehen zu haben, daß sie den ersten Platz im Herzen ihres Vaters eingenommen hat. Niemals würde sie sich erlauben, sich von niedriger Eifersucht hinreißen zu lassen, wie sie mir versicherte. Es handle sich vielmehr um Gerechtigkeit: Ihr Vater sei wahrlich zu schwach; sie fühle sich verpflichtet, ihn vor dem übertriebenen Einfluß seiner Frau zu schützen. Ein Mann macht sich zum Apostel der Gewissensfreiheit und der Toleranz, um sich für die dogmatische Unduldsamkeit zu rächen, womit sein Vater ihn früher erstickt hatte. Daher mischt sich eine gewisse Intoleranz in seine Art, wie er den Liberalismus gegen die Orthodoxen verteidigt. Ein anderer bekämpft durch sein exzentrisches Benehmen und seine bitteren Redensarten den heuchlerischen Konformismus und rächt sich damit für den Zwang, in dem er auferzogen wurde. Nicht ohne Beredtheit stellt er unablässig die Gnade dem Gesetz entgegen. Aber es genügt nicht, das Gesetz zu verhöhnen, um der Gnade teilhaftig zu werden; und seine Kritik, so treffend sie auch sein mag, bleibt voll Bitterkeit. Wieder ein anderer ist der glühende Anwalt der öffentlichen Sittlichkeit; er bekämpft alles, was die Jugend verdirbt, um sich für die unseligen Einflüsse zu rächen, die ihn einst in moralische Niederlagen gestürzt haben, deren er sich noch heute schämt.

Es ist angebracht, hier an die feinsinnigen Bemerkungen von Henri Baruk[2] zu erinnern, wenn er aufzeigt, daß die strengen Sittenrichter jene sind, die mit ihren Anklagereden ein schlechtes Gewissen verschleiern. Er hebt die außerordentliche Dynamik hervor, die der Verdrängungsmechanismus diesen Verteidigern der Gesellschaft und der Gerechtigkeit verleiht.

Daher ist denn auch die Kritik die verbreitetste Form der starken Reaktionen. Seitdem ich Henri Baruk gelesen habe, kann ich, sooft sich ein tadelnder Gedanke in mir regt, und mag er noch so berechtigt sein, und namentlich wenn eine Flut von kritischen Gedanken in mir hochsteigt, leicht erkennen, daß es sich dabei um einen Gegenhieb auf irgendeine Verletzung meiner Eigenliebe handelt oder um eine Deckreaktion, hinter der ich mein schlechtes Gewissen der von mir kritisierten Person gegenüber verberge. Auf diesem Boden machte Peter Howard[10] eines Tages eine geistige Erfahrung, die sein Leben von Grund auf änderte. Wie alle Journalisten hatte er bis dahin sein kritisches Talent an den Menschen, an der Geschichte und an der Regierung seiner Zeit ausgeübt. An jenem Tag legte er bei einem Bankett seinem Tischnachbarn wieder einmal seine brillanten Schmähschriften dar, als dieser plötzlich sagte: „Wissen Sie, Kritik üben hat an sich keinen großen Wert. Jeder Dummkopf ist dazu imstande, und die meisten Leute tun es.“ Dann fügte er, wie Howard erwähnt, noch hinzu: „Ich glaube, die Zukunft wird den Menschen gehören, die mit der Kritik zugleich auch die Abhilfe bringen ... Jedermann erklärt, daß die Welt sich ändern müsse, aber die, welche wissen, wie man dazu gelangt, gibt es nur in einer ganz kleinen Minderheit.“

Zu den starken Reaktionen gehört auch der Starrsinn, die Hartnäckigkeit, die leidenschaftliche Energie, mit der man sich darauf versteift, stets das letzte Wort zu haben, die Stellung, die man bezogen hat, sogar trotz einer gewissen inneren Unsicherheit zu verteidigen, aus Angst, schwach zu erscheinen. Ich müßte sogar schreiben *wegen* und nicht *trotz* einer inneren Unsicherheit. In meinem Buch „Der Zwiespalt des modernen Menschen“ habe ich einen Fall von Zwangsneurose angeführt, wie ihn Alphonse Maeder[17] beschrieben hat. Es handelt sich um einen Jüngling, der seinem Vater, seinem Lehrer, dem Rektor und selbst dem Arzt trotzt. Und letzterer zeigt uns, daß gerade solchen Herausforderungen eine Gewissensnot zugrunde liegt, die der junge Mann hinter seiner herausfordernden Haltung verbirgt. Ich habe gezeigt, wie häufig solche Kompensationsmechanismen sind, die uns die unzufriedene, revolutionäre, maßlose Haltung von Individuen und Völkern erklären. So kannte ich einen jungen Mann mit einem differenzierten, komplexen und zarten Seelenleben, der sich völlig klar darüber war, daß der Eifer und die übertriebene Sicherheit, womit er extremistische politische Lehren verfocht, nur ein Versuch waren, sich aus den Unschlüssigkeiten seiner bedenkenvollen Natur und aus einer gewissen, ihm noch anhaftenden bürgerlichen Verweichlichung herauszureißen.

Solche Kompensationsmechanismen sind jedoch keineswegs ausschließlich den Revolutionären vorbehalten. Sie spielen sich, wenn ich so sagen darf, gleichsam in mit Spitzen besetzten Kleidern in den Salons ab und in weißen Handschuhen in den gelehrten Gesellschaften. Ein Wissenschaftler entwickelt seine Theorien mit um so größerer Sicherheit, je besser er im Vergleich zu seinen Gegnern weiß, was man dagegen einwenden kann: eine Dame von Welt legt ihre Ansicht über den neuesten Roman mit um so größerer Unbefangenheit dar, je flüchtiger sie ihn durchgeblättert hat und je unsicherer sie sich in der modernen Literatur fühlt. Ich denke da an eine Frau voller Minderwertigkeitsgefühle, die mir eines Tages gestand, daß sie ein Buch lesen müsse, um in Gesellschaft einen Gesprächsstoff zu haben! Lächeln wir nicht; im Grunde machen wir es alle mehr oder weniger so. Es fällt uns allen schwer, uns unserm Gesprächspartner gegenüber ganz einfach zu zeigen, unsere Gedanken und Überzeugungen so auszudrücken, wie wir sie empfinden; wir fürchten, daß man uns so, wie wir sind, nicht ernst nehmen könnte, daß wir nicht genügend Autorität besitzen. Deshalb berufen wir uns auf die Meinung anderer Leute, wir zitieren irgendeinen Gelehrten oder Schriftsteller; wir machen uns jenes ganze anonyme Material nutzbar, das uns Hochschule, Zeitung oder die öffentliche Meinung liefern, um im Gespräch besser dazustehen. Dieses Zurschaustellen meist sehr oberflächlicher Kenntnisse ersetzt uns die Bildung und dient uns dazu, den andern zu imponieren. Eine geschickt dosierte Anspielung auf ein Ereignis in unserem Leben, wo wir eine vorteilhafte Rolle spielten, oder auf irgendeine Gelegenheit, wobei wir einer einflußreichen Persönlichkeit begegnet sind, trägt uns einen für unsere Eigenliebe ermutigenden Beifall ein.

Gar bald gleitet man auf dieser schiefen Ebene in den Bluff hinein und verliert sich mehr oder weniger tief in seinen Gefilden. Und der größte Bluff besteht gerade darin, daß man sich seiner nur mit Maß bedient, ihn niemals auf unangenehme Weise fühlen läßt; daß man bei allem Bemühen um schmeichelhaften Beifall den Schein der Bescheidenheit aufrechthält.

In dem schon genannten Buch erzählt Peter Howard[10], der eine glänzende Journalistenlaufbahn im Schatten von Lord Beaverbrook gemacht hat, in launigem Ton von seinen ersten Versuchen und von den Ratschlägen seines Lehrers: „Peter, schmeicheln Sie ihnen, soviel Sie können. Sie werden dann bald entdecken, daß die Menschen nie zuviel davon bekommen, selbst wenn sie protestieren und behaupten, sie hätten so etwas nicht gern.“ Die Methode gelang ihm, und er schildert mit beschwingter Feder jene ganze Gesellschaft zwischen den zwei Weltkriegen, wo jeder auf den Erfolg bedacht war. „Ich hatte ein Ziel: den Erfolg. Ich suchte ihn durch Macht und Geld zu erreichen ... Die meisten jungen Leute glauben wie ich, ihre erste Pflicht gegen sich selbst, gegen ihre Familie und ihr Land sei, in der Welt vorwärtszukommen ... Ich hatte mich nicht gefragt, welche Art von Nation aus diesen Millionen von Individuen hervorgehen würde, die alle selbstsüchtig die Ellbogen gebrauchten und sich gegenseitig an die Gurgel sprangen, um ein möglichst großes Stück vom nationalen Beefsteak zu erhaschen.“

Ja, Erfolg haben ist das unausgesprochene Ziel aller starken Reaktionen. Dafür muß man sich stark zeigen, sowohl körperlich wie seelisch oder intellektuell, ja sogar geistig. In gewisser Hinsicht zielt das heutige Übermaß an Sport und Körperkultur, das leidenschaftliche Streben nach kraftvoller körperlicher Entfaltung auf den Erfolg, den die physische Kraft gewährleistet; daher auch die heute so verbreitete Idee, daß die Gesundheit das höchste Gut sei, daß man sie, wenn man krank ist, um jeden noch so hohen Preis wiedererlangen müsse.

Starke Reaktionen sind auch alle Bekundungen von Eitelkeit: eine gewisse Koketterie, sowohl bei Männern wie bei Frauen, eine übertriebene Sorgfalt in der Wahl der Krawatte, des Taschentuchs oder im Zurechtlegen der Locken, ein sklavisches Mitmachen der Mode; in all dem sieht der Psychologe stets Kompensationen für Minderwertigkeitsgefühle. Wohlverstanden, ich verdamme hier nicht jede Koketterie, besonders nicht an der Frau, bei der sie einen gesunden Instinkt darstellt. Sobald aber die Sorge um die äußere Aufmachung einen Zwangscharakter annimmt, sobald man ihr Sklave wird, handelt es sich nicht mehr um Selbstachtung, sondern um eine starke Reaktion.

Umgekehrt übrigens sind ihrerseits eine gewisse Originalität in der Kleidung, ein vernachlässigtes, bohèmeartiges Aussehen, ein überspanntes Andersseinwollen oder selbst eine gewisse Verachtung des Äußeren, die ein Beweis moralischer Überlegenheit sein soll, auch nur starke Ausgleichsreaktionen.

Dasselbe kann man von der Ungeniertheit sagen. Ich erhielt einen Brief von einer Frau, die im Begriff war zu entdecken, welch schädliche Rolle die schwachen Reaktionen in ihrem Leben gespielt haben, denen sie allzu lange nachgegeben hat: „Ich war", schrieb sie mir, „vor kurzem mit einer Jugendkameradin zusammen, große Sportlerin, gesunde Egoistin, offizielle Ehebrecherin, die von jedermann getadelt wird und sich darüber lustig macht – und ich hatte in ihrer Nähe ein seltsames Gefühl von Wohlbefinden ... Und plötzlich entdeckte ich, daß ich die zynischen, kühnen, vorurteilsfreien Frauen liebe, die es verstanden haben, dem Leben etwas abzugewinnen, daß ich so hätte sein wollen, wenn ich es gekonnt, wenn ich gewagt hätte – den Männern die Stirn zu bieten und nicht vor ihnen Angst zu haben oder sich von ihnen ins Schlepptau nehmen zu lassen ..." Man könnte die starken und die schwachen Reaktionen einander nicht besser gegenüberstellen. Meine Briefschreiberin, die sich oft den schwachen Reaktionen hingegeben hat, bewahrt eine heimliche Sehnsucht nach den starken Reaktionen. Aber ihre Kameradin ist viel weniger verschieden von ihr, als sie denkt: Der Zynismus ist immer nur eine Fassade, hinter der sich ein Leiden und eine Angst verbergen.

Ebenfalls starke Reaktionen sind der Zorn, ein Faustschlag auf den Tisch, das Verlassen des Zimmers, indem man die Türe zuschlägt; eine laut schallende Stimme oder das perfide Argument, das den Gegner an seinem schwachen Punkt verletzt, die Nervosität, die heftigen Vorwürfe, die Nervenkrise. Eine meiner Patientinnen erzählte mir, daß ihr Sohn irgendeinen Fehler begangen hätte; sie suchte ihn dahin zu bringen, denselben einzugestehen, stieß aber auf seinen verstockten Eigensinn. Plötzlich ergriff der Knabe die Blumen, die auf dem Tisch standen und zerpflückte sie in kleine Stücke – starke Reaktion! „Warum hast du das getan?" fragte ihn die Mutter. – „Weil sie mich ansahen", antwortete das Kind.

Wohlverstanden, solch heftige Reaktionen werden oft durch unbewußte Faktoren entfesselt. Aber es kommt auch vor, daß ein Familienmitglied seinen Willen andern aufzwingt, indem es mit seinen nervösen Reaktionen droht. Diese sind nicht unbedingt laut und lärmig. Eine Familienmutter sichert sich den sklavischen Gehorsam ihrer Tochter, indem sie bei ihr eine panische Angst davor züchtet, ihrer Mutter Kummer zu bereiten.

Auch hier kommt es rasch zu einem schrecklichen Teufelskreis; denn wenn man um des Friedens willen stets all ihren Launen nachgibt, macht man diese Nervösen immer mehr zu Sklaven ihrer Reaktionen.

Es liegt mir daran, hier ein paar Worte hinzuzufügen: Ich fürchte, daß in der einen oder andern Familie, wie ich es schon erlebt habe, einer meiner Leser diesen Text mit leise triumphierender Miene einem Patienten vor die Augen halten wird, dem er im stillen längst vorwirft, so eine Tyrannei der Nerven auszuüben. Er möge sich nicht einbilden, ihm dadurch zur Selbstbeherrschung zu verhelfen. Er wird ihn nur noch unbeherrschter machen; denn ein jeder von uns soll sich um seine eigenen Probleme kümmern, statt den Nächsten zu richten.

Starke Reaktionen sind auch der Wortschwall, ein gutes Mundwerk, Schwung und Begeisterung, aber auch oft das vorsichtige Schweigen, die geheimnisvolle, undurchdringliche Miene. Starke Reaktionen der Humor und Esprit, die einem erlauben, sich durch einen Witz elegant aus der Verlegenheit zu ziehen. Auch hier verurteile ich nicht die gute Laune und die geistreichen Einfälle, die spontan hervorbrechen können, wohl aber den scharfen oder künstlichen Witz als Verteidigungs- und Angriffswaffe. Wie man sieht, können wir bei allen Dingen einen solchen Unterschied machen. Jede unserer körperlichen oder intellektuellen Eigentümlichkeiten kann in ihrer positiven Form betrachtet werden, da wo sie sich spontan, ohne Hintergedanken zeigt, aber jede kann auch einen negativen Sinn annehmen, wenn sie das Werkzeug einer mehr oder weniger bewußten Absicht wird, um im Lebenskampf den Sieg davonzutragen.

Gewöhnlich wissen wir unsere starken Reaktionen, die selbst wieder unsere Mängel vertuschen, gut zu tarnen. Jeder von uns trägt eine Maske, sogar in der Familie, jeder ist bemüht, mit tausenderlei Kleinigkeiten den Schein zu wahren, den er sich gegeben oder den die andern ihm verliehen haben und der ihm schmeichelt. Wir trachten danach, die Persönlichkeit zu spielen, die wir gerne sein möchten. Die Maske ablegen, die Schwächen, die sie verdeckt, eingestehen, ist immer eine höchst demütigende Sache, die niemand von uns zustande bringt ohne ein Wunder des Geistes.

Und wir helfen uns gegenseitig bei diesem Versteckenspielen, wie es das gesellschaftliche Leben ist. Wir tun so, als nähmen wir die Maske der andern für die Wirklichkeit, da wir fürchten, sie möchten sonst auch uns entlarven. So gehen wir, wenn ein kleines Kind sich zum Spaß hinter einem zu schmalen Baumstamm verbirgt, auf sein Spiel ein und stellen uns, als sähen wir es nicht mehr, wüßten nicht mehr, wo es ist. „Das Schlechte verbirgt sich so gut“, schreibt Henri Bergson[18], „das

Geheimnis wird so allgemein gewahrt, daß jedermann hier von allen genarrt wird. Wie streng wir die Menschen zu beurteilen vorgeben, wir halten sie im Grunde für besser als uns selbst."

Sieht man genauer hin, so erkennt man, daß es sich stets um die Mitschuld aller handelt, wenn sich in einer Familie, in einem Geschäft oder in einem Staat eine Tyrannei bildet. Der Arzt kann sich nicht wundern über das, was in der Politik geschieht, wenn er sieht, was in unzähligen Familien vor sich geht. „Stellen Sie sich die Frage", schreibt Frank Buchmann[19], „ist Ihr Heim eine Demokratie oder eine Diktatur?" Der Arzt sieht auf den ersten Blick, daß die meisten Familien unter einem tyrannischen Regiment leben, daß sogar Männer, die in der Politik aufrichtig einem freisinnigen und demokratischen Ideal verhaftet sind, sich zu Hause als Despoten gebärden. „Wenn zwei Personen zusammen leben", schreibt Emile Coué[16], kommen die sogenannten gegenseitigen Zugeständnisse fast immer von der gleichen Person."

Ein Ehemann treibt seine Frau zum Äußersten, indem er von ihr mit einer unerschütterlichen Ruhe verlangt, daß sie nicht nur seinen Ehebruch dulde, sondern auch seine Mätresse bereitwillig und wohlwollend bei sich empfange. Er sagt mir mit der größten Aufrichtigkeit, daß alles in seinem Haus aufs beste ginge, wenn seine Frau sich nur seinem Plan fügen wollte. Für den Widerstand seiner Frau macht er ihre Nerven verantwortlich und ersucht mich, sie zu behandeln. Eine andere Frau wunderte sich, daß ihr Mann sich ins Kaffeehaus flüchtete. Nun, sie mutete ihm zu, nicht nur im Haus ihrer Eltern zu wohnen, an ihrem Tisch zu essen und zusammen mit ihr im Geschäft der Schwiegereltern zu arbeiten, sondern sie auch noch jeden Sonntag auf den von ihnen ausgewählten Spaziergängen zu begleiten.

Die gefährlichste Tyrannei jedoch ist die geistige. Ich habe eine Frau gekannt, deren Leben zerbrochen wurde durch den Einfluß, den ein Erleuchteter zwanzig Jahre lang auf sie ausübte. Er behauptete, allein den Heiligen Geist zu besitzen. Damit befriedigte er, sicher ganz unbewußt, ein krankhaftes Bedürfnis, andere zu beherrschen. Er jagte ihr Angst und Schrecken ein, indem er ihr mit göttlichen Züchtigungen drohte. Sie ahnte wohl, daß ihr Heil nur in der Flucht liegen würde; er aber versicherte ihr mit solcher Autorität, daß Gott sie in seiner Nähe haben wolle, daß sie nachgab.

Es handelt sich hier nur um die krankhafte Übertreibung einer geistigen Perversion, eine Gefahr, die auf uns alle lauert. Ich glaube sogar, daß kein Gläubiger ihr völlig entgehen kann. Es schleicht sich in unsern ehrlichsten Eifer, mit dem wir eine Seele zum Glauben führen, hinterlistig eine gewisse Genugtuung darüber ein, daß wir eine prophetische Rolle in ihrem Leben spielen, einen gewissen beherrschenden Einfluß ausüben. Bei der Rettung eines Menschen ist der schwächere von beiden nicht immer der, den man dafür hält. Und welche Versuchung, falls die Anschauungen etwas auseinandergehen, zu behaupten, Gott sei auf unserer Seite! Starke Reaktion: sich dadurch stärker machen, daß man sich für den Vermittler von Gottes Willen ausgibt; Deckreaktion zudem: denn unsere tiefste seelische Pein ist eben jene große, uns allen gemeinsame Schwierigkeit, wirklich den Willen Gottes zu erkennen, jene Unsicherheit, die trotz unserer Aufrichtigkeit im Grunde unseres Herzens stets fortbesteht. Und nichts tröstet uns besser, als wenn wir erleben, daß die andern zu uns wie zu einem göttlichen Orakel kommen.

Sehr oft haben Ehegatten oder gläubige Eltern mich aufgesucht, um mir von ihrem glühenden Wunsch zu sprechen, ihren Ehepartner oder ihr Kind zum Glauben zu führen. Sicher geschah es jedesmal in der edelsten und selbstlosesten Absicht. Aber dennoch erschien es mir manchmal, der Widerstand des Ungläubigen sei eine Art Verteidigung gegen den Einfluß, dem er zu erliegen fürchtete, wenn er sich zum Glauben bekennen würde. Manchmal sagte mein Gesprächspartner es selbst ganz arglos: „Ich bin sicher, daß mein Mann viel netter zu mir wäre, wenn er sich bekehrte; er würde die Fehler ablegen, unter denen ich jetzt zu leiden habe.“ So gibt es Ehemänner, die von religiösen Fragen und Ansichten umgetrieben werden und darüber mit Freunden oder einem Seelsorger, den sie heimlich aufsuchen, sprechen, die sich aber hüten, ihrer frommen Frau etwas davon zu sagen, aus Angst, daß sie dann ihr religiöses Leben lenken möchte. Das ist auch häufig der Fall bei einem Jugendlichen, der sich hütet, seinen Glauben zu bekennen, weil er fürchtet, daß seine Eltern daraus das Recht ableiten würden, von ihm eine vollständige Unterwerfung unter ihren Willen oder unter ihre theologischen Auffassungen zu verlangen.

So ist es zuweilen gerade das Proselytentum der frommen Leute, das der Bekehrung ihrer nächsten Angehörigen im Wege steht. In Sektiererkreisen kommt es vor, daß ein Familienmitglied eine unbedingte geistige Vormundschaft über alle die ausübt, die in seiner Umgebung und durch seine Vermittlung für den Glauben gewonnen wurden.

Eines Tages schickte mir eine gutherzige Frau eine junge Waise, der sie ein wohlwollendes Interesse entgegenbrachte, ohne daß es ihr jedoch gelungen wäre, einen wirklichen moralischen Einfluß auf sie auszuüben. Dieses junge Mädchen war über den Tod seiner Eltern und über viele andere Kränkungen innerlich aufgebracht. Jeder Autorität gegenüber nahm es eine argwöhnische und abwehrende Haltung ein. Ich selbst hatte auch nicht mehr Erfolg. Ich verbrachte eine volle Stunde mit ihr, ohne die Verstimmung zerstreuen zu können; immer wieder stellte ich neue Fragen, ohne etwas anderes als kurze, einsilbige Worte als Antwort zu erhalten. Man hatte sie gezwungen, mich aufzusuchen: Ich war in ihren Augen eine Verkörperung der moralischen Autorität, die sie ablehnte. Zwei Jahre lang hörte ich nichts mehr von ihr. Aber eines schönen Tages sah ich sie wieder. Dieses Mal kam sie aus freien Stücken, von sich aus, um Beistand und Rat bei mir zu suchen. Gleich ohne weiteres bat sie mich um Verzeihung für ihre Wortkargheit von damals und schüttete mir ihr Herz vertrauensvoll aus. Wir haben seither zahlreiche und fruchtbare Unterredungen gehabt.

Gewiß können wir manchmal nützliche Ratschläge geben, aber das bringt keinen dazu, eine geistige Erfahrung zu machen. Ich denke an eine Frau, die ich nur ein einziges Mal gesehen habe. Selten habe ich für eine Konsultation so warmen Dank empfangen. Sie war, wie sie sagte, ganz verwandelt von mir weggegangen. Nun, ich hatte ihr so gut wie nichts gesagt. Aber monatelang hatte sie vorher mit sich selbst gekämpft, und an dem Tag, da sie sich entschlossen hatte, mich aufzusuchen, war dieser Entschluß das Zeichen eines entscheidenden inneren Sieges gewesen. Ich war in Wirklichkeit auf keine Weise daran beteiligt. Das geistige Ereignis hatte sich in der Verborgenheit ihres Herzens abgespielt, ehe sie überhaupt zu mir kam.

Man kann niemals die Mittel voraussehen, deren Gott sich bedient, um einen Menschen zu berühren; die Wege, die er ihn führen wird; die Stunde, da er in sein Leben eingreifen wird. Manchmal geschieht es im vollen Glück, manchmal durch eine schmerzliche Krise. Manchmal geschieht es im Schoß einer von glühendem Eifer erfüllten Gemeinschaft, dann wieder in vollständiger Einsamkeit. Manchmal durch eine lange Entwicklung, manchmal plötzlich und auf ganz unerwartete Weise. Immer jedoch durch ein freies Einwirken des Geistes. Edward Howell[20], Angehöriger der Royal Air Force auf Kreta, schwer verwundet und gefangengenommen, nach Griechenland überführt, erzählt, wie Gott plötzlich während einer schlaflosen Nacht in seine Verzweiflung eingegriffen hat, ohne daß irgendein menschlicher Einfluß es hätte voraussehen lassen. Ganz einfache Fragen drängten sich plötzlich seinem Geiste auf: „Und wenn es tatsächlich einen Gott gäbe? Einen Gott, der mich verwandeln könnte? Der mir die Freiheit zurückgeben könnte? Mich in mein Heim zurückführen? Oder mir ein Heim zuführen? ... Da, in diesem Augenblick, sprach Gott zu mir", fügte er bei ... „Ein Friede, eine unendliche Ruhe kehrten bei mir ein. Ich hatte die absolute Gewißheit, nunmehr das Geheimnis des Lebens zu kennen." Dann folgte seine Flucht aus der Gefangenschaft, die in wunderbarer Weise gelang, indem er sich Schritt für Schritt an Gottes Eingebung hielt.

Der Zwang ist die Verneinung jedes geistigen Lebens. Wir können den andern dadurch helfen, daß wir ihnen unsere Erfahrungen und Überzeugungen mitteilen. Seien wir aber so ehrlich, ihnen auch zu bekennen, wo wir scheiterten und unsicher waren. Hüten wir uns insbesondere vor jener natürlichen Neigung, die uns immer dazu verleitet zu denken, die andern müßten auf dem gleichen Weg wie wir zum Glauben gelangen. Wenn wir irgendeinen Druck auf sie ausüben, so tun wir ihnen unvermeidlich Unrecht: denn entweder wird dieser Druck ihre Entscheidung herbeiführen, dann haben wir uns an Gottes Stelle gesetzt; oder er wird ihren Widerstand wachrufen, und dann werden wir ein Hindernis zu ihrem Glauben gewesen sein.

Was sich oft unter dieser subtilen Form einer starken Reaktion wie das Proselytentum verbirgt, das ist ein gewisses Gefühl von Überlegenheit, eine gewisse Verachtung derer, die die Wahrheit nicht besitzen oder „die noch in der Sünde leben", wie sich leider gewisse Gläubige ausdrücken. Hier sind wieder die von Henri Baruk[2] beschriebenen Phänomene im Spiel. Eine Frau quält ihren Mann, indem sie ihn der Untreue verdächtigt. Nun bemerke ich, daß sie sich selbst auf ehebrecherischen Wünschen ertappt hat. Sie schämt sich darüber so sehr, daß eine wahrhafte Verdrängung stattgefunden hat. Sie projiziert ihre Gewissensbisse auf ihren Mann, sie stellt sich ihn als flatterhaft vor, um sich von sich selbst ein untadeliges Bild zu machen.

Ein Ehemann entschließt sich in einer Gewissenskrise dem Doppelleben, das er seit langem führt, ein Ende zu machen und seiner Frau seine Vergangenheit zu beichten. Indem er diesen Mann zu einem solchen Geständnis führt, gibt Gott dem Paar eine einmalige Gelegenheit, die eheliche Einheit wieder herzustellen und jene wahre geistige Gemeinschaft, welche die Frau, wie sie mir versicherte, so glühend herbeisehnte. Ganz im Gegenteil jedoch versteift sich diese Frau in einer verachtenden Haltung; sie weigert sich, mit einem Mann zu beten, der sie betrogen hat, sie zieht die Aufrichtigkeit seiner geistigen Entwicklung in Zweifel und läßt nicht ab, ihn zu demütigen, ihn durch Anspielungen auf den Fehltritt, den er gebeichtet hat, zu beherrschen.

Wir kommen damit zu jener Form der starken Reaktionen, die den „Gerechten" eignet, wie das Evangelium sich ausdrückt. Ich bin Leuten begegnet, die, ohne zu zögern, erklärten: „Ich habe nie gelogen" oder „ich fürchte mich vor nichts" oder „seit ich mein Leben Gott übergeben habe, kenne ich keine Schwierigkeiten mehr" oder „in unserer Familie herrscht eine vollkommene Offenheit; wir verbergen einander nie etwas". Ich hörte, wie Gläubige sagten: „Der echte Christ hat keine Sünde mehr." Und wenn ich ihnen als Antwort von meinen eigenen Sünden spreche, so stellen sie diese hartnäckig in Abrede: „Sie werden mir nie einreden, daß ein Mann wie Sie einer Lüge fähig ist."

Gewiß sind diese Leute aufrichtig, aber jeder echte menschliche Kontakt ist mit ihnen unmöglich. Und sie erdrücken die „Schwachen", die sie bekehren wollen. Letztere haben ein scharfes Bewußtsein ihrer eigenen Unzulänglichkeit. In ihrer Schwachheit lassen sie sich durch jene angebliche Vollkommenheit beeindrucken. Ich begegnete einigen, die mir sagten: „Ich kann niemals ein Christ sein; ich vermag niemals frei von Sünde zu sein wie diese Leute!" Man braucht nur das Evangelium aufzuschlagen, um zu sehen, daß sie Christus näher sind als jene, die ihnen das Christentum predigen.

Ich leugne übrigens nicht, daß oft etwas Großes in der sittlichen Strenge liegt, die manche Gläubige sich selbst auferlegen. Sie enthalten sich des Trinkens, des Rauchens, des Spielens, des Theaterbesuchs, des Tanzes; sie schreiben sich in ihrer Frömmigkeit eine Disziplin vor, von der ich leider weit entfernt bin. All das sicherlich aus Liebe zu Gott; und dies zählt nun freilich in seinen Augen, so daß entschieden ich der Pharisäer wäre, wenn ich den Stein auf sie würfe.

Man sieht, wie verwickelt das Problem ist; ich begnüge mich hier, es vom psychologischen Standpunkt aus zu betrachten. Eine große moralische Vollkommenheit erscheint oft als starke Reaktion, in dem Sinn, daß sie gleichsam ein Mittel zur Selbstberuhigung ist, durch den Stolz, den man beim Einhalten einer strengen Disziplin empfindet; ein Mittel, als ein Starker im Leben dazustehen und den andern durch einen tugendhaften Ruf zu imponieren.

Wenn ich jedoch auf diesen Seiten dem Leser die Sünden bekenne, die ich umgekehrt Tag für Tag in mir entdecke, so weiß ich wohl, daß ich damit den Wunsch bemänteln kann, ihm durch meine Aufrichtigkeit ebenfalls Eindruck zu machen.

Wie dem auch sei, ein Anschein von Tugend ist gefährlich. Er verleitet den Menschen dazu, weit eher durch Verdrängungen als durch Befreiungen den Ruf zu wahren, in dem er gefangen ist. Wir sehen manchmal Patienten, die im Leben als fehlerfreie Engel erscheinen, die aber jenen Panzer der Heiligkeit verwünschen, den sie sich übergezogen haben, um ihre Angst zu verdecken. Alle Welt lobt sie, jedermann behandelt sie als Starke, und in meinem Sprechzimmer bekennen sie unter Tränen, wie sehr sie sich schwach fühlen.

Nicht anders verhält es sich mit dem „Schneid", einer starken Reaktion par excellence. Auch hier findet man eine Verzahnung. Von dem, der Schneid besitzt, erwartet man, daß er niemals irgendeiner Schwäche nachgebe. Jedermann hängt sich an ihn und treibt ihn vorwärts; er muß den Hieb auffangen, nicht bloß für sich, sondern für all jene, die sich an ihn anklammern; und er darf nicht eingestehen, welche Qual, welche Angst vor dem Zusammenbruch es ihn kostet.

Auch hier wollen wir uns vor Verallgemeinerungen hüten. Die bei uns heute übliche Erziehung entwickelt den Schneid, die Tatkraft nicht genügend. Es geht hier nicht darum, alle starken Reaktionen zu verurteilen. Wer nicht stark reagiert, reagiert schwach, und das ist nicht besser. Es handelt sich vielmehr darum, weder den einen noch den andern Reaktionen verhaftet zu sein, und eine solche Freiheit wird nur durch den Geist gefunden.

Das gleiche gilt von allen andern Eigenschaften. Der Arbeitseifer ist etwas Vortreffliches. Aber bei einem bestimmten jungen Mädchen ist der Übereifer, die erste in der Klasse zu bleiben, nur eine starke Reaktion auf die heimliche Qual, die der Geschlechtstrieb und ihre Niederlagen ihr verursachen. Sie wird es mir später, am Ende einer glänzenden Karriere, erzählen, wobei sie sich in einer rasenden Arbeit betäubt hatte, ohne jedoch von ihrer Unruhe befreit worden zu sein. Ein Mann hat seine ganze Energie daran gesetzt, es im Leben zu etwas zu bringen. Sein beruflicher Aufstieg hat ihn völlig absorbiert. Er ist sich der geheimen Triebfeder seines verbissenen Strebens bewußt. Es ist das Bedürfnis, bei seiner Familie wieder zu Ehren zu kommen, die ihn in seiner Kindheit als Taugenichts behandelt hatte. Ein anderer erkrankte in dem Augenblick, als er auf den wichtigen Posten berufen wurde, auf den seit Jahren sein ganzer Ehrgeiz gerichtet war. Ein schwächlicher Schüler ist so fleißig, daß er alle Preise gewinnt, aber es geschieht aus bloßer Reaktion gegen seine körperlichen Minderwertigkeitsgefühle. Nachdem er das Abitur bestanden hat, erweist er sich als unfähig, dem praktischen Leben die Stirn zu bieten. Ein Mann versetzte jeden in Erstaunen durch seine außerordentliche Arbeitsfähigkeit; er gestand mir, daß er darin eine Kompensation für seine geschlechtliche Impotenz suche.

Ebenso ist es mit dem Idealismus. „Der Idealist", schreibt Alphonse Maeder[17], „neigt zur Selbsttäuschung, während der lebendige Glaube mit einem gewissen Realismus verbunden ist." Wir finden allerdings oft einen leidenschaftlichen, hartnäckigen Idealismus, der nur eine starke Reaktion ist, eine Art und Weise, die Wirklichkeit mit ihren Problemen und Schwierigkeiten abzuwehren. Ein solcher Idealismus führt nur zu Mißgeschicken, insbesondere zu beruflichen oder ehelichen Katastrophen. Da stürzt sich ein Mann arglos in ein Unternehmen, dessen finanzielle Grundlagen nicht gesichert sind; er verkennt die Gefahren, und je tiefer er sich in Schulden verstrickt, desto mehr verbirgt er vor sich selbst den Ernst der Lage und träumt von einem Wunder, das ihn retten soll. Ein anderer macht sich von der Frau, die er heiratet, ein Bild unwirklicher Vollkommenheit, und wie dann Schwierigkeiten zwischen ihr und ihm entstehen, zeigt er sich unvermögend, sie zu lösen, weil er sie nicht vorausgesehen hat.

Schließlich heiraten viele Frauen einen Mann aus idealistischem Mitgefühl, um ihn von der Trunksucht, von irgendeinem sexuellen Komplex, von Schulden, die er macht, oder von seiner Willensschwäche zu retten. Und gerade weil sie die Schwierigkeiten nicht ermessen, weil sie geglaubt haben, die Liebe werde Wunder tun, gelangen sie mit ihm zusammen in immer größere Schwierigkeiten hinein.

Gleich verhält es sich häufig mit der Freigebigkeit. Unverhaltnismäßige Geschenke, gewagte und ungerechtfertigte Darlehen, unüberlegte Bürgschaften, übertriebenc Wohltaten können schwache Reaktionen sein, wie ich es aufgezeigt habe. Sie können jedoch auch starke Reaktionen sein, können einem Bedürfnis, durch Geld zu herrschen, entsprechen. Eine Frau hat in einer Stunde seelischer Verwirrung bei einer Freundin lebhaftes Mitgefühl gefunden. Seither hat sie sich durch großzügige Geschenke an sie zugrunde gerichtet, die gleichsam der Ausdruck eines quälenden Bedürfnisses waren, sich ihre Freundschaft zu erhalten. Solche Handlungen der Großzügigkeit lösen bei dem Begünstigten ein Schuldgefühl aus, das sich durch Undankbarkeit und oft durch Feindseligkeit äußert.

Analoge Impulse nehmen bisweilen den Charakter eines echten Aufopferungskomplexes an. Eine starke Frau reibt sich bei der Arbeit auf, um die Schulden zu bezahlen, die ihr untätiger Gatte macht.

So fruchtbar ein Opfer sein kann, wenn es eine freie Antwort auf einen inneren Ruf des Geistes ist, so steril und zerstörend ist es, wenn es sich nur um eine schwache psychologische Reaktion handelt.

So werden wir in allen Dingen dahin geführt, das Echte von dem zu unterscheiden, was nur psychologischer Reflex ist; das aus einer inspirierten Überzeugung Hervorgehende von dem, was nur starke oder schwache Reaktion ist.

Die psychoanalytische Schule hat gezeigt, wie wichtig das Phänomen der Rationalisierung ist; aber sie hatte vor allem die Rationalisierung der Triebe vor Augen, nämlich, daß wir, durch unsere Triebe unbewußt bewogen, unserm Verhalten ideale Gründe unterschieben und überzeugt sind, aus Treue zu diesen

Idealen zu handeln. Wie man hier sieht, verdeckt die Rationalisierung nicht nur unsere Triebe, sondern auch diese oft unbewußte innere Qual, die unsere Schwächen, unsere Mängel und Sünden uns verursachen. Man wird vielleicht einwenden, es handle sich dabei um unsern Machttrieb. Ja, in gewisser Hinsicht. Aber eine derartige Interpretation erscheint mir zu einschränkend. Es geht bei jener Qual, von der ich hier spreche, zumal wo es sich um moralische Qual, um Gewissensbisse handelt, um etwas ganz anderes als um den Machttrieb. Man könnte sogar die Bezeichnungen umkehren und im Machttrieb eher eine psychologische Kompensation für die Gewissensbisse sehen. So legt ihn Henri Baruk[2] aus, und seine Beweisführung ist viel scharfsinniger als die der Anhänger Freuds. Aber ich gebe zu, daß wir die eine oder die andere Auslegung nicht so sehr aus objektiven Gründen bevorzugen, sondern kraft unserer Auffassung vom Menschen. Wie in allen Dingen zeigt die Wissenschaft nur die relativen Zusammenhänge auf: eine Verbindung zwischen den Gewissensqualen und den Machtreaktionen. Aber die Wissenschaft erlaubt uns nicht, diesen Zusammenhang eher im einen als im andern Sinn zu interpretieren: mit den Anhängern Freuds das Gewissen als eine Projektion des unbefriedigten Machttriebs zu betrachten oder mit Henri Baruk in den Machtreaktionen eine Projektion der verdrängten Gewissensbisse zu sehen. Im Irrtum aber befanden sich die Anhänger Freuds, als sie behaupteten, ihre Auslegung sei wissenschaftlich begründet, während sie doch in die Metaphysik gehört.

Wir können zu einer Übereinstimmung gelangen, wenn wir, als Vertreter der einen und der andern Richtung, statt eine Auffassung der andern entgegenzusetzen, die Kompensations-, Projektions- und Rationalisierungserscheinungen – gleichviel welches ihr Ablauf sei – von den moralischen und den echten geistigen Phänomenen unterscheiden; die bloßen psychisch-automatischen Reaktionen, starke sowohl wie schwache, von den spontanen Regungen des Geistes.

Zugegeben, die Abgrenzung ist nicht leicht. Wenn wir sie für andere vornehmen wollen, laufen wir große Gefahr, einem Geist des Urteilens und Richtens zu verfallen; denn es steht nur dem Betreffenden selbst zu, die geheimen Mechanismen seines Verhaltens zu ergründen. Versuchen wir es an uns selbst zu tun, so werden wir bald inne, wie leicht wir uns täuschen.

Daher bringe ich nicht ein von psychologischen Reaktionen freies Leben in Vorschlag: Das würde einer Utopie gleichkommen. Was eine solche Selbstbeobachtung wertvoll macht, ist nicht vor allem das, was man dabei entdeckt, sondern die Tatsache, daß man es entdeckt. Indem wir immer wieder von neuem inne werden, daß wir elender sind, als wir dachten, daß häufig die Dinge, die wir glaubten auf unserer Aktivseite buchen zu können, vielmehr zu den Passiven gehören, daß sich auch hinter unsern starken Reaktionen noch eine Schwäche verbirgt, machen wir die fruchtbarste menschliche Erfahrung; dann wenden wir uns schließlich lieber Gott zu, der allein wirklich eine Antwort auf unsere menschliche Not gibt.

Gerade wenn wir in unserem eigenen Leben diese Unterscheidung machen wollen, zwischen dem, was darin echt und dem, was einfache automatische Reaktion ist, müssen wir uns Gott zuwenden, uns innerlich sammeln. Ich habe schon oft darüber geschrieben, und viele meiner Leser haben mich gefragt: „Ja, gewiß, aber wie fängt man es an?"

„Wie fängt man es an?" Das ist auch der Titel eines der letzten Kapitel des Buches von Peter Howard[10]. Wie er kann auch ich hier nur auf Grund meiner persönlichen Erfahrung antworten. Wie fängt man es an? – Es genügt, daß man es ehrlich versucht. In der Stille vor Gott erkennen wir bald, daß diese oder jene unserer Handlungen, dieses oder jenes unserer Worte seinem Willen nicht entsprach; daß sie eher eine schwache oder starke Reaktion waren, eine feige Flucht oder eine hochmütige Prahlerei, im einen und andern Fall dazu bestimmt, uns vor dem Unbehagen unseres schlechten Gewissens zu bewahren.

In der Stille vor Gott gelangen wir allmählich zu besserer Selbsterkenntnis; wir entdecken auf eindringliche Weise, welches unsere Schwächen und unsere Sünden sind, und gleichzeitig einen ganz neuen Weg zu ihrer Überwindung: sie zu beichten, um Gottes Vergebung zu empfangen, anstatt sie zu verbergen, um den Beifall der Menschen zu ernten.

Die Sammlung befreit uns nicht von unseren natürlichen schwachen oder starken Reaktionen; aber sie führt uns dazu, sie als solche zu erkennen und dadurch unaufhörlich neue Erfahrungen der Gnade zu machen.

6. Kapitel

Wechselseitige Reaktionen

In einer scharfsinnigen Untersuchung über Angst, Panik und Politik behauptet Oscar Forel[21], der Mensch lehre seine Kinder „die Lebenskunst, sich die angeborene Angst nicht anmerken zu lassen, und gleichzeitig die Angst der andern auszubeuten". Ich für mein Teil glaube, daß jeder Mensch jederzeit frei, aus ursprünglicher Eingebung zu handeln vermag, daß hierin die wirkliche Lebenskunst und der Ursprung alles dessen liegt, was in der Geschichte fruchtbar gewesen ist. Aber ich räume ein, daß dies etwas sehr Seltenes ist und daß das Spiel der Gesellschaft in den überwiegenden Fällen durch den von Oscar Forel beschriebenen Mechanismus beherrscht wird. Die Angst regelt als unsichtbarer Orchesterdirigent das mehr oder weniger harmonische Zusammenspiel der starken und schwachen Reaktionen zwischen den Menschen. „Eine Angst", schreibt Frank Abauzit[22], „verleitet uns je nach den Umständen bald zu einer unechten Form von Toleranz, bald zur erbittertsten Intoleranz." Was er als „unechte Toleranz" bezeichnet, haben wir schwache Reaktionen genannt, dazu gehört, sich aus Schwachheit fügen, sich ohne Überzeugung unterwerfen, die Faust in der Tasche ballen. Was er „Intoleranz" nennt, sind die von uns geschilderten starken Reaktionen, der Widerspruchsgeist, die Engstirnigkeit unseres Denkens, die Hartnäckigkeit, unser Denken den andern aufzwingen zu wollen, aus Angst, sie möchten uns ihres aufzwingen.

Darin unterscheidet sich die menschliche Gesellschaft nicht wesentlich von der der Affen. S. Zuckermann[8] schildert das mehr oder weniger friedliche Gleichgewicht, das das Leben in einer Affenkolonie regelt, sobald sich eine feste Rangordnung der Kräfte oder, wenn man lieber will, der Ängste zwischen den einzelnen Tieren eingestellt hat. An der Spitze dieser Hierarchie steht das stärkste Männchen, dessen Oberherrschaft durch die Angst aller andern bestätigt wird. Sobald ein neues Tier zu dieser Gesellschaft stößt, erfolgt eine mehr oder weniger lange Periode der Unordnung, lebhafter Kämpfe, bis sich ein neues Gleichgewicht der Kräfte eingestellt hat.

Diese beiden Phasen finden wir in der menschlichen Gesellschaft wieder. In jeder beliebigen Gruppierung – Familie, Unternehmen, Gesellschaft, Volksgemeinschaft, internationale Organisationen – gibt es Perioden der Unbeständigkeit, wo das Spiel der wechselseitigen Reaktionen einen gewaltsamen Charakter annimmt: dramatische Ereignisse, Einschüchterungsversuche, Gewaltstreiche, Kriege, Flucht, Panik, Bestürzung. Aber das Verhältnis der Kräfte steuert darauf hin, sich in einem Scheinfrieden zu kristallisieren, der wiederum aus einem Zusammenpiel starker und schwacher Reaktionen besteht. Es entsteht dann so etwas wie eine wechselseitige Übereinstimmung; jeder spielt seine Rolle; er weicht vor dem zurück, den er als den Stärkeren anerkannt hat, und er beherrscht den, der schwächer ist. Es kommt zu Koalitionen, Bündnissen, Intrigen, verschleierten Kämpfen jeden Grades, wobei, wie man zu sagen pflegt, es immer die gleichen sind, die sich töten lassen.

Man unterscheidet die Starken von den Schwachen schließlich schon auf den ersten Blick: beispielsweise an der Art, wie sie sich in einen Lehnstuhl setzen, sich darin bequem niederlassen, wogegen die Schwachen sich ganz vorn auf die Kante setzen. Der Stärkere macht sich breit, läßt sich bedienen, redet ungezwungen, weiß seine Schwächen zu verbergen, seine Vorzüge zur Geltung zu bringen; er blufft im Bedarfsfall auf unmerkliche Weise. Aber selbst noch in den akademischen Reden, die er hält, merkt man leicht, daß er die andern belehren will, daß er bestrebt ist, sein Ansehen zu festigen. Der Schwächere macht sich klein, so als hätte er kein Recht auf einen Platz an der Sonne; er schweigt oder verleumdet sich selbst, er bewundert die andern und zweifelt an seinem eigenen Wert. Wenn ich in einem Laden bin, gebe ich oft den nach mir eingetretenen Kunden den Vortritt, wenn der Verkäufer mich von sich aus nicht nach meinen Wünschen fragt. Letztes Jahr war ich im Ausland an einem Kongreß, und mein Wagen hatte eine Panne. Nach langem Zögern bat ich einen Freund, der ein Auto besaß, meinen Wagen abzuschleppen, aber ich mußte einen starken inneren Widerstand überwinden: Mein Herz klopfte bei dem Gedanken, diesen Freund von seinen Geschäften abzuhalten. Als ich mich am nächsten Tag in der Stille sammelte, erkannte ich, wie sehr dieser Widerwille, eine Gefälligkeit zu erbitten, mein ganzes Leben durchzog, wie sehr er es fälschte und mich hinderte, ein freier und einfacher Mensch zu sein, wie sehr er im letzten Grunde auf Angst und Stolz beruhte. Ein Freund war bei mir; ich beichtete ihm all dies und habe mit ihm gebetet, um Gott diese Angst und diesen Stolz hinzugeben.

So beruhen unsere schwachen Reaktionen ebenso wie unsere starken auf Hochmut. Eine meiner Patientinnen beschrieb in einer Allegorie die Gefühle ihres Herzens so, als wären es lauter Personen: die lauten und ungestümen Gäste, als da sind die Auflehnung, der Groll oder der Zweifel, die Betriebsamkeit, die so sehr dazu neigt, sich zu überarbeiten; oder der Glaube, ein armseliges Geschöpf, das trotzdem die Krankheiten, denen es zu erliegen drohte, überlebt. Sie kam dann auf ein „Zwillingspaar" zu sprechen: „die Schüchternheit und den Hochmut. Sie sahen sich so ähnlich, daß man sie verwechseln konnte ... Und weil Herr Hochmut immer abgewiesen und verachtet wird, versucht er eine Täuschung, indem er die gleichen Kleider anzieht wie seine Schwester, die Schüchternheit ..."

Man begreift nun jene seltsame Harmonie, die sich in jeder Gesellschaft zwischen den wechselseitigen Reaktionen aller ihrer Glieder herausbildet. In Wirklichkeit hegen wir alle in unseren Herzen sowohl zur selben Zeit wie auch im Hinblick auf dieselben Personen widersprüchliche Gefühle. Unter einer scheinbar brennenden Liebe kann sich ein Bedürfnis nach Herrschaft und Besitz verbergen, welches eigentlich Aggressivität ist. Durch Unterwürfigkeit kann man gewissermaßen eine Falle stellen: den Partner dazu treiben, das ihm vorgeworfene herrschsüchtige Verhalten zu manifestieren, um dadurch den mit der Unterwürfigkeit getarnten Groll zu nähren.

Das erklärt auch die seltsamen, subtilen Veränderungen, die wir häufig im gegenseitigen Verhalten der Menschen beobachten. So wählt ein Mann eine Frau, die sehr verschieden von ihm ist, aus einem intuitiven Bedürfnis heraus, das zu finden, was ihm fehlt. Er schließt sich an sie an, wegen der unbekannten Schätze, die sie ihm enthüllt. Es gibt keinen Verlobten, der begeisterter, galanter, zärtlicher wäre. Er heiratet sie; doch jetzt erträgt seine Eigenliebe als Gatte nicht mehr, daß seine Frau anders denkt und handelt als er. Er hat sie beispielsweise wegen ihres feurigen Wesens geheiratet, und nunmehr reizt ihn dies, weil es Argwohn in ihm erweckt. Der begeisterte Bräutigam ist zum verdrießlichen und tyrannischen Gatten geworden.

Die Pawlowsche Schule hat gezeigt, daß im Nervensystem jeder Erregungsherd um sich herum eine Zone der Hemmung erzeugt. In dieser Hinsicht verhält sich die Gesellschaft wie ein Organismus: Die starken Reaktionen der einen unterhalten die schwachen Reaktionen ihrer Nächsten und umgekehrt. Aber dieses ganze Zusammenspiel wird von den gleichen Faktoren bestimmt und läuft auf dasselbe Ergebnis hinaus. Solange unser Einfluß stark genug ist und die Angst der andern uns dazu ermutigt, verfolgen wir unser kleines diplomatisches Unternehmen mittels der starken Reaktionen; tritt aber plötzlich ein Wechsel im Verhältnis zu unsern Mitmenschen ein, so suchen wir das gleiche Ziel durch schwache Reaktionen zu erreichen.

Es kommt zu einer beständigen Wechselbeziehung zwischen dem Starken und dem Schwachen, zwischen dem Polizisten und dem Dieb. Nicht ohne Staunen erfuhr man kürzlich, als die französischen Zollbeamten bei Saint-Gingolph in den Streik traten, daß die Schmuggler beschlossen hatten, ihre Tätigkeit einzustellen. Sie waren wahrscheinlich aus der Fassung gebracht worden durch die Abwesenheit ihrer Gegner, die ja auch ihre Daseinsberechtigung bilden. Die Schwachen bedürfen der

Starken. Wenn derjenige, der sie beherrscht, verschwindet, wird er rasch durch einen andern ersetzt, dem sie nun seinerseits vorwerfen, daß er sie an der Bekundung ihrer Persönlichkeit hindere. Die Starken bedürfen auch der Schwachen. Wenn die von ihrer selbstsüchtigen Mutter beherrschte Tochter einen Mann heiratet, der sie dem mütterlichen Einfluß entzieht, so fängt die Mutter an, ihren eigenen Mann zu tyrannisieren, und gebraucht ihn gleichsam als Brettstein in der Partie, die sie fortan gegen ihren Schwiegersohn spielt.

Wir sind so sehr daran gewöhnt, unsere Reaktionen als echte, vitale Bewegung anzusehen, daß wir diesen Mechanismus in Gang halten müssen, um uns die Illusion des Lebens zu geben. Wahrhaftes Handeln würde einen viel größeren Aufwand an schöpferischer Phantasie erfordern. Dies ist so wahr, daß man in manchen Familien zu einer stereotypen Szenenfolge gelangt, die sich mit unglaublicher Eintönigkeit wiederholt. *Er* beispielsweise erhebt stets denselben Einspruch wegen des Essens, das nicht rechtzeitig fertig ist. *Sie,* ihrerseits, spielt getreulich ihre festgelegte Rolle in dem Stück; denn trotz löblicher Anstrengungen ist sie nie zur Zeit fertig. Immer antwortet sie ihrem Mann mit den gleichen Vorwürfen wegen der Arbeit, die er ihr durch sträfliche Nachlässigkeiten bereitet. Immer auch wird er nach diesem ungewissen Anfang vom Zorn erfaßt wegen der Vorwürfe, die er doch sehr gut kennt, und sie flüchtet sich in schwache Reaktionen, indem sie sich für unverstanden und unglücklich erklärt und vom Davonlaufen redet. Von nun an erfolgt eine ganze Menge alter Angriffe und alter Anspielungen mit der gleichen Genauigkeit, als ob eine Schallplatte abliefe, bis zum Schlußeffekt, wo sie in Schluchzen ausbricht, so wie eine Geheimwaffe in einem unentschiedenen Krieg plötzlich erscheint. Allein die Waffe ist weniger geheim, als Sieger und Besiegte zu glauben scheinen, da man sie jedesmal ins Feld führt und beide Teile von Anfang an gar keinen andern Ausgang des Wortgefechts erwarten.

Es kristallisieren sich in manchen Familien und Gesellschaftsgruppen also nach und nach Paare von Beziehungen des

Beherrschens und Unterwerfens heraus. Sobald aber ein neues Element hinzukommt, zeigt sich wiederum die unstabile Phase. Viele Theaterstücke sind nach diesem Schema aufgebaut: In eine erstarrte Gesellschaft, wo jeder die durch die Gewohnheit festgelegte konventionelle Rolle spielt, stürzt ein unerwartetes Ereignis oder ein nichts ahnender Schauspieler alles um. Dann erscheint jede der beteiligten Personen in einem neuen Licht. Ihre wahre Natur wird auf einmal offenbar. Auch die wahre menschliche Natur mit ihren Gewalttätigkeiten und Feigheiten; und alle die Lügen, auf die diese scheinbar gefestigte Sozialordnung aufgebaut war. Bei dieser Erschütterung erweisen sich jene, die Statisten zu sein schienen, als Rivalen.

So sehen wir, wie sich im Leben die Waffen der Starken gegegen jene kehren, die sie gebrauchten. Die gleichen nervösen Reaktionen, womit sich eine Frau die Gewalt über ihren Mann sicherte, erweisen sich als unwirksam, wenn sie einmal wirklich krank und alt ist; die gleichen Klagen, womit sie ihren Mann fügsam machte, fallen ihm jetzt lästig, und sie erhält als Antwort nur einen Hagel von Vorwürfen, die ihre Niederlage beschleunigen. Dasselbe Machtwort, womit ein Vater jede Frechheit seines Sohnes unterbunden hat, solange dieser noch jung war, entfesselt dagegen seinen Aufruhr, wenn er heranwächst.

Bei richtigem Nachdenken merkt man, daß von allem Anfang an der Starke bereits vorausahnte, daß seine Stärke nicht immer fortdauern werde und daß er, um seinen Zusammenbruch möglichst lange hinauszuschieben, sich immer hartnäckiger in die starken Reaktionen verbissen hat, bis zu dem Tag, wo sie seinen Sturz herbeiführen. Dies ist das Schicksal aller Diktatoren; es gibt sie überall. Wie die Diktatoren beteuern diese Menschen übrigens ganz aufrichtig ihre Friedfertigkeit; solange sie allerdings unbestritten über ihre Umgebung herrschen konnten, haben sie darin für Frieden gesorgt, wie in der Affengesellschaft, von der ich weiter oben sprach. Und sie versichern unbefangen, der Friede würde noch lange gedauert haben, wenn nicht ein Unruhestifter erschienen wäre, der sich ihrem souveränen Willen widersetzte.

Es ist übrigens bei weitem nicht so, daß die Starken nur durch Einschüchterung herrschen. Oft geschieht es durch die Bewunderung, die sie erregen, durch den Einfluß ihrer Vollkommenheit. Und die gleiche Verkettung läuft auch in dieser andern Form ab: Nichts macht sie stärker, als wenn sie sich so als Vorbild genommen sehen. Selbst unsere schönsten geistigen Erfahrungen können uns zur beherrschenden Waffe dienen, wenn wir nicht auf der Hut sind. Sogar wenn wir von unsern Fehlern und der von Gott empfangenen Vergebung erzählen, können wir die schmeichelhafte Freude kosten, uns als Vorbild hinzustellen. Doch die bewundernde Ergebenheit ist nicht fruchtbar. So sehen wir oft eine von ihrem Gatten geliebte und bewunderte Frau, die dieser gleichwohl flieht, weil er sich ihr nicht ebenbürtig fühlt.

Die Menschen lassen sich, je nach ihrer Denkart zwischen zwei extreme Pole einordnen: von den Einfachsten bis zu den Komplexesten. Nun, die Einfachen sind im allgemeinen Starke und die Komplexen Schwache. Ein Arzt mit einfacher Mentalität, ja mit vereinfachendem, schematischem Denken ist zum Beispiel voller Zuversicht. Er stellt seine Diagnose rasch und ohne zu zögern, er schreibt selbstbewußt eine Behandlung vor, zweifelt nicht am Erfolg und erweist seinem Patienten eine große Wohltat, indem er ihm sein Vertrauen vermittelt, selbst wenn er sich täuscht. Der komplexe Arzt hingegen mit dem feinen nuancierten Denken zögert; er sieht alle Einwände, die man gegen jede Diagnose erheben könnte. Er verschiebt seine Schlußfolgerungen ständig auf später, wartet ab, bis er den Lauf der Entwicklung sieht, sagt vorsichtig: „Wir könnten diese oder jene Behandlung versuchen, aber ihr Erfolg ist recht zweifelhaft!" Doch auch dieser Arzt kann Gutes wirken, durch seine Aufrichtigkeit. Es gibt Patienten, die bei ihrem Arzt vor allem die beruhigende Hilfe des Starken suchen; andere wieder suchen bei ihm das tröstliche Verständnis des Schwachen.

In geistigen Dingen finden wir die beiden Menschentypen, den einfachen und den komplexen, auch wieder. Für den ersteren gibt es keine Geheimnisse. Mit Selbstsicherheit legt er alles dar, was Gott und die Theologie betrifft. Es gibt nur eine Wahrheit, die er mühelos beweist. Er belehrt den zweiten; in der löblichen Absicht, ihn zu retten, empfiehlt er ihm, sein System und sein Glaubensbekenntnis anzunehmen. Doch dieser ist zu sehr von dem Gefühl des undurchdringlichen Mysteriums der Göttlichen Dinge erfüllt, um einwilligen zu können; und schließlich kommen ihm Zweifel, ob er überhaupt den Glauben habe.

Auf solche Weise führen diese wechselseitigen Beziehungen dazu, die Schwachen zu schwächen und die Starken zu stärken. Je ärmer und elender die Schwachen sich fühlen, um so eifriger suchen sie bei jedermann Rat und Hilfe. Die Starken geben ihnen das gerne; denn es ist immer schmeichelhaft, jemandem sagen zu können, wie man sich am besten zu verhalten hat. Diese Starken haben eben einen natürlichen Optimismus, der sie selbstsicher macht; sie haben den Weg zum Glück gefunden und geben das Geheimnis nun weiter. Wenn aber der Schwache mit seiner natürlichen Neigung zum Zweifel ihr Rezept anwenden will, so scheitert er. Dieser Mißerfolg verschlimmert wiederum seinen Zweifel, seine Verwirrung und sein Gefühl, schwach zu sein, während die andern stark seien.

Doch das Merkwürdigste ist, wie oft die Minderwertigkeitsgefühle zwischen den Menschen auf Gegenseitigkeit beruhen. Als ich einem meiner Freunde gestand, wie sehr ich ihm gegenüber davon erfüllt sei, lachte er und sagte: „Wenn du wüßtest, wie viele ich selbst dir gegenüber habe!“

Oft findet man diese Wechselseitigkeit bei Ehegatten. Die Frau fühlt sich erbärmlich vor ihrem so logisch denkenden Mann, der alles erklärt, alles beweist; und der Mann beneidet seine Frau um ihre Intuition und ihre Feinfühligkeit, die ihr geistige Bereiche eröffnen, in denen er sich verwirrt fühlt, so daß er sich hinter sein logisches System verschanzt. Der Mann trägt eine solche Verachtung der Schwachen zur Schau, daß seine Frau sich überarbeitet und sich selbst übertrifft, ohne zu merken, daß die stoische Philosophie ihres Gatten die Gewissensbisse verschleiert, die er darüber empfindet, daß er seinen Leidenschaften heimlich nachgibt.

Daher beobachtet man oft eine Art Rennen in die Baisse, eine wechselseitige Verkettung schwacher Reaktionen. Zwei Ehegatten, alle beide schwach, überbieten sich, wenn ich so sagen darf, in schwachen Reaktionen; sie schwärzen sich gegenseitig an. Ihre Angst nimmt zu, indem einer sie auf den andern zurückstrahlt, und sie werfen einander vor, am andern nicht die Stütze zu haben, die sie beide suchen.

Ich habe jedoch auch gezeigt, daß die starken Reaktionen immer ein Panzer sind, hinter dem wir unsere Schwächen verbergen. Daher muß ich nach dieser Baisse-Bewegung nun auch die Hausse-Bewegung schildern: Obwohl anscheinend entgegengesetzt, sind sie in Wirklichkeit einander so ähnlich, daß man sie nicht immer voneinander unterscheiden kann. Um seine Lücken zu verdecken, belehrt jeder der Ehegatten den andern in den Dingen, wo er sich stark fühlt. Daher trifft jeder den andern in seinem schwachen Punkt und verletzt ihn, so daß dieser auf gleiche Weise den Hieb zurückgibt. Selbst ohne offensichtlichen Konflikt treibt das die Ehegatten in immer größeren Gegensatz zueinander, was für beide ein Unglück bedeutet. Zeigt sich die Frau furchtsam, so spielt der Mann den Unerschrockenen; und je mehr er seine Sorgen verbirgt, um so ängstlicher wird seine Frau. Redet der Mann von Sparsamkeit, so hat seine Frau ein heftiges Verlangen nach Verschwendung; und je mehr sie ausgibt, desto mehr predigt ihr der Mann von Sparsamkeit. Je mehr die Frau redet, desto schweigsamer wird der Mann; und je mehr er schweigt, um so mehr redet die Frau, um damit die unerträgliche Stille auszufüllen. Je mehr die Frau ihren Glauben betont, desto mehr verbirgt ihr Gatte seine Überzeugungen; und je mehr er sie verbirgt, desto mehr möchte ihn die Frau zum Glauben bringen. Je mehr die Frau dem Mann bei seiner Arbeit helfen will, desto mehr entzieht sich dieser, gedemütigt, seiner Verantwortung, und je mehr er seine Arbeit flieht, desto mehr muß sie alles in die Hand nehmen, um das Unternehmen zu retten. Jeder sieht das, was in seinem eigenen Verhalten richtig ist und rühmt sich dessen, um sich selbst zu beruhigen; jeder stellt die Fehler der Gegenseite an den Pranger. Und das verewigt und verschlimmert den Gegensatz, solange keine innere Umkehr erfolgt. Manchmal kann nur noch ein tragisches Ereignis wie der Tod eines Kindes den Teufelskreis durchbrechen und die beiden Gatten einander wieder näherbringen.

All das führt oft zu eigentlichen gegenseitigen Grausamkeiten, selbst unter Ehegatten, die sich lieben.

Was wir soeben betrachtet haben, wirft ein besonderes Licht auf den Verlauf der Geschichte. Nehmen wir noch einmal die Affengesellschaft von Zuckermann[8]: Die Angst bestimmt das Gleichgewicht der Kräfte innerhalb der Kolonie: Die Angst aller bestätigt die Macht des Stärksten. Sie gewährleistet auch den Zusammenhang der Gruppe, wovon jedes Glied einen Schutz im Schatten dieser kollektiven, durch den Stärksten verkörperten Macht sucht. In der menschlichen Gesellschaft finden wir diese zweifache Wirkung der Angst wieder, die auf eine Konzentrierung und Zentralisierung abzielt, sowie darauf, innerhalb dieser Gesellschaft immer größere und mächtigere Gruppen in stets kleinerer Zahl herauszubilden, die zuletzt zwangsläufig in titanischen Kriegen aneinandergeraten.

So haben die zahllosen, kleinen, mittelalterlichen Feudalherren nach und nach den großen zentralisierten Staaten der Neuzeit Platz gemacht. Der Staat strebt nun danach, jene oberste Macht der Gruppe zu werden, unter deren Fittichen jeder einzelne in seiner Schwachheit Zuflucht sucht. Darin liegt, wie ich glaube, die Erklärung für die moderne Verstaatlichung. Trotz aller Klagen über den Staat trägt jedes Individuum dazu bei, dessen Macht noch zu verstärken; denn es sucht in ihr einen Schutz gegen die Angst. Aber jeder ahnt auch, daß dieser Wettlauf um die Macht mit einer Katastrophe enden wird: Durch diese Entwicklung werden nämlich die sich gegenüberstehenden Mächte immer weniger an Zahl, während ihre Stärke beständig zunimmt, so daß ihr Zusammenstoß immer unvermeidlicher wird. Dieser Zwangslauf wird durch die Angst noch verstärkt und beschleunigt. Und wenn kein Eingreifen des Geistes erfolgt, steuert die Menschheit darauf hin, sich schließlich in zwei Mächtegruppen aufzuspalten, die letzten Endes aufeinanderprallen müssen.

Diese Bewegung kehrt in der Geschichte periodisch wieder. Ich bin nicht zuständig genug, um das Ergebnis davon in jedem einzelnen Fall zu untersuchen. Aber manchmal, wie beim Zusammenbruch des gigantischen Römischen Reiches, endet sie in einer neuerlichen Zersplitterung der Macht.

Auf Grund des Phänomens der Rationalisierung neigt jede Epoche dazu, in einer Philosophie auszudrücken, was sie unter dem Drang ihrer Gefühle erlebt. Es sind die Gefühle, von denen sich die Völker wie die Individuen leiten lassen. Die Angst ist die treibende Kraft in Politik, Wirtschaft und Kultur. Sie spielt dieselbe Rolle in der Entwicklung der Gesellschaft wie in jener der Individuen. Und dennoch stellt man uns die Gesellschaft und die Geschichte ständig so dar, als wären sie durch materielle und objektive Wirklichkeiten bestimmt.

Der moderne Mythos der Macht, dessen Hauptverkünder Nietzsche war und von dem ich in meinem Buch „Der Zwiespalt des modernen Menschen“ gesprochen habe, ist der philosophische Ausdruck dieses Wettlaufs nach der Machtkonzentrierung, dessen seelischen Ursprung wir hier untersuchen. Aber ihrerseits verleiht diese Lehre der Bewegung Nachdruck, indem sie den Menschen einredet, die Macht sei der höchste Wert. An die Stelle der menschlichen Person, des Schutzes der Schwachen, der Nächstenliebe, der vom Christentum verkündigten Notwendigkeit eines göttlichen Heils setzt unser Zeitalter den Kult des Staates, die Anbetung der Kraft, die Erdrückung des Schwachen im Kampf ums Dasein und das Vertrauen in die Größe des Menschen, „der Stufe um Stufe des Fortschritts und der Macht erklimmt“.

Und dies gibt dem Problem der Starken und der Schwachen heute seine äußerste Dringlichkeit. Wir leben in einer trügerischen Philosophie, die den Starken schmeichelt und die Schwachen verachtet; die vortäuscht, zu glauben, das Heil liege im Sieg des Starken über den Schwachen; die vor der großen Herzensnot des Menschen die Augen schließt; die die Starken in ihren gefährlichen starken Reaktionen ermutigt; die die Schwachen in ihre verderblichen schwachen Reaktion hineintreibt.

Die heutige Welt ist erbarmungslos gegen die Schwachen; der Arzt hat den nötigen Einblick, um das festzustellen. Aber das Schauspiel ihrer ungerechten Erdrückung ist so alltäglich, daß der Arzt es schließlich als ein unerbittliches Gesetz betrachtet, statt darin den schrecklichen Fluch unseres Zeitalters zu sehen. Er verzichtet schließlich darauf, sich zu entrüsten, zu protestieren, die moderne Ungerechtigkeit anzuprangern, die Schwachen zu verteidigen; zum Schluß wird er ihnen sagen: „Was wollen Sie? Die Welt ist ungerecht. Werden Sie selbst stark und wehren Sie sich, indem Sie auf die andern losschlagen!"

Der Arzt ist dem Wesen seines Berufes nach der Verteidiger der Schwachen. Ich dachte kürzlich daran, als ich Professor Eichrodt aus Basel hörte. In einer Studie über die politische und soziale Botschaft des Alten Testaments zeigte er auf, daß es das Grundprinzip der israelitischen, von Gott inspirierten Gesetzgebung gewesen sei, den Schwachen gegen die Bedrohung durch den Starken zu schützen. Dies war das Ziel der Bodengesetzgebung, die dazu bestimmt war, die Häufung von Grundbesitz in den Händen von wenigen Mächtigen zu verhindern, dies der Zweck der Einsetzung eines Jubeljahres usw. Dies müßte das oberste Anliegen jeder politischen, rechtlichen, wirtschaftlichen und sozialen Organisation der Menschheit bleiben; und ebenso der Überlieferungen, der Sitten, der herrschenden Strömungen der öffentlichen Meinung. Jedermann kann ermessen, wie weit man sich heute von diesem Ideal entfernt hat.

In unser Sprechzimmer drängen sich all die Opfer der modernen Gesellschaft. Oft sind es sehr begabte Persönlichkeiten, die Künstler, die Feinfühligen, die edelgesinnten, hochherzigen und phantasievollen Menschen, die sich als Erdrückte vorstellen. „Unter den Nervösen", schreibt Georges Liengme[23], „finden sich wahrhaft schöpferische Persönlichkeiten ..." Aber sie schämen sich ihrer Schwäche, weil unsere Gesellschaft die

Schwäche verachtet. Und wenn jene funktionellen Störungen erscheinen, die in unserer Zeit überhandnehmen, so schämen sie sich auch darüber, weil sie fühlen, daß es Zeichen von Schwäche sind; und diese falsche Scham verschlimmert ihren Zustand. Der Arzt sagt: „Es ist nichts; es ist nervös"; der Gatte sagt: „Auch ich habe Kopfschmerzen, und ich mache nicht so viel Aufhebens davon." Manchmal sagt niemand etwas; denn der Kranke wagt mit niemandem von den seltsamen Beschwerden zu sprechen, die er spürt, und er quält sich heimlich mit phantastischen Vermutungen über deren Bedeutung, besonders wenn es sich um alltägliche erotische Empfindungen handelt. Oder aber es folgen sich die mannigfaltigsten funktionellen Störungen in einer unerschöpflich scheinenden Reihenfolge. All das ist Ursache von Demütigungen, von Zweifeln an sich selbst, von entsetzlichen Ängsten, die ihrerseits diese schwachen Reaktionen, die man funktionelle Störungen nennt, hervorrufen und unterhalten.

Wer andererseits in seiner Jugend als Opfer von Ungerechtigkeiten oder Krankheiten seinen Platz im Leben verloren, wer nicht schon ganz jung eine Laufbahn ergriffen hat, in der er sich festsetzen konnte, wer keinen Erfolg gehabt hat in dem Sinn, wie ihn die Gesellschaft versteht, der findet alle Türen verschlossen, hinter denen jedermann seinen kleinen Lebensraum verteidigt. „Unsere Gesellschaft", schreibt Eric de Montmollin[24], „...verachtet die Armen nicht geradezu, aber sie hegt keine Achtung für die, die keine ordentliche Stellung haben, die keinen Erfolg hatten..."

Ist diese Wertschätzung der Starken, diese Verachtung der Schwachen berechtigt? Ist sie von einem rein praktischen Standpunkt aus auch nur nützlich für die Gesellschaft? Liegt der Wert des Menschen in seiner Kraft, in seiner Fähigkeit, im Leben die Ellbogen zu gebrauchen, vorwärts zu kommen, sich zu verteidigen, Eindruck zu machen, zu herrschen? Das sind die Fragen, die uns beschäftigen.

Was den Wert eines Menschen ausmacht, ist seine Übereinstimmung mit Gott. Der Wert seines Denkens, Fühlens, Handelns bemißt sich danach, wie sehr sie von Gott inspiriert sind, wie sehr es Gottes Denken, Fühlen, Handeln ist, das sie zum Ausdruck bringen. Manchmal ist es die Macht Gottes, die sich im Wagemut eines Menschen manifestiert, in der Autorität seines Wortes, in der Kraft seines Handelns. Manchmal erkennen wir aber auch Gottes Zärtlichkeit im Herzen eines schwachen Wesens, entdecken wir sein schöpferisches Leiden in einer gequälten Seele. Denken wir daran, was Elias, dieser Riese an Tatkraft, erlebte, als er in der Wüste erschöpft und entmutigt begriff, daß Gott sich mehr noch in einem Säuseln als im Sturm offenbart.

Nun, unsere ganze Zivilisation suggeriert uns eine falsche Rangordnung der Werte; sie gibt allem, was stark ist, einen positiven und allem, was schwach ist, einen negativen Wert. Es gilt als Schande, schwach, empfindlich, bedauernswert, zärtlich zu sein.

Gerade heute erhielt ich von einer meiner Patientinnen die herzzerreißende Schilderung der inneren Kämpfe, die sie Tag für Tag gegen die Versuchung zur Flucht und zum Selbstmord führen muß. Ständig wiederholt sich dieses tragische Zwiegespräch zwischen ihr und dem Versucher. Er zeigt ihr, wie ihr durch die Krankheit eingeschränktes Leben eitel und unnütz sei. Sie antwortet ihm: „... ja, ich habe sehr wenig Kraft, aber ich habe dafür viel Liebe. Gott hat sie mir gegeben. Ich habe daher meine Aufgabe zu erfüllen, mag sie noch so klein sein." – „Ah, welch ein Wahn", fährt der Versucher fort, „heute in der modernen Zeit zählen die Gefühle nicht mehr. Worauf es ankommt, das ist die Größe der geleisteten Arbeit und der entfalteten Kraft. Das Zeitalter der Gefühle und der Zärtlichkeit ist vorbei. Stark sein, imponieren, Ausdauer haben, das heißt heute leben. Man braucht die Schwachen nicht mehr. Die Welt möchte sie loswerden."

Ich denke hier an einen der Menschen, die ich am meisten verehrt habe, einen Geistlichen mit zarter und gequälter Seele. Starke und komplexe psychologische Schwierigkeiten machten ihm zu schaffen und lieferten ihn krankhaften Trieben aus. Ihn quälte unablässig der Gedanke, diese Symptome seien das Zeichen dafür, daß Gott ihn verlassen habe. Er war, um nicht zu verzweifeln, genötigt, sich an die biblischen Versprechungen anzuklammern und seinen Blick fortwährend auf Christus zu richten. Durch die Krankheit niedergeworfen, war er lange Zeit von seinem Amt ferngehalten worden. Mutig hatte er es wieder aufgenommen, ohne die Heilung abzuwarten, die ihm kein Arzt bringen konnte. Oh, wie quälte es mich, daß ich mich unvermögend fühlte, ihn zu heilen; daß ich ihm keinen anderen Trost schenken konnte als meine Liebe, meine geistige Gemeinschaft und diese Gewißheit, daß Jesus Christus näher bei denen ist, die leiden.

Aber das, was an diesem Mann groß war, das kam wie bei jedem Menschen nicht von ihm selbst. Es beruhte darauf, daß er, dessen heimliches Elend ich kannte, unzähligen Menschen, die zu ihm kamen, mit einer unvergleichlichen Kraft die triumphierende Botschaft der Gnade brachte. Und ich selbst, ganz beschämt über die Unzulänglichkeit der Medizin, empfing in einer Konsultation weit mehr von ihm, als ich ihm geben konnte. Es bestand ein erstaunlicher Gegensatz zwischen der Not seiner menschlichen Natur, seines so schwachen Körpers, seiner so zerbrechlichen Seele und der geistigen Macht, die er von Gott empfangen hatte und deren Glanz durch diesen Gegensatz noch vermehrt wurde. Ja, die Prüfung, die ihm aus der unsicheren Gesundheit seines Körpers und seiner Seele und aus den Kämpfen erwuchs, die er unablässig gegen die ihn überfallenden Zweifel führen mußte, erschien wie der glühende Schmelztiegel, in dem Tag für Tag sein Glaube sich läuterte. Hier hat man ein Beispiel jener Kraft, die niemanden erdrückt.

Er vertraute eines Tages seine Besorgnisse einem Kollegen an, dessen rechtschaffene und schlichte Theologie der Widerschein eines optimistischen und unkomplizierten Charakters war. Dieser antwortete ihm, daß der echte Glaube unerschütterlich sei und daß er seit dem Tag seiner Bekehrung nie mehr gezweifelt habe! Man errät die Wirkung solcher Worte auf unsern Patienten, Worte, die ganz dazu geeignet waren, ihm

Zweifel an seiner göttlichen Berufung einzuflößen. Aber wenn die seelischen Reaktionen auch stürmisch waren, der Glaube hat standgehalten.

In meinem Sprechzimmer kann es mir zum Bewußtsein kommen, daß die Gläubigen nicht immer jene sind, die man dafür hält; daß jene, die am meisten von ihren Zweifeln reden, häufig gerade die sind, die von Jesus Christus ergriffen wurden und die er trotz all ihrer Niederlagen nicht losläßt; daß es von allen geachtete oder gefürchtete Starke gibt, die im vertraulichen Gespräch ihre innere Not offenbaren; und daß es Schwache gibt, die ein Windhauch scheinbar umblasen könnte, die aber eine unvergleichliche Seelenstärke besitzen.

Einer meiner Kollegen, der als Kranker in der Schweiz Zuflucht fand, nachdem er den Konzentrationslagern entkommen war, schrieb mir einen ergreifenden Brief über die Segnungen der Krankheit und der Prüfung. Er erinnerte mich daran, daß es nicht die Mächtigen waren, die in der Geschichte den Menschen am meisten gegeben haben, sondern Schwache, Kranke, ein Pascal, ein heiliger Franziskus und so manche andere.

Was unsere moderne Menschheit braucht, um der Katastrophe zu entgehen, zu der sie die rationelle und technische Zivilisation führt, das sind eben jene Eigenschaften des Herzens, des Gewissens, des Gefühls, der Empfindsamkeit, der Schönheit und der Intuition, die verdrängt auf dem Grund der von dieser Zivilisation verachteten Seelen schlummern.

Es gibt da wirklich „eingefrorene Guthaben“. Anstatt sie rasch zu mobilisieren, läßt man sie in zerbrochenen Existenzen eingeschlossen brachliegen, Existenzen, die als „Schwache“ abgestempelt zur Ausschußware gerechnet werden. Man ignoriert, wessen sie fähig wären, wenn man ihnen Vertrauen schenkte; man bemißt die Menschen nur nach dem, als was sie erscheinen. Recht bezeichnend in dieser Hinsicht ist J.P. Satres[25] Ausspruch: „Es gibt keine andere Liebe, als jene, die verwirklicht wird; es gibt keine andere Möglichkeit der Liebe als jene, sich in einer Liebe zu manifestieren; es gibt kein anderes Genie als jenes, das sich in Kunstwerken ausdrückt... Racines Genie, das ist die Reihe seiner Tragödien, außerdem ist nichts vorhanden."

Man kann jene innere, noch ungeformte und geheimnisvolle Wirklichkeit, aus der all das hervorgeht, was wir Fruchtbares zu schaffen vermögen, nicht unverhohlener leugnen. Bevor wir irgend etwas schreiben, tragen wir es in uns, schmerzvoll, wie einen unfaßbaren Traum, der nicht Gestalt annehmen kann. Und die Erregung, die diesen inneren Taumel begleitet, lähmt uns zwar, sie ist aber gleichwohl notwendig. „Schöpfung", schreibt Bergson[26], „bedeutet vor allem Erregung."

Wir brauchen Vertrauen, um diese Erregung zu meistern und um sie nutzbar zu machen. Und eben dieses Vertrauen nimmt man den Erregbaren, wenn man ihnen ihre Erregbarkeit als ein Zeichen von Schwäche vorwirft.

Und die Liebe, die wir zu geben vermögen, ist nur ein matter Widerschein dieses Bedürfnisses zu lieben, das uns verzehrt und sich nicht ausdrücken kann. Ich werde den Ton nie vergessen, in dem einer meiner Kollegen zu mir sagte: „Ich möchte meiner Mutter so gerne meine Liebe bezeugen und bringe es nicht fertig. Wenn ich bei ihr bin, fühle ich mich gelähmt. Ich könnte mich ohrfeigen, wenn ich sie verlasse. Es ist so qualvoll, daß ich zögere, sie zu besuchen."

In unserem rationalistischen Jahrhundert hat uns Bergson daran erinnert, daß die Intuition die fruchtbarste Form des Geistes ist. Nun, wir finden unter unsern Patienten – den Schwachen – stark intuitiv begabte. Und auffallenderweise betrachten sie diese Gabe, statt stolz darauf zu sein, als einen Fluch; statt sie zu nutzen, verdrängen sie diese und schämen sich ihrer.

Zwar gestaltet die Intuition das Verhältnis zu unsern Mitmenschen schwieriger. Der Intuitive bemerkt an seinem Gesprächspartner die geringste, gegen ihn gerichtete Regung der Abwehr, der Kritik, der Ironie oder Verachtung, sogar wenn sie unbewußt ist. Deswegen ist die Behandlung der Nervösen eine wunderbare Schule der Aufrichtigkeit! Hege ich die geringste Ungeduld einem von ihnen gegenüber – Ungeduld, die ich automatisch verdränge, wegen meiner bewußten Sorge um ihn –, so merkt er es, und alles ist verloren. Wenn er genügend Vertrauen in mich hat, wagt er mir zu sagen, was ihn an meiner Haltung verletzt hat. Und wenn ich mich ehrlich prüfe, erkenne ich, daß sein Vorwurf begründet ist. Dieses Bekenntnis stellt die Gemeinschaft zwischen uns wieder her. Wenn ich aber aus Unwillen, bei einem Fehler ertappt worden zu sein, mich verteidigen und diese verborgene Gereiztheit, deren ich mir nicht einmal bewußt war, ableugnen wollte, so wäre alles in Frage gestellt.

So verhält es sich bei den Intuitiven in all ihren gesellschaftlichen Beziehungen. Aber die Welt verteidigt sich gegen eine so peinliche Scharfsichtigkeit. Man wirft den Intuitiven vor, sie seien reizbar, kritisch, argwöhnisch. Um sich zu verteidigen, greift man sie an. In ihrer Familie sagt man ihnen, „sie würden sich das einbilden“. Man wirft ihnen vor, allzu kompliziert zu sein mit diesen psychologischen Spitzfindigkeiten, von denen niemand etwas versteht. Und wenn später die Ereignisse ihnen recht geben, so legen ihnen ihre Angehörigen, die es ärgert, daß sie sich täuschten, auch das noch zur Last.

Zwar ist die Intuition biweilen auch irreführend. Und dann läßt sie sich weder analysieren, noch logisch beweisen. Sie ist öfter unbestimmt, und wir sehen, wie unsere Patienten sich quälen, weil sie ein Vorgefühl von großen Dingen haben, die sich einer klaren Formulierung entziehen. All das verschlimmert ihre Verwirrung, ihren Zweifel an sich selbst und ihr Leiden. Von nun an verbergen sie ihre Intuition und leiden darunter, daß sie unnütz wird. „Wäre ich ein Professor an der Hochschule“, sagte mir ein junges Mädchen, „so würde man das glauben, was ich aus Intuition sage, auch wenn meine Wissenschaft gar nichts damit zu tun hätte. Weil ich aber nur eine Kranke bin, macht man sich über mich lustig.“

Unsere Zivilisation beruht auf Vernunft. Auch die Intuitiven versuchen ständig, sich wie jedermann von der Logik leiten zu lassen, indem sie ihre Intuition beiseite schieben; und sie scheitern. Ich denke dabei immer an einen Wanderer mit einem angeborenen Orientierungssinn, einen Wanderer, der leicht seinen Weg finden könnte, wenn er sich auf seinen Spürsinn verließe, ohne sich zu fragen, ob es richtig sei; unser Mann würde sich jedoch verirren, wollte er Karte und Kompaß gebrauchen, die seinem wissenschaftlich denkenden Rivalen doch von so großem Nutzen sind.

Die Intuition kann sich nur in Symbolen ausdrücken. Für den damit Begabten ist „alles Vergängliche nur Gleichnis", wie Goethe sagte, der daraus Vorteil zu ziehen verstand. Deshalb sind die Intuitiven größtenteils so durch und durch Künstler. Die Kunst, die für andere Leute eine gelegentliche Zerstreuung bedeutet, durchdringt sie bis in ihr Innerstes. Das wurde mir eines Tages klar, als eine meiner Patientinnen, eine Musikerin, mir gestand, daß, während wir uns unterhielten, sich eine innere Melodie ständig tief in ihr drin entfaltete, die ihren Geist teilweise fesselte. Daher fühlen sich diese Wesen unverstanden; denn die andern Leute, selbst wenn sie für Schönheit empfänglich sind, können sich nicht vorstellen, was die Kunst für sie bedeutet.

Und dann haben sie eine lebhafte Phantasie, so lebhaft, daß diese erdichtete Welt für sie ebenso wirklich wird wie die Wirklichkeit. Das erweckt in ihnen, wo sie stehen und gehen, tausenderlei Scheinprobleme, die sie nicht lösen können; denn man kann ein Scheinproblem ebensowenig lösen, wie man ein Gespenst töten kann. So quälen sich Frauen mit Fragen, wie sie sich einem angeblichen Liebhaber gegenüber verhalten sollen, der keineswegs an sie denkt.

Vergessen wir auch nicht, in welchem Maß unsere ganze Weltauffassung, sogar die rein wissenschaftliche, letzten Endes vom subjektiven Zeugnis unserer Sinne und unserer Intuition abhängt, so daß wir keinen entscheidenden Beweis für ihre Realität besitzen. Wir werden dann die ständige und verwirrende Unsicherheit ermessen, in der die Menschen mit starker Phantasie leben, bei welchen die „Funktion des Wirklichen" sich verwischt. Sie glauben, was sie fürchten und was sie wünschen. Sie sagen, was sie glauben. Man beschuldigt sie dann der Lügenhaftigkeit, und das verschlimmert ihre Verwirrung.

Daher genügt die geringste Trübung der gesellschaftlichen Atmosphäre, um ihr inneres Gleichgewicht umzustoßen. „Ich kann nichts dafür“, schreibt mir eine Frau, „wenn ich einer Präzisionswaage gleiche, die auf einen unmerklichen Hauch reagiert.“ Nun, die Präzisionswaagen sind sehr nützlich, wenn man sie zu benutzen versteht. Was ich zeigen möchte, ist dies: Unsere Zivilisation, ein wahres Schlachtfeld entfesselter Kräfte, versetzt die Sensiblen in eine solche Lage, daß die wertvollen Gaben, die sie empfangen haben, für sie und für die Gesellschaft nur noch eine Quelle vergeblicher Leiden und Verwirrungen sind.

„Uns westlichen Menschen“, schreibt Alexis Carrel[27], „scheint die Vernunft der Intuition hoch überlegen zu sein. Wir stellen die Intelligenz weit über das Gefühl. Die Wissenschaft erstrahlt in hellem Licht, während die Religion am Erlöschen ist. Wir folgen Descartes und wenden uns von Pascal ab. Daher suchen wir in uns zuerst die Intelligenz zu entwickeln. Was die nicht intellektuellen Aktivitäten des Geistes anbelangt, als da sind, der Sinn für das Sittliche, für das Schöne und hauptsächlich für das Heilige, sie werden fast vollständig vernachlässigt.“

Aber diese falsche Rangordnung der Werte, die unserer rationalen und realistischen Zivilisation zur Richtschnur dient, ist für die Starken nicht weniger gefährlich. Um stark zu bleiben, verdrängen sie alles, was die ihrer menschlichen Natur anhaftende Schwäche verraten könnte: ihr Liebesbedürfnis, ihre metaphysische Angst, ihre künstlerische Feinfühligkeit, ihre Gewissensbisse und ihre Sehnsucht nach Gott. „Ich verabscheue die Schwäche“, schrieb mir eine junge Frau, „weil ich selbst so schwach bin.“

Die Starken haben gelernt, im Spiel des Lebens eine Karte auszuspielen, um zum Erfolg zu gelangen; und sie werden die Gefangenen dieses Spiels. Um stark zu sein, muß man auch das Leben vereinfachen, man muß die Augen vor seiner verwirrenden Vielfalt schließen. So werden die Starken leicht zu Gefangenen ihres Systemgeistes und einer vereinfachenden Philosophie, wodurch sie schließlich abgestumpft werden und sich dem Leben entfremden.

Von Erfolg zu Erfolg schreitend, halten sie sich leicht für besser als die andern, namentlich für besser als jene Schwachen, die sich von Gott verworfen glauben. Sie halten ihre Erfolge, selbst die ungerechten, leicht für ein schmeichelhaftes Zeichen des göttlichen Segens. Und das beraubt sie der fruchtbarsten Erfahrung, die man in dieser Welt machen kann, der geistigen Erfahrung, zu der man nur über die Reue gelangen kann. Ich könnte hier eine große Zahl meiner Patienten anführen, die jahrelang mit Glück und Erfolg überhäuft worden sind und die gleichwohl eines Tages die Prüfung segneten, in der sie den lebendigen Glauben gefunden haben. Eine von ihnen schrieb mir, wie sehr sie sich nun dem Heile näher fühle, jetzt da sie ein volles Bewußtsein ihrer Irrungen hat, als zu der Zeit, da sie ihr Leben in Ordnung wähnte. Eine andere entdeckte, daß sie im ehelichen Glück der ersten Jahre nach ihrer Verheiratung Gott preisgegeben hatte. Ihr Mann war an seine Stelle getreten. Es bedurfte eines schmerzlichen Ehekonflikts, damit sie zu Gott zurückfand.

Hier noch das Beispiel eines sehr interessanten Falls: Es handelt sich um ein kluges junges Mädchen, das man seinen Kameradinnen immer als Muster hinstellte, dem alles, was es unternahm, wie spielend gelang. Auf die Hochschule gekommen, bereitete ihr die Wahl einer Fakultät nicht geringe Qual: Alle Fächer fielen ihr leicht. Und jetzt begann sie, an sich selbst zu zweifeln: Welches ist im Grunde ihre wahre Persönlichkeit? Welches sind ihre Neigungen? Was ist ihr Lebensziel? Sie weiß es nicht. Es scheint, daß sie niemals zur Selbsterkenntnis gelangen konnte, weil ihr jedes Hindernis erspart blieb.

Wie leicht lassen wir uns doch durch Illusionen berauschen, wenn uns alles anlächelt! Das hat sich in der Welt des 19. Jahrhunderts ereignet. In der Euphorie dieser harmlosen Epoche wissenschaftlicher und technischer Errungenschaften hat ein Hauch von Optimismus den Menschen angeweht: Er hielt sich nicht nur für gelehrter und reicher, sondern auch für besser, glaubte sich fortan gefeit gegen die gemeine Barbarei. Ach, man hat seither seine Ansprüche herabschrauben und mit Bestürzung von neuem entdecken müssen, welcher Verbrechen der Mensch unter Umständen fähig ist, wenn die Gesellschaft keinen heilsamen Zwang mehr auf ihn ausübt! Aber wie rasch sind wir bereit, es zu vergessen, die Augen zu schließen vor der menschlichen Verdorbenheit und unserer eigenen! Die Achtung, die die Menschen uns bezeugen, wenn wir stark sind, ersetzt uns das gute Gewissen.

Diese körperliche Kraft, die uns Achtung einträgt, was ist sie selbst wert? Hat unsere seelische oder intellektuelle Kraft, selbst unsere sittliche Kraft größeren Wert, vom Standpunkt unserer wahren Bestimmung aus gesehen?

Ich will mich nicht durch meine Feder zur Paradoxie und zur Übertreibung hinreißen lassen. Wenn ich eben versucht habe, die Schwachen zu rehabilitieren, so will ich jetzt die Starken nicht verleumden. Oh, gewiß, diese haben es nicht nötig, daß ich sie verteidige. Aber die Kraft kann auch eine Gabe sein, die Gott gewissen Menschen zur Verteidigung des Guten und der Gerechtigkeit anvertraut. Ihre Muskelkraft, die Macht ihres Denkens und ihrer Phantasie, ihre sittliche Autorität und ihre Selbstbeherrschung haben wie die Intuition und Feinfühligkeit der Schwachen einen ungeheuren Wert, wenn sie von Gott geleitet werden.

Was ich hier verfechte, ist lediglich dies: Des Menschen Würde kommt weder aus seiner Kraft noch aus seiner Schwachheit an sich, sondern aus dem Gebrauch, den er für oder gegen Gott davon macht. Kraft und Schwachheit sind nur natürliche Gegebenheiten, neutral wie alles, was von der Natur kommt; Gegebenheiten, deren jede ihre Gefahren und ihre Vorzüge, ihre guten und ihre schlimmen Möglichkeiten enthält.

Das Unglück ist, daß diese natürlichen Unterschiede die Menschen voneinander trennen und in Gegensatz zueinander bringen. Im allgemeinen sind wir für den einen ein Starker und für den andern ein Schwacher. Und diese Unterschiedlichkeit fälscht unsere Beziehung zu ihnen. Und wer in einer Gesellschaft der Stärkste von allen wird, befindet sich in der größten Gefahr. Seine Stärke trennt ihn von allen. Er ist furchtbar einsam. So sah ich mit Ehre und Achtung überhäufte Männer, vor denen alle Welt sich verneigte, in meinem Sprechzimmer weinen und die moralische Einsamkeit beklagen, zu der solch allgemeine Ehrerbietung sie verurteilte! Stärke und Schwäche sind Panzer, die die Person verdecken und die Gemeinschaft verhindern. Das ist der tragische Aspekt des großen Problems der Starken und der Schwachen: Man kann sowohl durch die Bewunderung wie durch die Verachtung isoliert werden, durch die Angst, die man einflößt, wie durch die Angst, die man empfindet. „Der Neid auf der einen, die Angst auf der andern Seite lassen allen lebendigen Austausch versiegen", schreibt Gustave Thibon[28]. „Der Mensch ... sucht den Mitmenschen, der ihn flieht, und flieht, ohne es zu wissen, den Menschen, der ihn auch sucht", schreibt Jean de Rougemont[4].

Es gibt keine echte Gemeinschaft zwischen den Menschen, solange sie einander als Schwache oder Starke erscheinen. Es kann zu einer unechten, scheinbaren Gemeinschaft kommen, wenn sich die einen den andern blindlings unterwerfen. Aber diese unechte Gemeinschaft, die den Schwachen die Verdrängung seiner Persönlichkeit kostet, führt früher oder später für den einen und den andern zu Katastrophen. Es gibt menschliche Gemeinschaft nur im Gefühl der Gleichheit der Personen. Nun, gerade die Person ist in jedem Menschen die gleiche, sie wird aber verschleiert durch unsere starken und schwachen Reaktionen. Daher müssen wir, um unserer modernen Gesellschaft den Weg zur Gemeinschaft wieder zu öffnen, diese große Verirrung unserer Zeit anprangern, die die Menschen nach dem äußeren Anschein beurteilt, sei er nun stark oder schwach.

Wir müssen den Starken helfen, die Schwachen zu verstehen, was sehr schwierig ist. Auch zwischen den Völkern gibt das Kräfteverhältnis Anlaß zur offensiven oder defensiven Einstellung, was für ihr gegenseitiges Verstehen ein schweres Hindernis bildet. Um die Menschen zu entdecken, muß man hinter diesen Vorhang des äußeren Scheins treten und bis zur Person vordringen, die in jedem gleich ist, weder stark noch schwach oder vielmehr stark und schwach zugleich, ständig hin und her gerissen zwischen ihrem Trachten und Sehnen und ihren Widerständen. In ergreifender Weise bringt dies Jean de Rougemont[4] zum Ausdruck, wenn er schreibt: „Wenn mein Nächster stärker ist, fürchte ich ihn; wenn er schwächer ist, verachte ich ihn; wenn er mir ebenbürtig ist, greife ich zur List. Welchen Anlaß hätte ich, ihm zu gehorchen, welchen Grund, ihn zu lieben?"

Die Medizin der Person, die Pädagogik der Person, die Politik der Person erstreben die Wiederherstellung einer wahren Beziehung von Mensch zu Mensch, jenseits des äußeren Scheins. Durch ihr Amt sind der Arzt, der Lehrer, der Regierungschef mit einer bestimmten Macht ausgerüstet, die sie vom Patienten, vom Schüler, vom Volk trennen. Um ihre Schwächen zu verbergen, können sie sich darin gefallen, in einseitiger Weise Vorschriften zu geben, zu lehren, zu befehlen, wohl geborgen hinter dem Schirm ihrer Autorität. Dann aber sind sie bloß Amtsträger, keine Menschen; sie können technische Dienste leisten, aber keine Herzen gewinnen.

Die Kranken, die Sensiblen, die Kinder und diese großen Kinder, wie es die Völker sind, sehnen sich danach, demütige Seelen zu finden, Menschen zu begegnen, die ihnen entgegenkommen und ihnen bekennen, daß sie, trotz der Autorität, womit sie bekleidet sind, ihnen an Kraft nichts voraus haben. „Was einen Patienten vom Reden abhält", schreibt Alphonse Maeder[17], „ist die Angst, daß der Mensch, der ihm gegenübersteht, ihn verurteilen könnte." Gewiß können wir unsern Patienten mit unserer Wissenschaft helfen. Doch gibt es Augenblicke, wo wir den andern, seien sie nun krank oder wohlauf, nur dadurch helfen können, daß wir wahr gegen sie werden, daß wir uns über unsere eigenen Schwachheiten aussprechen. Ich denke an eine Patientin, die an jenem bekannten Druck in der Kehle litt, den die Patienten als eine „Kugel" beschreiben, die auf- und absteigt. Eines Tages sagte sie beim Eintreten ins Sprechzimmer:

„Ich danke Ihnen, daß sie gestern von bestimmten Schwierigkeiten, die Sie haben, zu mir sprachen. Gerade in dem Augenblick war nämlich meine Kugel plötzlich verschwunden." Eine menschliche Gemeinschaft war zwischen uns entstanden, die die Voraussetzung jeder tieferen Psychotherapie ist.

Gewiß dürfen wir aus solch vertraulichem Sich-Öffnen kein System machen. Wenn wir es als ein System praktizierten, könnte es immer noch ein hochmütiges Zurschaustellen von uns selbst sein, das mehr geeignet wäre, den andern zu erdrücken, als sein Vertrauen zu gewinnen. Es handelt sich dabei um Leben, aber gerade um freies Leben, befreit von jenen starken und schwachen Reaktionen, die es so oft verschleiern im menschlichen Verkehr.

Einer Patientin, die mir mühsam gestand, wie sehr sie sich schämte, ihre Meditationsnotizen verbrannt zu haben, mußte ich erzählen, daß auch ich in einem Augenblick der Auflehnung die meinigen zerrissen hatte. Und ich habe sie daran erinnert, daß Moses ebenso tat, als er die Gesetzestafeln zerbrach.

„Die Person des Arztes", schreibt Alphonse Maeder[17], „wird in den Behandlungsprozeß mit einbezogen; er bleibt nicht nur einfach der Beobachter einem ‚Fall' gegenüber... Das ist eine neue Haltung, die eine tiefgehende Wandlung in der Medizin einleitet." Es ist die ganzheitliche Einstellung, die es heute auf allen Gebieten wiederherzustellen gilt.

Täuschen wir uns nicht. Diese neue Einstellung wird nicht gefunden ohne eine geistige Erfahrung. Einzig vor Gott können wir bis auf den Grund unser Elend erkennen und uns wahrhaft als Bruder aller Menschen fühlen. Dann erst können wir ihnen die Hilfe bringen, die sie am nötigsten brauchen, weil wir sie Tag für Tag für uns selbst suchen müssen: die Gnade Gottes. Ohne diese Gnade gebe ich der Schwachheit durch schwache Reaktionen nach, oder ich tarne sie mit starken Reaktionen. Doch weder die eine noch die andere Haltung bedeutet Leben. Leben heißt handeln und nicht reagieren; es heißt, aus freien Stücken, aus Überzeugung handeln und nicht aus Unterwürfigkeit oder aus Widerspruch.

Der Optimismus der Starken ist ebenso hartnäckig wie der Pessimismus der Schwachen. Aber der eine ist so falsch wie der andere. Eine Patientin, vom Leben erdrückt, ist mißtrauisch geworden. „Es gibt", sage ich ihr, „in der Welt Gutes und Böses, weiße und schwarze Steine. Wenn Sie einen schwarzen Stein sehen, halten Sie ihn für echt; zeigt man Ihnen dagegen einen weißen, so meinen Sie, es sei ein schwarzer, der weiß gefärbt wurde. Ganz entsprechend hält ein Starker die weißen für echt und die schwarzen für schwarzgefärbte weiße."

Die geistige Perspektive ist weder optimistisch noch pessimistisch. In dieser Perspektive sieht man weder ausschließlich weiße noch ausschließlich schwarze Steine. Man sieht die Welt so, wie sie ist, und den Menschen selbst, sei er nun stark oder schwach, gleichsam gezeichnet mit weißen und schwarzen Steinen. Es ist ebenso schwierig, einen Starken zur Erkenntnis seiner Schwachheit zu bringen, wie einen Schwachen dahin zu führen, daß er in die geheimen, in ihm schlummernden Kräfte wieder Vertrauen faßt. Und das Erstaunliche an der Gnade ist, daß sie diese zweifache, scheinbar widersprüchliche Veränderung bewirkt. Und da wir gleichzeitig stark und schwach sind, so überzeugt uns auch die Gnade von unserem Elend und rettet uns gleichzeitig vor der Verzweiflung; sie zerbricht uns und stellt uns wieder her.

So scheinen die schwachen Reaktionen und die starken einander vollkommen entgegengesetzt zu sein, und dennoch gehören sie derselben Ordnung an, der Ordnung der natürlichen Mechanismen. Ihnen vollkommen entgegengesetzt ist die geistige Erfahrung, die von diesen Mechanismen befreit. „Die Antwort ist die Wandlung des Herzens", schreibt Peter Howard[10].

In Wirklichkeit sind wir alle schwach und elend. Wir alle sind arme Teufel. Wir mögen optimistisch oder pessimistisch sein, intuitiv oder rational, zuversichtlich oder geängstigt, wenn man auf das Herz sieht, und nicht auf den äußeren Schein, so sind wir alle gleich. Das ist die Botschaft der Bibel selbst. Diese Botschaft kann die Sensiblen von ihren erdrückenden Minderwertigkeitsgefühlen heilen.

Wir sind alle gleich in der Sünde und der moralischen Hilflosigkeit. Der Formalismus teilt die Leute in Starke und Schwache ein. Der Formalismus beurteilt die Menschen nach ihrer gesellschaftlichen Fassade, während das Evangelium auf das Herz sieht. Jene trügerische Einteilung wird gerade von all jenen befürwortet und gefördert, die stark erscheinen wollen, um sich selbst und den andern ihre heimliche Schwachheit zu verbergen. Wir können unsere Siege und unsere Erfahrungen launig zum besten geben, mit unserm Erfolg in der Gesellschaft großtun, die Vorzüglichkeit unseres philosophischen, theologischen oder soziologischen Systems verkünden und den andern das Geheimnis des Glücks und der Tugend beibringen wollen; es geschieht zu unserer eigenen Beruhigung. Ein System, dessen Zuverlässigkeit man mit Vorliebe zu beweisen sucht, ist wie eine Hütte, in der man Sicherheit sucht.

Aber wir wissen wohl, daß uns neben unsern Erfolgen Niederlagen beschert waren und daß keine Lehre, noch Erfahrung uns davor bewahren konnte. Und je mehr wir im christlichen Lebenswandel vorwärtskommen, desto mehr werden wir uns unserer Sündhaftigkeit bewußt. Es ist jedesmal, als ob man wieder ein Gewicht auf die eine Waagschale legte, und jedesmal bedarf es in der andern Schale einer neuen Gnade, um das Gleichgewicht wieder herzustellen. Aber immer bleibt dies Gleichgewicht unbeständig, und ein Quentchen genügt, um es in Frage zu stellen: Kleinmut und Zweifel lauern vor der Türe. Dann sind wir versucht, die Augen vor solchen Mißerfolgen zu verschließen, uns wieder der Methode der starken Deckreaktionen zuzuwenden, und das um so mehr, je weiter wir im geistlichen Leben fortgeschritten zu sein glaubten. Aber das würde uns auch der Gnade berauben, die allein das Gleichgewicht wieder herstellen kann.

So gibt es also nicht, wie die Welt glaubt, Schwache auf der einen Seite und Starke auf der andern. Es gibt einerseits Schwache, die sich ihrer Schwachheit bewußt sind, die um die Eitelkeit aller psychologischen Kompensationen wissen und die letztlich nur auf die Gnade Gottes zählen; und es gibt andererseits Schwache, die an den Wert ihrer starken Reaktionen, ihrer Lehren, ihrer Erfolge und ihrer Tugenden glauben.

7. Kapitel

Psychologie und Glaube

Eine wichtige Frage hat sich wahrscheinlich dem Leser aufgedrängt: Ist es gerechtfertigt, auf diese Weise die christliche Haltung nicht nur den starken Reaktionen, sondern auch den schwachen gegenüberzustellen? Nicht nur dem Haß, der Aggressivität und der Rache, sondern auch der Entsagung, der Aufopferung und der Vergebung? Werden die schwachen Reaktionen nicht durch das Christentum und seine Predigt des Nicht-Widerstehens gerechtfertigt? Es gibt im Leben unvermeidliche Konflikte zwischen den einzelnen Menschen; nun, wir können dem, der uns schlägt, Hieb mit Hieb vergelten oder seine Schläge hinnehmen; wir können Gerechtigkeit fordern von dem, der uns ungerecht behandelt, oder ihm nachgeben; wir können dem widerstehen, der uns seinen Willen aufzwingen möchte, oder ihm gehorchen. Geht es da nicht buchstäblich um starke und schwache Reaktionen? Ruft uns Jesus Christus nicht gerade dazu auf, unter allen Umständen die schwachen zu wählen?

Sind nicht die Worte der Bergpredigt in dieser Hinsicht von einer unwiderlegbaren Deutlichkeit? „Ich aber sage euch, daß ihr nicht widerstehen sollt dem Übel; sondern wenn dir jemand einen Streich gibt auf deine rechte Backe, dem biete die andere auch dar. Und wenn jemand mit dir rechten will und deinen Rock nehmen, dem laß auch den Mantel. Und wenn dich jemand nötigt eine Meile, so gehe mit ihm zwei (Matthäus 5,39–41).

Wir können diesen ernsthaften Fragen nicht ausweichen. Sie bilden den Kern der Debatte, in der sich die Psychoanalytiker der Freudschen Richtung und die Christen gegenüberstehen. Diese Psychoanalytiker haben eine Lehre der Aggressivität formuliert, die sich gegen die christliche Lehre richtet. Alle Symptome der Neurotiker, sagen sie, all das, was wir als schwache Reaktionen bezeichneten, beruhen auf einer Verdrängung ihrer natürlichen Aggressivität, des Lebenswillens und des Entwicklungsdranges des Individuums, seiner Libido. Und verantwortlich für diese Verdrängung sind der gesellschaftliche Zwang, die herkömmliche Moral, ganz besonders aber die christliche Kirche.

Der Leser wird sich an das Beispiel der beiden Töchter einer autoritären Mutter erinnern, das ich im ersten Kapitel angeführt habe. Die eine hat sich unterworfen, die andere hat sich aufgelehnt. Jene erscheint christlich, die andere unchristlich. Es ist in der Tat sehr wahrscheinlich, daß erstere sich zum christlichen Glauben bekennt, daß sie im Christentum eine Rechtfertigung ihres Verhaltens und sogar einen Trost für ihre Leiden findet; wogegen die zweite wahrscheinlich das Christentum und seine Moral heftig angreift, um die Gewissensbisse loszuwerden, die ihr das hartherzige Betragen ihrer Mutter gegenüber verursacht hat.

Die Psychoanalytiker haben tatsächlich in den christlichen Familien einen enorm hohen Prozentsatz von Neurotikern gefunden. Diese waren von frommen Eltern in der Atmosphäre einer starren und strengen Sittlichkeit erzogen worden. Man hatte sie von den zartesten Kinderjahren an dazu abgerichtet, schweigend zu gehorchen, die Ungerechtigkeit stumm zu ertragen, ihre Wünsche und ihre Fragen zu zügeln, gefällig zu sein, ohne je eine Gefälligkeit zu erbitten; man hatte sie dazu angehalten, ihr Lachen, ihr Weinen und ihren Durst nach Zärtlichkeit zu unterdrücken, ihre Ängste und ihre Furcht zu verbergen, sich den traditionellen Bräuchen zu fügen und in allem und jedem die Neigungen, Wünsche und Meinungen ihrer Eltern anzunehmen. Und diese Eltern beriefen sich zur Erreichung dieser blinden Unterwerfung fortwährend auf die Forderungen des christlichen Glaubens; sie drohten den Kindern mit der Hölle;

sie zwangen sie, sich vor Gott zu demütigen und ihn im Falle von Ungehorsam um Vergebung zu bitten. Wenn sie ins Entwicklungsalter kamen, beauftragten die Eltern den Priester oder Pfarrer, sie streng zu rügen, wenn sie ihren Beruf selbst wählen oder etwa eine kleine Freundin besuchen wollten, die einer andern Gesellschaftsschicht angehörte.

Später sind die Opfer einer solchen Erziehung zu Neurotikern geworden. Ängsten, Zwangsvorstellungen, Zweifeln, Hemmungen, sexuellen Perversionen oder Minderwertigkeitsgefühlen ausgeliefert, suchten diese Kranken beim Psychoanalytiker Rat und Hilfe; können wir diesem einen Vorwurf machen, daß er sie zu einer Änderung ihrer Haltung veranlaßte? „Lernen Sie sich verteidigen", riet er ihnen, „sprechen Sie die Anklagen aus, von denen ihr Herz im geheimen erfüllt ist; wagen Sie es, sich zu bejahen; erkämpfen Sie Ihre Unabhängigkeit! Öffnen Sie die Augen, sehen Sie Ihre Eltern an; sie üben selbst nicht jene Entsagung, die sie von Ihnen verlangten; sie sind empfindlich, herrisch, rachsüchtig, egoistisch. Die Religion, die sie Ihnen beigebracht haben, ist nur eine menschliche Erfindung, ein Mittel zur Beherrschung, ein Schreckgespenst, das man handhabt, um die andern niederzuhalten. Jeder Mensch besitzt eine Aggressivität, um das eigene Leben, worauf er ein Recht hat, zu verteidigen. Wenn Sie an sich selbst zweifeln, dann nur, weil Sie Ihre Aggressivität verdrängt haben. Lassen Sie ihr freien Lauf, und Sie werden wieder Freude am Leben haben. Sie werden merken, daß der göttliche Fluch, womit Ihre Eltern Ihnen drohten, nur ein Mythos ist. Sie werden im Gegenteil glücklich werden. Mit Ihrer Aggressivität haben Sie auch Ihren Geschlechtstrieb verdrängt, haben ihn als sündhaft und schädlich betrachtet, statt stolz darauf zu sein."

Man wird mir entgegenhalten, daß nicht alle Neurotiker aus religiösen Familien kommen. Seien wir ehrlich in diesem Streit. Anerkennen wir, daß die Psychoanalytiker nicht unrecht haben, wenn sie behaupten, daß selbst in von der Kirche losgelösten Kreisen eine Erziehung, wie die von mir soeben beschriebene, in einer Anzahl von Begriffen wurzelt, mit denen die Kirche die Gesellschaft durchsetzt hat.

Wie die Psychoanalytiker habe auch ich solche Fälle gesehen, und zwar in beträchtlicher Zahl; denn die religiösen Patienten wenden sich gerne an mich. Besonders religiöse Eltern senden mir mit Vorliebe ihre Kinder. Wie der Priester oder der Pfarrer, von denen ich vorhin sprach, habe ich erlebt, daß solche Eltern an mich gelangten, damit ich ihr sich auflehnendes Kind bändige. Und diese Eltern waren manchmal überrascht und entrüstet, daß ein christlicher Arzt die Partei ihres Kindes ergriff, daß er dem Bericht seiner Leiden ein williges Ohr lieh, daß er es aufforderte, sich zu bejahen, seine eigenen Neigungen und Meinungen zum Ausdruck zu bringen.

Die Debatte ist also ernster Natur. Die Mehrzahl der Christen entziehen sich ihr durch Kompromisse. Sie denken, die von ihrer Kirche gepredigte Widerstandslosigkeit sei ein schönes Ideal, aber in Wirklichkeit unanwendbar. Sie versuchen dann so mild, so ehrlich, so uneigennützig, so wohlwollend wie möglich zu sein, halten jedoch auf diesem Weg ein richtiges Maß ein. Wenn es nötig ist, verteidigen sie sich; sie erklären die Lügen im gesellschaftlichen Leben für unerläßlich. Fragt man sie, ob sie Christen seien, erlaubt ihnen ihr Gewissen nicht mit „ja“ zu antworten; sie sagen: „Ich versuche es zu sein.“ Sie vermeiden es, sich zu oft in der Kirche zu zeigen, aus Angst, man könnte sie anklagen, daß sie einen Glauben heuchlerisch zur Schau tragen, den sie in seiner ganzen Strenge nicht anwenden.

Natürlich führt dieser Weg des Kompromisses zu keiner Lösung; er läßt das Unbehagen weiterbestehen. Die von den Psychoanalytikern aufgeworfene Streitfrage ist schwerwiegend. Wir können ihr nicht ausweichen. Auch reicht sie offensichtlich über das medizinische Gebiet und die Lage der Neurotiker hinaus; sie betrifft unsere gesamte Haltung, wie wir sie Tag für Tag in der Gesellschaft einnehmen. Die Antwort muß auf die Bibel ausgerichtet und mit ihr in Einklang sein, geeignet, einer Sozialethik als Grundlage zu dienen.

Das will ich nun hier versuchen zu tun, indem ich den gefährlichen Irrtum anprangere, den man begeht, wenn man die schwachen Reaktionen mit der christlichen Moral verwechselt. Diese Verwechslung geschieht fortwährend, sowohl durch Christen wie durch Ungläubige. Es gibt in der Bibel jene Mahnung zur Widerstandslosigkeit, die ich soeben zitiert habe. Aber es gibt darin auch eine ganzheitliche Lehre vom Menschen, der man sich ebenso wenig entziehen darf. Überall begegnen wir in der Bibel Menschen, die, gestärkt durch den inneren Ruf, den Gott an sie richtet, es wagen, sich selbst zu bejahen, den Mächtigen die Stirne zu bieten, ihre Botschaft zu verkündigen, ihre Überzeugung zu verteidigen. Christus selbst hat nicht gezögert, die Geißel zu ergreifen. Und als er in Gethsemane das Kreuz auf sich nahm, tat er es, weil es Gottes Wille war, und nicht, weil er nicht gewagt hätte, sich zu verteidigen.

Hier liegt der ganze Unterschied. Der Sieg von Gethsemane ist ein Gehorsam Gott gegenüber, keine Unterwerfung unter die Menschen, eine mutige Tat, keine schwache Reaktion.

Als Christus die Bergpredigt hielt, sprach er zu einer Welt, die der Rechtslehre von der Wiedervergeltung (Talion) unterstand, wo niemand begriff, daß ein starker Mensch, der imstande wäre, Hieb mit Hieb zu vergelten, es sich selbst versagen könnte. Die Widerstandslosigkeit, die Christus der Welt vorschlägt, ist ein Sieg über die eigene Kraft und nicht eine Feigheit. Es besteht ein unbestreitbarer Gegensatz zwischen dem starken, der Verteidigung fähigen Menschen, der auf Widerstand verzichtet, um Christus nachzufolgen und Gott zu gehorchen, und dem, der es nicht wagt, sich zu verteidigen, der Angst hat und aus Schwäche nachgibt. Im einen Fall liegt ein geistiger Sieg vor, im andern eine psychologische Niederlage.

Es handelt sich also in der Ethik, die ich hier zu umreißen suche, keineswegs um einen Kompromiß zwischen dem Widerstand und der Widerstandslosigkeit; es handelt sich nicht um eine kasuistische Dosierung; es handelt sich nicht darum, daß wir uns verteidigen, wenn wir es ungestraft tun können, und nachgeben, wenn wir es nicht wagen. Es handelt sich um eine tiefergehende Unterscheidung der Motive unseres Verhaltens: Handle ich aus Gehorsam gegen Gott oder aus Angst?

Die Menschen machen sich oft selbst etwas vor; wenn sie nicht wagen, sich selbst zu bejahen, so reden sie sich ein, daß sie aus christlicher Entsagung schweigen. Indem wir uns aufrichtig vor Gott sammeln, kann jeder von uns in jeder Lebenslage sich darüber klar werden, ob die Großmut, von der er Beweis ablegt, ein Sieg oder eine Niederlage sei. Im Licht der gleichen biblischen Offenbarung hört der eine, der stark genug wäre und dazu bereit, sich zu verteidigen, den Ruf Gottes zur Vergebung; und der andere, der aus Feigheit nachgeben wollte, hört seinen Mahnruf zu unerschütterlicher Festigkeit.

So greift das geistige Leben über die Ebene der biologischen Reaktionen hinaus. Es zerbricht die Kraft der Starken, und es stärkt die Schwachen. Es ist immer fruchtbar. Die Großmut aus Schwäche, diese falsche Großmut, schädigt den, der sich unterwirft nicht weniger als seinen Besieger, den sie zum Bösen ermutigt. Dagegen macht die echte Großmut, die ein Sieg ist, den Nachgebenden größer und hält den, der ungerechterweise triumphiert hätte, in Schranken.

Weil sie allzu oft die christliche Moral den schwachen Reaktionen gleichsetzte, hat uns die Kirche ein versüßlichtes Bild des Christentums geboten. Es gibt heutzutage in unsern Kirchen viele Schwache, die sich gerade wegen dieses Irrtums darin wohl fühlen. Aber das geschieht kaum zum Ruhme Gottes. Denn ihre Demut, ihre Bescheidenheit und ihre Sanftmut sind viel mehr durch ihre psychologische Schwachheit bestimmt als durch ihren Glauben; und ihr Glaube ist eher eine Rechtfertigung ihres schwachen Verhaltens als ein Sieg über ihre Natur. Daher sind sie trübselig, verängstigt, gehemmt. Und sie tragen ihrerseits dazu bei, jenen verderblichen Irrtum auszubreiten. „Die Leute, die sich nicht stark genug fühlen, um den Lebenskampf aufzunehmen", schreibt Eric de Montmollin[24], „haben sich sozusagen in die Kirche zurückgezogen, als in eine Gesellschaft geringerer Versuchungen." Ich denke hier an eine von ständiger Angst erfüllte Patientin, die von der Sehnsucht geplagt wurde, in eine religiöse Gemeinschaft einzutreten. Diese erschien ihr wie ein Hafen, wohin sie sich aus den Stürmen des Lebens retten konnte. Mit vollem Recht zögerte sie immer wieder, zweifelte, ob Gott sie wirklich dazu berief. Sie ahnte, daß es sich dabei mehr um einen Fluchtversuch als um eine Berufung handelte. Man weiß auch, wie sorgfältig unsere katholischen Kollegen darüber wachen, um bei jenen, die einem Orden beizutreten wünschen, solche Irrtümer zu verhindern.

All das bringt Licht in das Problem der Aggressivität, wie die Psychoanalytiker es gestellt haben. Es ist etwas Wahres an dem, was sie uns gezeigt haben. Diese Erdrückung der Person, die wir bei den Neurotikern sehen, jene Verzahnung schwacher Reaktionen, die den Menschen lähmt und ihn schließlich hindert, irgendeine Frucht zu tragen, ist eine Krankheit und nicht ein normaler, dem Willen Gottes gemäßer Zustand.

Wir wollen auf das Wort Aggressivität kein zu großes Gewicht legen; es ist unglücklich gewählt; denn es schließt eine ganz falsche Philosophie mit ein. Wir wollen vielmehr sagen, es gibt eine berechtigte Selbstverteidigung, die sich vollkommen auf die biblische Offenbarung gründet. Diese berechtigte Verteidigung verdrängen bedeutet Ungehorsam Gott gegenüber und nicht etwa Ausübung des evangelischen Verzichts auf Widerstand.

Unser Leben erscheint im Lichte der Bibel wie ein Geschenk Gottes, wie ein unvergleichlicher Schatz, den er uns anvertraut hat, wie ein Talent, das wir pflegen und verteidigen sollen, damit es Früchte trage. Wenn wir uns erdrücken lassen, wenn wir das Sehnen, das Gott in unser Herz legte, ersticken, wenn wir unsere Überzeugung verschweigen, wenn wir auf unsere eigene Persönlichkeit verzichten, wenn wir erlauben, daß ein anderer seinen Geschmack, seinen Willen, seine Auffassungen an Stelle der unseren setzt, so vergraben wir dieses Talent in der Erde wie der Diener im Gleichnis. Das heißt, Gott ungehorsam sein aus Angst vor den Menschen; und die Krankheit, der unvermeidliche Zeuge jeder Störung der göttlichen Ordnung, wird uns bald daran erinnern.

Wir können also die psychologische Lehre der Verdrängung durchaus gelten lassen; und die analytische Technik kann uns helfen, jene falsche Entsagung aufzuspüren, die krank macht, statt zu beleben. „Ein uneingestandener, unterdrückter Haß gegen einen Mitmenschen", schreibt Alphonse Maeder[17], „kann sich in eine Zerstörungswut gegen sich selbst verwandeln. Man haßt aus einem gewissen Anstandsgefühl sein eigenes Leben, anstatt den Beleidiger zu hassen."

So verläuft nun wirklich der Mechanismus, den wir beobachten können. Im Grunde wird jede nach außen schwache Reaktion durch eine starke, innere ausgeglichen. Der verdrängte Gegenhieb wird gegen sich selbst gewendet. Darin liegt der ganze Unterschied zwischen Verdrängung und geistiger Beilegung des Konflikts. Der Mensch, von dem Alphonse Maeder spricht, hat scheinbar seinen Haß abgelegt, aber in Wirklichkeit hat er ihn verdrängt, und er versinkt im Komplex der Selbstaufopferung. Eine echte geistige Klärung befreit; eine Verdrängung fesselt uns an die Krankheit.

Wenn also diesen Schwachen, die niemals zurückschlagen und sich im Leben scheinbar willfährig erdrücken lassen, uns aufsuchen, um ihr Herz auszuschütten, so werden wir unzählige aufgehäufte Anklagen vorfinden, die einen breiten Raum einnehmen und wie ein Gift wirken. Nur mit Widerstreben sprechen diese Patienten sich aus. Sie fürchten, daß wir unsererseits ihnen Vorwürfe machen könnten über ihre heimliche Buchführung aller erlittenen Kränkungen, Beleidigungen, Einschränkungen. Sie haben Angst, wir könnten sie für egoistisch, für rachsüchtig halten, für zu kritisch eingestellt ihren Eltern, Lehrern, ihrem Gatten und ihren Freunden gegenüber.

In Wirklichkeit sind sie nicht rachsüchtiger als alle andern Menschen. Sie haben nur die natürlichen Abwehrreflexe erstickt, die normalerweise bei jedem gekränkten Menschen in Funktion treten. Jeder Versuch, jemanden zu beherrschen, löst bei dem Betreffenden immer eine erste Regung legitimer Verteidigung aus. Nachher, in einer zweiten, durch die Gnade inspirierten Regung wird der Mensch vielleicht verzeihen können. Aber diese echte, immer schwierige, immer wunderbare, immer wohltätige Vergebung ist etwas anderes als das verfrühte Verschwindenlassen der ersten, berechtigten Abwehrregung. Echtes Verzeihen ist ein geistiger Sieg, er befreit das Herz von allem Groll; die Eskamotierung ist bloß eine schwache Reaktion, die nichts aus der Welt schafft, die neue Bitternis auf dem Grund der Seele anhäuft. „Der Groll löst kein Problem", schreibt Alphonse Maeder, „er schafft nur neue Schwierigkeiten."

Im Hinblick auf diese unvergleichliche Befreiung, die wahrhaftes Verzeihen im Gefolge hat, müssen wir zunächst den Schwachen helfen, ihr Herz von all den Vorwürfen zu entlasten, die sie niemals auszusprechen gewagt haben. Ohne das ist Vergebung nicht möglich. Damit sie ihre Eltern oder ihren Ehegatten von neuem lieben können, müssen sie vorher ohne falsche Scham die Feindseligkeit, die sie heimlich ihnen gegenüber hegten, zum Ausdruck bringen.

Geschieht das nicht, so bleiben sie in ihren schwachen Reaktionen und deren schrecklichem Räderwerk gefangen. Wenn der Starke jeden Angriff augenblicklich zurückschlägt, so entlädt er nicht nur seinen Groll, er flößt auch Respekt ein und sichert sich gegen weitere Angriffe. Umgekehrt zieht der Schwache durch seine passive Haltung neue Beleidigungen und neue Gewalttätigkeiten auf sich. Und er antwortet darauf wieder mit schwachen Reaktionen, mit einer scheinbaren Unterwerfung, die in seltsamem Gegensatz steht zu den heftigen Leidenschaften seines Herzens. Und diese Spannung zwischen seiner äußeren und inneren Haltung versperrt ihm den Weg zu jeder geistigen Erfahrung.

Aus Angst, für böse gehalten zu werden, verdrängt dieser Schwache seinen legitimen Abwehrreflex, und nachher wirft er sich vor, in seiner Seele soviel bittere Kritik denen gegenüber zu hegen, die ihn verletzt haben. Schließlich hält er sich für schlechter als die andern, was ihm Anlaß zu neuen Verdrängungen gibt, um nur ja seine Bosheit nicht sehen zu lassen. Von Verdrängung zu Verdrängung fällt er schließlich in die Depression. Und er glaubt noch immer, daß er wegen seiner Bosheit krank sei, weil er die erlittenen Kränkungen nicht „vergessen" kann!

Ich denke da an eine Frau, die sich beim Ehebruch ihres Mannes so großmütig benahm, daß ich sie wegen ihrer Seelengröße, von der eine solche Vergebung zeugte, beglückwünschte, und ich fügte hinzu, die segensreichen Folgen würden nicht auf sich warten lassen. Erst viel später gestand sie mir, daß ihre Ängste nach meinem Weggang im Gegenteil noch zugenommen hätten und daß es einer richtigen psychoanalytischen Behandlung bedurft hätte, um ihre Seele zu erleichtern. Dann hatte sie wieder zu einer wahren Gemeinschaft mit ihrem Mann gefunden, während ihre, wenn ich so sagen darf, voreilige Vergebung eine Schranke zwischen ihm und ihr aufgerichtet hatte.

Hier das Beispiel einer andern Patientin. Sie war von furchtbaren Zwangsvorstellungen besessen. Ich fand bald heraus, daß sie sich stets für ihre Umgebung aufopferte, stets bescheiden hinter den Ihrigen zurücktrat. Sie glaubte, sie tue es bereitwillig. Selbst als sie die Fehler, die ihr Mann in seiner Geschäftsführung beging, intuitiv ahnte, hütete sie sich, etwas darüber zu sagen; denn sie dachte, eine schwache Frau habe in solchen Dingen kein Mitspracherecht. Nunmehr ist die Krankheit da, die davon zeugt, daß sie ihre Persönlichkeit nur um den Preis eines schweren inneren Konflikts erstickt hatte: eine Art von unbewußtem Gefühl, ihre Aufgabe verraten zu haben, die Schätze intuitiven Erkennens und Urteilens, die ihr zugeteilt worden waren, vergraben zu haben.

Eine sehr intelligente Frau kam in tiefer Depression zu mir. Sie hatte jene negative Erziehung durchgemacht, von der wir gesprochen haben, und sie ist dadurch zu schwachen Reaktionen abgerichtet worden. Daher hat sie, als sie eines Tages das Opfer ungerechter Machenschaften und Verleumdungen wurde, ihren berechtigten Widerstand verdrängt und sich, ohne ein Wort zu sagen, ihrer Arbeit berauben lassen. Mehr noch, die Verkettung der schwachen Reaktionen war so mächtig, daß sie dadurch gehindert wurde, objektiv zu sein. In ihrer Depression ging sie fast so weit, denen recht zu geben, die sie ungerecht behandelt hatten. Sie erklärte sich für dumm, unfähig, untauglich zu den wichtigen Ämtern, die sie übernommen hatte. Aber eine gerechte Entrüstung verbarg sich hinter dieser Fassade von Selbstverleumdung. Wir mußten die Umstände ihres Konflikts in allen Einzelheiten untersuchen, damit sie wieder objektiv wurde und mir von den skandalösen Vorgängen wahrheitsgemäß erzählen konnte, die ihr Leben zerbrochen hatten. Dann erst konnte sie wieder Selbstvertrauen gewinnen. Es ging nicht lange, bis sie wieder eine neue Tätigkeit fand, die fruchtbarer war als die, aus der man sie verjagt hatte; und schließlich ward ihr ein echtes geistiges Erlebnis zuteil: Eines Tages fühlte sie sich in der stillen Sammlung von einem unendlichen Frieden erfüllt. Jede Bitterkeit war verschwunden. Sie konnte denen wahrhaft vergeben, die ihr Unrecht getan hatten. Auch fand sie in der Sammlung die Kraft, gewisse ihrer Charakterschwächen zu überwinden, von denen ihre strenge Erziehung sie niemals befreit hatte. Und dies war ein Sieg, der seinerseits zu ihrer Genesung beitrug.

Ein Komplex der Selbstaufopferung verzerrt die Wirklichkeit. Sein Träger sieht die andern, wenn er sie auch heimlich kritisiert, besser als sie sind, und sich selbst sieht er, trotzdem er einen heimlichen Stolz hegt, schlechter, als er ist. Er muß all seine Eindrücke und Urteile korrigieren. Solche psychologischen Mechanismen sind nur natürliche Reaktionen, die mit den übernatürlichen Erlebnissen der evangelischen Widerstandslosigkeit nicht verwechselt werden dürfen. Sie bringen keine Lösung, bauen nichts auf, schaffen nichts Neues. Sie zerstören sowohl die Person wie die Gemeinschaft. Sie führen bald zu Depressionen und Zwangsvorstellungen, wie wir eben gesehen haben, bald zu „Auftritten", als einer Art Sicherheitsventil, wobei der aufgestaute Groll sich plötzlich Luft macht, bald wiederum zu einer tödlichen Gleichgültigkeit: „Ich liebe meine Frau nicht mehr", gestand mir ein Mann, „ich habe aufgehört sie zu verachten, sie ist mir vollständig gleichgültig geworden.

Liebe läßt sich nicht befehlen." In Wirklichkeit hat er schon lange den Groll im stillen verdrängt, den er angesichts der Haltung seiner Frau empfand; und seine sogenannte gegenwärtige Gleichgültigkeit ist nichts anderes als eine zusätzliche Versteifung in seinem Verdrängungsvorgang.

Starke und schwache Reaktionen zielen beide auf die Vernichtung der Person hin, die sie der freien Inspiration durch den Geist entziehen, um sie in den blinden Determinismus ihrer Mechanismen einzuspannen. Auf die zu Beginn dieses Kapitels gestellten Fragen antworten wir also, indem wir diese Vision eines vom Geist gelenkten Lebens den bald starken, bald schwachen psychologischen Automatismen, die teils anregend, teils lähmend sind, entgegenstellen.

Ich könnte diese Betrachtungen ohne weiteres auf die internationale Ebene ausdehnen, um das in christlichen Kreisen so umstrittene Problem der nationalen Verteidigung zu erhellen. Die starke Reaktion des Militarismus führt das Land, das sich ihm verschreibt, früher oder später ins Verderben, dem es durch seinen Rüstungswettlauf gerade entgehen wollte. Die Angst, von den rivalisierenden Mächten vernichtet zu werden, hat es dahin gebracht, sein Heil in den Waffen zu suchen; und seine herausfordernde Haltung zieht es in einen Krieg hinein, den es glaubte vermeiden zu können durch die berüchtigte und trügerische Maxime: *Si vis pacem, para bellum.*

Eine systematische Lehre der Widerstandslosigkeit und der Abrüstung um jeden Preis bedeutet meistens nur eine schwache Reaktion der öffentlichen Meinung, eine Politik der Flucht, die eben auch die Katastrophe herbeizieht, vor der sie die Augen verschloß. Ich sage ausdrücklich eine Lehre; denn es handelt sich nicht darum, die individuelle Haltung der echten Dienstverweigerer aus Gewissensnot zu kritisieren; sie beweisen mehr moralischen Mut als die Richter, die sie mit Rücksicht auf die herrschende Meinung verurteilen.

Gegenüber einer verzerrten Auffassung des Christentums, die auf Christi Mahnruf zum verzeihenden Edelmut des Herzens eine erdrückende Moral aufbaut, die daraus ein starres, die

Persönlichkeit vernichtendes System der Entsagung macht; gegenüber einer Lehre der Aggressivität, welche die Entfaltung des Individuums, seine Verteidigung bis zum Äußersten und schließlich auch die Vernichtung der Person durch die Verdrängung des Geistes verherrlicht, weisen wir hier auf eine dritte Haltung hin. Diese ist weder eine Moral noch ein System; sie läßt sich nicht auf eine unbeugsame Lebensregel festlegen; aber ebensowenig ist sie ein Kompromiß, der zwischen den zwei erstgenannten Systemen hin und her schwankt. Es ist die Haltung des Menschen, der bei jedem Anlaß danach trachtet, sich nicht durch Grundsätze und Lehren, sondern durch den lebendigen Gott lenken zu lassen. In der Bibel findet er seinen Ruf zur Entsagung, zur Aufopferung und zur Vergebung. Aber er findet darin auch seinen Ruf zum Mut, zur Kühnheit, zur unerschütterlichen Festigkeit der Überzeugungen. Und vor Gott, in der Meditation, lernt er in jeder Lage zu unterscheiden, ob das Feuer, das ihn fortriß, nur eine starke Reaktion war, die er nach Gottes Willen überwinden soll, oder ob der Verzicht, zu dem er sich anschickte, nur eine schwache Reaktion ist, die Gott ihn überwinden heißt; ob die Vergebung, die er gewährt, echt ist oder nicht, ob die kämpferische Kühnheit gerechtfertigt ist oder nicht. Es handelt sich folglich weder um eine Moral der unechten Opfer noch um eine Moral ohne Opfer.

Ich denke hier an eine sehr fromme Patientin, die sich immer für andere aufopferte und die sich in ihrer Depression über sich selbst beklagte. Eine Krankenschwester hatte ihr gesagt: „Wenn Sie mehr an die andern und weniger an sich selbst dächten, wären Sie nicht krank!“ – „Ich habe viel eher Lust, Ihnen den Egoismus zu predigen“, sagte ich ihr, „den evangelischen Egoismus. Gott will, daß wir uns selbst, unsere Person, lieben, sein Geschöpf, geschaffen nach seinem Bild, würdig, daß man es mit Sorgfalt pflege, daß man es beschütze, damit es wachse und gedeihe, daß man es zwar zurückschneide, aber mit Rücksicht auf die zu tragenden Früchte, und nicht, um es zu zerstören.“

Es gibt somit eine berechtigte Verteidigung der Person, die

von Gott gewollt ist, damit ihre Berufung sich erfülle. Die Begriffe seines Lehrers Charles Secrétan wieder aufnehmend, stellt der Philosoph Frank Abauzit[31] das Individuum der Person, den natürlichen Menschen dem aus dem Geist von neuem geborenen gegenüber. Von einem zum andern, sagt er, „gibt es eine tiefgreifende Entwicklung, eine Umkehrung in dem Sinn, daß die Richtung des Individuums und die Richtung der sittlichen Person diametral auseinandergehen … (in der Praxis jedoch) bilden Individuum und sittliche Person ein Ganzes … indem jeder von uns zunächst ein Individuum ist, muß er Individuum bleiben, um die sittliche Person zu verwirklichen. Ich möchte fast sagen, er muß Egoist bleiben."

Die Person erscheint daher wie ein auf das Individuum aufgepfropftes Reis. Ihre Lebenskraft kann nicht dadurch gesichert werden, daß man ihre natürliche Unterlage zerstört. Ist die Unterlage vernichtet, erstickt, so müssen wir als gute „Menschengärtner"[29] sie wieder herstellen, ihr nicht etwa systematische Entsagung predigen. Gott hat sie erschaffen; er will, daß sie lebe und sich entwickle.

Ich denke hier an eine Patientin, die durch zahllose Verdrängungen in einer infantilen Haltung blockiert war. Ich bemühte mich, sie wieder zum Leben und zur Selbstentfaltung zu erwekken. Eines Tages fand ich sie ganz bestürzt vor. „Ich werde egoistisch und eifersüchtig", sagte sie. „Ich habe einen Brief von einer Freundin erhalten, die ein Kind erwartet, und ich habe zu weinen angefangen. Nie hatte ich früher so häßliche Gefühle. Als meine Schwestern oder meine Freundinnen sich verheirateten oder als sie Kinder bekamen, habe ich mich ohne Hintergedanken darüber gefreut!" – „Das ist vielmehr ein Zeichen, daß es mit Ihnen aufwärts geht", erwiderte ich. „Früher, da freuten Sie sich von Herzen, wie ein zwölfjähriges Mädchen sich über die Hochzeit seiner großen Schwester freut; denn es ist noch zu jung, um sich mit ihr zu vergleichen. Sie aber waren kein Kind mehr, und wenn Sie keine Eifersucht verspürten, dann deswegen, weil sie diese verdrängten, weil Sie an sich selbst und an der Möglichkeit, sich zu verheiraten, zweifelten.

Jede ledige Frau fühlt, wenn sie normal ist, einen Stich im Herzen, wenn eine ihrer Freundinnen heiratet oder Mutter wird. Ich sage nicht, daß sie sich dieser Eifersucht hingeben soll. Aber etwas anderes ist es, sich dieser Regung bewußt zu werden, sie vor Gott zu bringen, den Kampf aufzunehmen, den wir alle gegen die egoistischen Gefühle in unserm Herzen führen müssen, und etwas anderes wieder, diesem Kampf auszuweichen, unsere Eifersucht totzuschweigen, uns davon frei zu wähnen und krank zu werden an den inneren Verheerungen, die die verdrängte, ignorierte, unbewußte Eifersucht in unserer Seele anrichtet.

Versuchen wir nun, den Begriff der berechtigten Selbstverteidigung genauer zu umschreiben. Ich will hier keine Kasuistik aufstellen. Ich habe bereits gesagt, wenn ein Mensch aufrichtig danach trachtet, von Gott geführt zu werden, erkennt er immer deutlicher, unter welchen Umständen er nachgeben und unter welchen andern er fest bleiben muß. Er wird sich wahrscheinlich oft täuschen. Deshalb darf er bei solchem Suchen nicht allein bleiben. Ich verstehe, daß ein Geistlicher, der dazu berufen ist, im Namen Gottes zu sprechen, die Seelsorge ausübt, indem er den Gläubigen, die ihn um Rat fragen, ihr Verhalten vorschreibt. Je länger ich aber selbst Seelsorge praktiziere, um so mehr scheint es mir, daß ein Arzt wie ich und ganz allgemein ein Laie sorgfältig vermeiden muß, sich an die Stelle des Priesters oder Pfarrers zu setzen. Er soll durch seine Fragen seinem Bruder helfen, Gottes Stimme zu hören, anstatt sich anzumaßen, sie ihm zu diktieren. Manche Leute kommen zu mir wie zu einem Schiedsrichter des göttlichen Willens; ich entziehe mich im allgemeinen ihrer Erwartung, außer wenn ich ihnen eine Bibelstelle zitieren kann, die die Frage entscheidet. Im Grunde gebe ich sehr wenig Ratschläge; ich versuche, den Leuten zu helfen, daß sie Mut fassen, das zu tun, von dem sie schon wissen, daß sie es tun sollten.

Hier das Beispiel eines jungen Mädchens, das sich an einen verheirateten Mann angeschlossen hat. Nicht nur ist diese Verbindung unvereinbar mit ihrem Glauben, sondern dieser Mann entspricht auch keineswegs ihrem Ideal. Sie kann ihn nicht wirklich achten. „Was denken Sie“, fragte sie mich, „soll ich brechen?“ Ich brauche nicht zu antworten. Es genügt die Gegenfrage: „Wie denken Sie selbst darüber?“ Die eigentliche Schwierigkeit besteht meistens nicht darin, Gottes Willen zu erkennen, sondern darin, ihm wirklich zu gehorchen.

Der Arzt kann aber dennoch seinen Patienten bei ihrem Suchen helfen, und zwar nicht nur durch seine brüderliche Gemeinschaft und Fürbitte, sondern auch durch seine Wissenschaft. Jede Verletzung der berechtigten Selbstverteidigung führt ja zu psychologischen Störungen, die auf der Verdrängung beruhen. Es ist daher die Aufgabe des Arztes, diese nachzuweisen, ihre Mechanismen zu entdecken, und indem er sie aufspürt, seinem Patienten zu zeigen, daß er sich auf einem Irrweg befindet, daß er seinen schwachen Reaktionen nachgegeben hat, während er glaubte, aus Nächstenliebe gehandelt zu haben.

Dies gilt, wie ich schon gezeigt habe, namentlich dann, wenn ein Kind, besonders ein heranwachsendes, von einem autoritären Vater oder einer ebensolchen Mutter so sehr beherrscht wird, daß es jeden eigenen Willen und jede persönliche Neigung preisgibt.

Es gilt auch, wenn eine Braut ihrem Verlobten all ihre Freundinnen opfert, auf die er eifersüchtig ist, und all ihre Beschäftigungen, die ihr Leben bereicherten, wie Sport, Kunst, Geistesbildung, was alles der Verlobte ihr verbietet, weil er sich ihr auf diesen Gebieten unterlegen fühlt. Ich habe mehrere solcher Fälle gesehen. Geht die Verlobung dann unvermutet auseinander, leidet das junge Mädchen in zweifacher Weise: nicht nur als verlassene Braut, sondern zudem noch wegen der großen Leere, die eine allen Raum in Anspruch nehmende, sklavische Liebe in ihrem Leben zurückläßt.

Dies gilt auch für eine Frau, die von ihrem neurotischen Mann tyrannisiert wird und ihn dadurch zu besänftigen glaubt, indem sie nach und nach auf alles verzichtet, was ihr am Herzen liegt. Wie falsch all diese Verhaltensweisen sind, wird dadurch bewiesen, daß sie ihr Ziel verfehlen: Das sich aufopfernde Kind sieht, wie sein Vater oder seine Mutter immer autoritärer wird und es mit Vorwürfen überschüttet; der eifersüchtige Verlobte, der seiner Braut ihre ganze Persönlichkeit raubte, wird ihrer überdrüssig und läßt sie sitzen; die allzu schwache Frau liefert der Neurose ihres Mannes immer neue Nahrung.

Es gilt, wenn ein Jüngling auf die Laufbahn, zu der er sich berufen fühlt, namentlich auf eine künstlerische, unter dem Druck des Vaters verzichtet, sei es, daß dieser sein Geschäftsunternehmen als eine Art Dynastie betrachtet und deswegen auch den Sohn zum Eintritt zwingen möchte, sei es, daß er die Absicht hat, die materielle Unabhängigkeit des Sohnes gegen seinen Willen dadurch zu sichern, daß er ihn in eine Beamtenlaufbahn hineindrängt. Es gilt weiterhin von einem Mann, der sich auf das Theologiestudium verlegt, um den sentimentalen Wünschen seiner Mutter zu genügen, die davon träumt, ihn die Kanzel besteigen zu sehen.

Das gilt aber auch in geringerem Maß jedesmal, wenn jemand auf seine persönliche Überzeugung oder berechtigte Neigung verzichtet, aus Sorge darüber, „was man dazu sagen wird", aus Rücksicht auf die Vorurteile seiner Umgebung. So verzichtet ein Mädchen aufs Tanzen, ein anderes gibt eine intime, aber weniger begüterte Freundin auf; wieder eine andere verbringt ihre Ferien immer gehorsam zu Hause, während ihrer Entwicklung eine Reise nützlicher wäre.

Bei dieser Gelegenheit möchte ich darauf hinweisen, wie dünn gesät die Eltern sind, die ihr Kind um seiner selbst willen lieben; im allgemeinen fühlen sie sich beleidigt, sobald es eine persönliche Neigung bekundigt, die von ihrer eigenen abweicht, und sie werfen ihm dieses Verhalten als Ungehorsam vor.

Am schwersten jedoch wird das Recht auf Selbstverteidigung durch die Ausübung eines moralischen oder religiösen Zwangs verletzt. Ein Konfirmand erklärt seinen Eltern und dem Pfarrer, daß er aus Gewissensgründen sich nicht konfirmieren lassen könne, aber angesichts des Sturms, den seine Haltung entfesselt, gibt er widerwillig nach. Eine schwache Seele wird von einem Fanatiker verleitet, in eine Sekte einzutreten, deren Überzeugungen sie nicht teilt; sie tut es aus Angst vor dem göttlichen Fluch, womit er sie bedroht, wenn sie nicht gehorcht. Eine Frau willigt, um ihren Mann zu behalten, in eine Ehe zu dritt ein; eine andere unterwirft sich den ungesunden Trieben der pervertierten Sexualität ihres Mannes. Eine außergewöhnliche Frau, Psychologin von Beruf, willigt „aus Liebe zu ihrem Mann“ in die Scheidung ein, die er verlangt und die sie selbst mißbilligt, worauf ein Gefühl von Verrat sie aufs tiefste zerrüttet. Eine andere Frau gesteht mir, daß sie ihre Eltern um Verzeihung für Fehler gebeten habe, die sie nicht begangen hat, nur um sich ihre Gunst zu verschaffen, was ihr übrigens nicht gelang.

Hier noch das Beispiel eines katholischen jungen Mädchens, das sein protestantischer Verlobter zwingen wollte, auf die von ihr gewünschte katholische Trauung zu verzichten. Im Verlaufe unserer Unterredung erkennt diese Braut, daß, wenn sie den Glauben ihres Verlobten achten soll, sie andererseits nicht hoffen könne, mit ihm einen gesegneten Ehestand zu gründen, indem sie ihren eigenen Glauben verleugnet.

Es gibt folglich für jeden Menschen gewisse Überzeugungen, in bezug auf die er keinem Druck nachgeben darf, weder dem Druck der Familie, noch dem des Ehegatten, und auch nicht dem Druck des Staates oder der Kirche, ohne dabei die innere Harmonie und die gesunde Lebenskraft seiner Person zu zerstören. Mißbräuchliche Zugeständnisse rufen unvermeidlich nach weiteren Zugeständnissen. Von Verzicht zu Verzicht wird ein Mensch immer unschlüssiger. Auf jede Frage antwortet er mit einem „vielleicht“. Er hat sich fremde Meinungen so lange aufdrängen lassen, daß er nicht mehr weiß, welches seine eigenen sind. Und auf dieser schiefen Ebene kann er sich nicht entfalten, sondern wird krank.

Es ist die Selbstachtung, die verlorengeht, wenn man seine berechtigte Verteidigung preisgibt. Solche Menschen vernachlässigen sich, sie schwärzen sich an, sie erniedrigen sich selbst; bisweilen stürzen sie sich in Laster, als ob sie von einem unwiderstehlichen Bedürfnis getrieben würden, sich in ihren eigenen Augen herabzusetzen; sie verabscheuen sich selbst; sie führen

Selbstgespräche in einem groben und beleidigenden Ton; sie geben sich Übernamen, die ihnen als Schimpf erscheinen würden, falls ein anderer sie so bezeichnete. Diese Selbstentwürdigung ist eine Gewohnheit, die man nicht leicht von sich abtut. Sie schämen sich, etwas für sich selbst zu tun, Geld für sich auszugeben, den andern Zeit wegzunehmen, für ihre eigene Sache einzustehen. Es braucht große Geduld, um in ihnen das Gefühl der eigenen Würde wieder herzustellen, ohne das niemand sich selbst bejahen kann.

Nun, nichts trägt wirksamer dazu bei, als gerade diese biblische Auffassung vom Menschen, die ihm seinen unwandelbaren Wert als Person verleiht und jene Gewißheit, daß Gott jedem Menschen die gleiche, totale Liebe entgegenbringt, wofür sein Tod am Kreuz die unauslöschliche Garantie ist.

Dann können die Schwachen stark werden; es ist eine ganz andere Stärke wie jene völlig unwillkürliche der starken Reaktionen; nicht eine mechanische, automatische, natürliche Stärke, die sie nicht besitzen, sondern eine übernatürliche Kraft, jene ruhige Selbstbejahung, die wir im Kontakt mit Gott schmieden, wenn er in uns feste Überzeugungen weckt und uns beruft, sie zu verteidigen, aus Treue ihm gegenüber.

Die enge Beziehung, die nach der Auffassung der Psychoanalytiker zwischen dem Geschlechtstrieb und der sogenannten Aggressivität besteht, ist bekannt. Für die Anhänger Freuds ist letztere nur eine Projektion des Geschlechtstriebes. Für Jung ist der Geschlechtstrieb nichts anderes als ein besonderer Ausdruck der Libido, der Trieb zum Leben und zur Selbstentfaltung. Wie dem auch sei, man versteht nun, daß die drei von mir weiter oben beschriebenen Haltungen auch drei verschiedene Auffassungen des sexuellen Verhaltens abgrenzen. Der Lehre von der systematischen Entsagung entspricht ein negatives Ideal, das den Geschlechtstrieb verachtet und unterdrückt. Der psychoanalytischen Lehre der Aggressivität entspricht eine Verherrlichung des individuellen Rechts auf freies Ausleben des Geschlechtstriebes. Der christlichen Haltung schließlich entspricht die Auffassung eines von Gott gelenkten Geschlechtslebens. Der Gott der Bibel verdammt den Geschlechtstrieb nicht, da er ihn ja erschaffen und den Menschen gegeben hat. Aber er inspiriert sie durch seine Offenbarung, welchen Gebrauch sie davon machen sollen. „Nachdem man blindlings gegen den Geschlechtstrieb gekämpft hat", schreibt Alphonse Maeder[17], „hat man nun mit seiner Entfesselung darauf reagiert. Wir müssen jetzt eine mittlere Position suchen, die man als ‚weise Disziplinierung' charakterisieren könnte."

Bei einem Mann, der an einer krankhaften psychologischen Abhängigkeit von seiner Mutter leidet, kann tatsächlich das sexuelle Leben, selbst außerhalb der Ehe, eine wohltätige Manifestation seiner Befreiung bilden. Aber das ist noch nicht die wahre Freiheit. Es ist eine starke Reaktion, die an die Stelle einer schwachen getreten ist, und insofern bedeutet es einen Schritt zu einem normalen Leben hin, einen therapeutischen Akt.

Aber die wahre Freiheit läßt sich nicht auf der Ebene psychologischer Reaktionen finden. Man findet sie im Gehorsam gegen Gott. Man findet sie, wenn man sich sammelt, wenn man nach der Inspiration Gottes sucht und sein Verhalten nach dieder Inspiration richtet. Dann erst wird der Determinismus der einfachen biologischen Reaktionen gebrochen; man gewinnt eine schöpferische, unabhängige Haltung. Ich erinnere an William Penns bekannten Ausspruch: „Die Menschen müssen sich von Gott lenken lassen, sonst werden sie von Tyrannen geführt."

Um in bezug auf die Menschen frei zu sein, muß man von Gott allein abhängen. Man findet die Freiheit ebensowenig, wenn man einen andern Menschen nachahmt – selbst wenn es ein bedeutender Mensch wäre, den man sehr bewundert –, wie wenn man sich systematisch in Gegensatz zu einem Menschen stellt, den man verabscheut.

Hier das Beispiel einer jungen Frau, die ihren Mann anbetet und ihre Schwiegermutter bewundert. Letztere ist eine vollkommene Hausfrau. Darum schwebt die Schwiegertochter stets in Ängsten, wenn sie ihre Schwiegermutter bei sich empfangen muß. Obwohl sich diese sehr wohlwollend gegen sie benimmt, fürchtet sie immer von ihr kritisiert zu werden wegen ihrer Art, den Haushalt zu führen. Zu einem Familienessen will sie einen Hasen bereiten, den ihr die Schwiegermutter gebracht hat. Ihre Angst ist so groß, daß sie davon krank wird und ihren Mann nicht ins Konzert begleiten kann, wie dieser es gewünscht hätte. Im Grund befürchtet sie, ihre Schwiegermutter könnte denken: Diese jungen Frauen sind tüchtiger im Konzertbesuch als im Kochen! „Lassen Sie doch" sage ich ihr, „der Schwiegermutter ihre Kochkünste und pflegen Sie die Talente, die Gott Ihnen gegeben hat. Wenn Ihr Mann Sie gewählt hat, so tat er dies, weil er Ihre künstlerische Neigung schätzt. Es macht ihm mehr Freude, wenn Sie mit ihm ins Konzert gehen, als wenn Sie in der Küche über einem armen Hasen weinen."

Hier noch das Beispiel eines jungen Mannes, der schöne religiöse Erfahrungen gemacht hat. Er suchte mich auf, weil er in zu große Abhängigkeit von seinem geistigen Führer geraten ist. Er bemerkt, daß er ihn nachahmt und fortwährend seine Zustimmung sucht. Er will mit mir beten, um diese falsche Haltung loszuwerden.

Man ist jedoch nicht freier, wenn man sich gegen einen fremden Einfluß wehrt. Eine Frau gesteht mir, daß eine ständige Angst vor einer zu starken Bindung an mich lange Zeit ihre Genesung verhindert habe. Dabei fürchtet sie zugleich, ich möchte mich nicht mehr um sie kümmern, wenn sie geheilt sei. Dieses offene Geständnis entlastete sie weit mehr als die Vorsichtsmaßnahmen, die sie in ihrer geheimen Angst zu treffen pflegte.

Es gibt Menschen, die sich beständig gegen jene wehren, die sie am meisten schätzen, aus Angst ihre Persönlichkeit zu verlieren. Und diese fortwährende Abwehrhaltung hindert ihre Persönlichkeit an der freien Entfaltung. Man kann mit allem brechen, ohne deswegen mehr sich selbst zu sein.

Gleich verhält es sich mit der Angst, betrogen zu werden, mit der Angst, kritisiert oder beurteilt zu werden. Eine Tochter wird sich darüber klar, daß sie sich in der Wahl ihres Berufes getäuscht hat. Sie wagt es ihren Eltern nicht zu sagen, aus Angst vor dem ewigen Vorwurf, sie sei zu unbestimmt und schwankend in ihren Plänen. Nun, es sind eben gerade diese Vorwürfe, die sie verwirrt, der zu reifen Entschlüssen nötigen Ruhe beraubt und folglich aus ihr ein unschlüssiges Geschöpf gemacht haben. Eine andere, die als einzige Frau in einem Betrieb arbeitet, lebt in der ständigen Angst vor den gemeinen Späßen der Männer. Diese Angst erzeugt in ihr Aufregung und Verwirrung, was ihre Kollegen anreizt, ihre Späße zu verdoppeln.

Ich erwähne nur kurz die Angst, die in der Frage: „Was wird man dazu sagen?" zum Ausdruck kommt. Sie schlägt so viele Menschen in ihren Bann und treibt sie bald zu einem knechtischen Konformismus, bald zu einem kritischen Non-Konformismus. „Der Pedant", schreibt der französische Philosoph Alain, „handelt auf seine Weise und denkt wie die andern. Der Weise hingegen handelt wie jedermann, denkt aber selbständig. Und Arnault Tzanck[30] fügt hinzu: „Selbständig denken heißt wirklich denken."

Das Abhängig-Sein von andern wird nach und nach zur zweiten Natur, so daß der Betreffende nicht mehr genau weiß, welches seine wirkliche Natur und seine eigenen Überzeugungen sind. Die starken und die schwachen Reaktionen sind weniger entgegengesetzt, als man glaubt; das zeigt sich darin, daß wir so häufig von den einen zu den andern übergehen.

Es fällt uns jedoch nicht leicht, uns von unseren psychologischen Reaktionen zu befreien. Gewiß ist es zunächst wichtig, sie zu erkennen. Aber das genügt nicht. Ihr Determinismus ist mächtig. Er wird – wie ich im dritten Kapitel gezeigt habe – gefördert durch jene Anhäufung von früheren Niederlagen, Gewissensbissen, Gehässigkeiten, die wir alle in unserm Herzen tragen, durch jenes Bewußtsein unserer heimlichen Schwächen. Deshalb läßt sich die wahre Freiheit nicht finden ohne das geistige Erlebnis der Beichte unserer Sünden und der göttlichen Vergebung.

Dieses Erlebnis hat sogleich als Bestätigung den Entschluß zur Folge, bei jeder Gelegenheit nach dem Willen Gottes zu fragen. „Das freie Handeln", schreibt der Philosoph der Freiheit, Charles Secrétan[31], „besteht nicht darin, ohne Beweggründe zu wollen, sondern darin, die Beweggründe zu wählen, ohne bei der Wahl völlig bestimmt zu werden durch das innere oder äußere Vorleben der Individuen."

Wer in die Nachfolge Christi tritt, kann bei jeder beliebigen Partei in freier Weise mitarbeiten, in allem, was seinem Willen angemessen erscheint, aber er kann sich keiner menschlichen Partei mehr völlig verschreiben.

Eine andere Kraft tritt dann in der so befreiten Person in Erscheinung, eine Kraft, die ganz verschieden ist von der biologischen: die Kraft der echten Überzeugungen. Ich denke an eine junge Waise, die von der despotischen Erziehung im Waisenhaus ganz erdrückt war und mir immer wieder sagte, sie hätte kein Ziel im Leben. Eines Tages kam sie wieder zu mir: Es ist nicht wahr, bekannte sie mir; seit meiner frühesten Kindheit wollte ich Krankenschwester werden, aber ich bin mir erst vor kurzem darüber richtig klargeworden. Und von diesem Augenblick an beseitigte sie alle Hindernisse, die sich ihr in den Weg stellten mit unbezähmbarer Ausdauer; Rappen um Rappen sparte sie sich das zu ihrer Ausbildung nötige Geld zusammen.

Wir verpflichten uns, wenn wir unsere Überzeugungen in Worte fassen. Ein junges Mädchen gestand mir, daß sie sorgfältig vermieden habe, mir die Entschlüsse mitzuteilen, die sie heimlich in ihrem Herzen gefaßt, um nicht Gefahr zu laufen, von mir getadelt zu werden, falls sie ihnen etwa untreu werden sollte. Und richtig: Sie hatte nicht daran festhalten können! Wer nichts wagt, gewinnt nichts. Wir gleichen oft diesem jungen Mädchen, und unsere Vorsicht bereitet unsern Verrat vor.

Sobald der Schwache eine neue Kraft findet, wird er von seinen falschen Forderungen befreit. Es läßt sich leicht beobachten, daß die Schwachen sich immer über die andern beklagen, um ihre Schwachheit zu entschuldigen. Wenn sie sich nicht behaupten konnten, so liegt die Schuld bei ihren Eltern, die sie nicht verstanden haben. Wenn aber die Eltern nicht mehr da sind, können sie sich trotzdem nicht besser behaupten. Dann beschuldigen sie ihren Gatten, den Chef, die Gesellschaft. Ich habe in diesem Buch genügend aufgezeigt, was an solchen Klagen berechtigt ist, um nicht verdächtigt zu werden, es zu verkennen. Bemerkenswert ist jedoch folgendes: Wenn ein Schwacher auf ein geistiges Erlebnis hin sich bejaht, so gesteht er uns: Es war leichter, mich über meine Eltern zu beklagen, als ihnen standzuhalten; jetzt sehe ich, wie sehr ich mir in der Rolle des verkannten Kindes gefiel, um einen Grund zu haben, das nicht zu tun, von dem ich wußte, daß ich es tun sollte.

So gestand mir ein Sohn, daß wenn er seine Mutter fortwährend herausfordere und ihr Vorwürfe mache, wenn er sie anklage, seine Persönlichkeit zu ersticken, so geschehe es deshalb, weil er Angst vor dem Leben habe und selbst bei der Mutter Schutz suche. So entdeckt eine Frau, daß ihre ständigen Klagen über ihren alten Vater eine Art Rechtfertigung sind wegen des Unbehagens, das sie empfindet, weil sie immer zu schwach gegen ihn ist. Sie sagte öfter, sie könne ihn nicht mehr bei sich behalten, wenn sie sich jedoch innerlich wandelt, wird sie ihn ertragen können.

Eine Tochter leidet darunter, daß sie die erträumten Studien nicht machen kann, weil sie durch die wirtschaftliche Lage der Eltern genötigt ist zu arbeiten, um die Eltern zu unterstützen. Als ich jedoch die zur Behebung dieser Schwierigkeit nötige Hilfe finde, verzichtet sie auf ihre Studien. Ein Ehemann beklagte sich, daß seine eifersüchtige Frau ihm keinen freien Abend gewähre, damit er nach Belieben ausgehen könne. Ich überzeugte die Gattin, daß man auch in der besten Ehe sich bisweilen trennen müsse, damit jeder sich seiner Lieblingsbeschäftigung widmen könne. Nun wollte sie gerade an jenem Abend in einen Vortrag gehen, ihr Mann wäre also frei gewesen. Dieser begleitete seine Frau bis zur Türe des Vortragssaales; dann bummelte er aufs Geratewohl in der Stadt herum, ging an etlichen Kinos vorbei, konnte sich aber zu keiner Vorstellung entschließen und ging dann nach Hause, wo ihn seine Frau bei ihrer Rückkehr in seinem gewohnten Lehnstuhl vorfand!

„Wer seine Zeit verliert, beklagt sich, daß er keine hat“,

schrieb La Bruyère. Eine Krankenschwester beklagte sich, daß ihr niemand bei ihrer erdrückenden Arbeit helfe, aber sie ist gekränkt, wenn eine ihrer Kolleginnen das tun will. Ein Ehemann war böse auf seine Frau, weil sie ausgerechnet, da er sie nötig hatte, verreiste. „Warum haben Sie sie nicht gebeten zu bleiben?" – Er antwortete mir, daß er es nicht gewagt hätte. Er hätte gern gesehen, daß sie seinen Wunsch errate. Und sein hartnäckiger Groll gegen sie dient ihm als Deckmantel für den Groll, den er in bezug auf seine eigene Schüchternheit hegt.

Eine starke und strenge Frau beklagte sich, daß ihr Mann sich vergnüge und sie betrüge, während sie seine Geschäfte für ihn führte. Hinter diesen Anklagen verbirgt sie den Vorwurf, den sie sich selbst macht, eine Herrschaft über ihn ausgeübt zu haben, der er sich nur durch die Flucht entziehen konnte. Ein Mann beklagte sich über die Fehler seiner Frau, und als wir ernsthaft darüber sprachen, gestand er mir, daß er sich dafür verantwortlich fühle; er sei mitschuldig geworden durch die schuldhafte Schwäche, die er ihr gegenüber an den Tag legte. Ein anderer Gatte beklagte sich über die Frigidität seiner Frau; er entdeckte, daß die wahre Ursache zu dieser Frigidität sein eigener Mangel an Mannbarkeit ist – ein Mangel, den er als Tugend maskiert hatte. Einige Tage später schrieb er mir einen wunderbaren Brief über ihr wiedergefundenes Eheglück.

Daher also möchte ich in diesem Buch keine Rechtfertigung der Schwachen liefern, wie der Leser mir vielleicht wegen gewisser Seiten vorgeworfen hat. Ich weiß, daß wir oft selbst verantwortlich sind für unser Unglück, durch unsere Faulheit, unsere Feigheit, unsern Kleinmut. Ich möchte nur zeigen, wie sehr das geistige Leben sich von den natürlichen Gegebenheiten, wie es unsere einfachen schwachen oder starken Reaktionen sind, unterscheidet. Ich habe den Irrtum aufgezeigt, der in der Verwechslung unserer schwachen Reaktionen mit der christlichen Entsagung besteht. Nun muß ich noch untersuchen, worin die geistige Kraft sich von der psychologischen unterscheidet.

Die Kraft Gottes beeinflußt nicht nur unsere seelische Verfassung, sie verkörpert sich in uns; sie verwandelt viele Dinge in unserm konkreten Verhalten. Dies wurde mir zum erstenmal vor Augen geführt, als ich einen Studienkameraden wiedersah. Er hatte damals in unserer Bande keine besondere Rolle gespielt. Er war schüchtern, unscheinbar, unentschlossen. Und dann ist er ins Ausland verreist. Ich hatte ihn seit langem nicht mehr gesehen. Wohl hatte ich vernommen, daß er ein geistiges Erlebnis gehabt habe. Doch als ich ihn dann wiedersah, war ich auf höchste erstaunt; eine solche Autorität, eine solche Kühnheit strömte von ihm aus, daß ich ihn kaum wiedererkannte. Und einer meiner Freunde flüsterte mir ins Ohr: „Jetzt glaube ich an den Heiligen Geist!"

Seither habe ich manch ein Leben sich wandeln sehen, sehr tiefgehend und manchmal sehr plötzlich. Und dennoch muß ich Folgendes sagen, was ich eben auch für wahr halte: Wie entscheidend jener Wandel auch gewesen sein mag, den der Glaube in eines Menschen Dasein bewirkt hat, so lebt doch jeder das neu begonnene Leben auf seine eigene Art. Nach und nach kommen die vorherrschenden Merkmale des Temperaments in der einen oder andern Form wieder zum Vorschein. Gewiß bleibt das Leben – ausgenommen den Fall geistigen Rückschritts – anders, als es vorher war, und dennoch bewahrt es ein bestimmtes, persönliches Gepräge. Jeden Augenblick durchbricht eine Inspiration das Spiel der natürlichen Reaktionen, aber nicht in dem Maß, daß diese völlig unterdrückt würden. Der Schüchterne hat seine Schüchternheit überwunden; er hat vor Versammlungen geredet und sich Gehör verschafft. Vielleicht hat er sich in der Freude über seine Befreiung mit Leidenschaft auf eine öffentliche Tätigkeit gestürzt. Aber eines Tages werden wir ihn wiederfinden, wie er sich bescheidenen Aufgaben im Dienste Jesu Christi widmet. Nicht mehr aus Schüchternheit; er könnte sehr wohl ein Amt in der Öffentlichkeit übernehmen. Aber sein natürliches Temperament ist ihm geblieben und prägt seinem Dienst einen besonderen Stempel auf. Immerhin erscheint es nicht mehr als ein Hindernis, sondern als eine Gabe, die ihn dazu geeignet macht, Gott auf seine Weise zu dienen.

Ebenso wird ein Starker unter dem Eindruck eines großen geistigen Erlebnisses auf die übermäßige Geschäftigkeit verzichten, die er zuvor mit Glanz geübt. Er entdeckt, wie sehr er sich damit betäubt hat, und er fühlt ein starkes Bedürfnis nach Stille und Zurückgezogenheit, um die Schwierigkeiten zu lösen, die er mit seiner fieberhaften Tätigkeit wegzauberte. Aber seine Geistesform ist nicht rein beschaulich, und gar bald sprudeln aus den neuen Überzeugungen, die er in der Meditation findet, neue Pläne hervor; und in kurzem wird er sich erneut in ihre Verwirklichung stürzen.

Seine Tätigkeit wird der früheren nicht mehr ähnlich sein. Sie wird entspannter, heiterer, fruchtbarer sein. Gleichwohl wird er zu den vorherrschenden, natürlichen Merkmalen seines Temperaments zurückkehren. Es ist das mehr als eine Überlagerung des natürlichen Lebens mit dem neuen, aus der Inspiration entstandenen; es ist das eine „Führung" der natürlichen Gaben, die in den Dienst des neuen Lebens gestellt werden. Es ist eine Art Heiligung des Temperaments.

Aber ich wäre nicht ganz aufrichtig, wenn ich diese Entwicklung nur in diesem günstigen Licht zeigte. Es gibt da in einem gewissen Maß auch das, wovon Pascal sprach: „Treibt die Natur aus, sie kehrt im Eilschritt zurück." Es gibt eine gewisse Beharrlichkeit der angeborenen Tendenzen, trotz allen Umwälzungen, die der Glaube gebracht hat.

Wenn wir also das Leben derer, die von Jesus Christus ergriffen worden sind, sorgfältig beobachten, so finden wir darin eine Mischung von der Freiheit des Geistes mit dem natürlichen Determinismus, eine Verbindung zwischen den neuen Elementen, die das geistige Erlebnis in ihr Leben gebracht hat, mit den alten Elementen, aus denen ihr angeborenes Temperament besteht.

Die meisten Menschen betrachten die Wirklichkeit nicht gern in ihrer nuancierten Vielfältigkeit; sie ziehen die dogmatischen Systeme vor. Daher vereinfachen sie im allgemeinen die Dinge, indem sie bald die eine, bald die andere dieser Gruppen von Elementen leugnen. Die einen Menschen tragen eine vollkommene Skepsis hinsichtlich des Geistes zur Schau. Aller Offensichtlichkeit zum Trotz bestreiten sie, daß eine geistige Erfahrung eine wirkliche Änderung in einem Leben herbeiführt. Sie sehen darin nur einen flüchtigen, subjektiven Eindruck, eine auf Suggestion beruhende Illusion. Sie geben dem Satz von Pascal einen absoluten Sinn. Sie sehen nur, was vom natürlichen Temperament wieder sichtbar wird, und nicht, was von der geistigen Verwandlung bleibt.

Andere dagegen halten sich in der Begeisterung, die ihr geistiges Leben in ihnen entfacht hat, für vollständiger verwandelt, als sie es tatsächlich sind. Sie ärgern sich darüber, daß man sie verdächtigen könnte, in gewisser Hinsicht noch ihrer ursprünglichen Natur zu gehorchen. Und der Umstand, daß sie es nicht wahrhaben wollen, könnte ihnen vielleicht die Möglichkeit zu neuen befreienden Erfahrungen nehmen.

Betrachte ich mein eigenes Leben und das der mir bekannten Christen, so finde ich immer dieses Auf und Ab und diese Überlagerung von geistigen und natürlichen Triebkräften, die gemeinsam unser Denken, Fühlen und Handeln bestimmen. Möchte der Leser lieber ein Märchen hören, worin die Starken schwach und die Schwachen stark werden? Oder eines, worin alle stark werden, von einer nie erlahmenden Stärke? Werde ich namentlich die Schwachen entmutigen, wenn ich ihnen sage, daß sie trotz zahlreicher und echter Siege über ihre Schwachheit hienieden immer mit ihr rechnen müssen; daß sie jene angeborene Veranlagung, von der wir zu Beginn dieses Buches sprachen, immer behalten werden? Nichts kann mehr entmutigen als die Illusionen.

In dem vom Geist gelenkten Leben können wir echte Teilsiege über unsere Natur erwarten, aber keinen definitiven, endgültigen Sieg. Diese Teilsiege leugnen ist ebenso falsch, wie wenn wir ihre Bedeutung überschätzen. Unsere Natur kann zum Teil verwandelt werden, aber es bleibt ein Teil, den wir annehmen müssen. Lieber Märchen hören wollen, das heißt, sich gegen unsere menschliche Beschaffenheit auflehnen, das heißt sich weigern, sein Kreuz zu tragen, heißt schon hienieden eine vollkommene Befreiung erleben wollen, die wir erst im Jenseits finden werden.

Gleicherweise habe ich in meinem Buch „Technik und Glaube" gezeigt, daß der wirklich echte Glaube nicht der ist, der vorgibt, von Zweifeln frei zu sein, sondern jener, der tastend seinen Weg sucht und durch viele Unschlüssigkeiten, Irrtümer und manche Mutlosigkeit hindurch immer wieder von neuem anfängt. In seinem Buch „S'évader pour vivre" erzählt Edward Howell[20], wie er als Kriegsgefangener in Griechenland geduldig Gottes Führung für seinen Fluchtplan suchte. Kaum glaubt er ihn wahrgenommen zu haben, steigen Zweifel und Einwände in ihm auf. Er muß sich von neuem sammeln, seine Fehler erkennen, seine Ungeduld zähmen, seine Unschlüssigkeit überwinden. All das läßt einen demütigen und schwierigen Glaubenskampf erkennen; während die Menschen immer die mühelose Magie eines unfehlbaren Orakels vorzuziehen pflegen. Und dennoch entwickelt sich trotz aller Ratlosigkeit Gottes Plan, seine Linien zeichnen sich immer deutlicher ab, der Sieg krönt endlich die beharrliche Treue.

Nicht weniger sprechend ist in dieser Hinsicht ein anderes Buch, das von Madeleine F. du Fresne[32]. In Frankreich während der Besetzung von der Gestapo verfolgt, weil sie einer jüdischen Freundin zur Flucht verhalf, durchtriebenen Verhören ausgesetzt, verhaftet und ins Konzentrationslager gesteckt, sehen wir sie Tag für Tag Gottes Führung suchen. Wir sehen die Macht der Angst, die immer wieder aufsteigt, drohend und unheilvoll, und gleichzeitig die Macht des Geistes, die ihr die Angst immer wieder überwinden hilft. Wir sehen, wie anstekkend Angst und Feigheit sind und wie ansteckend dicht daneben der Glaube und jene innere Heiterkeit sind, die er mit sich bringt. Wir sehen ferner die wunderbaren Erfahrungen, die der Gläubige machen kann, und damit abwechselnd die Rückschläge; die leuchtenden Stunden, in denen Gott uns führt, und die dunklen Stunden, in denen wir suchen, uns an die Erinnerung der vergangenen Erfahrungen festzuklammern; „das verlorene Abenteuer" und dann „das wiedergefundene Abenteuer". – Wahrlich, so ist unser Leben beschaffen, diese seltsame Mischung von unverhofften Siegen und unerwarteten Niederlagen. Niemals erfahren wir die Sicherheit einer geistigen Zucht, die frei von Schwäche wäre. Die Inspiration ist flüchtig, bricht aber immer wieder von neuem durch. Kaum haben wir den Weg verloren, so führt uns Gott darauf zurück. Indem wir ihn verlieren und wiederfinden, wird uns unaufhörlich unsere Schwachheit und die Macht des Glaubens von neuem vor Augen geführt.

Diese paradoxe Lage des Christen beschreibt Roger Mehl[33] als Philosoph, des Christen, der zu einem neuen Leben geboren wird, das schon hienieden wirklich ist, das aber erst im Jenseits, nach seinem Tod und seiner Auferstehung die Fülle und fleckenlose Reinheit gewinnen wird. Roger Mehl stellt fest, daß in der Bibel „jene Stellen, die dieses neue Leben betreffen, bald einen eschatologischen, bald einen aktualistischen Sinn haben; daß die Heilige Schrift vom neuen Menschen als von einer kommenden und gleichzeitig als von einer schon vergegenwärtigten Größe spricht". Er fügt bei, „hierin liege das Geheimnis des neuen Menschen, der wirklich und verborgen, wirklich aber noch nicht offenbar sei ... Der neue Mensch ist eine im Glauben erfaßte objektive Wirklichkeit ... Dieses Neue wird erst in den letzten Tagen kundgetan werden. Aber obwohl verborgen, arbeitet es schon jetzt in uns, trägt Frucht, ohne daß wir seinen empirischen Kundgebungen jemals den Wert einer Norm oder eines Beweises beimessen könnten."

Daher ist also der wahre Sinn einer religiösen Erfahrung nicht die Umwandlung, die sie in unser Leben bringt, er besteht vielmehr darin, daß wir bei diesem Anlaß Gott kennengelernt haben. Und das bleibt bestehen, selbst wenn unser Dasein nach wie vor ein Gemisch von Göttlichem und Menschlichem ist. Dies hilft uns, unser menschliches Drama anzunehmen, dieses Drama, das gerade aus dem ewigen Konflikt in uns zwischen dem Göttlichen und Menschlichen entsteht. Gewiß können wir von der Macht Gottes nur gerade in dem Maße zeugen, wie unsere Erfahrung konkrete Früchte getragen hat, in dem Maße, wie unser Leben und unsere Natur fühlbare und offenkundige Veränderungen erfahren haben. Aber diese Macht ragt unendlich weit über diese kleinen Zeugnisse hinaus. Nicht auf unsere Erfahrungen kommt es an, sondern daß wir dabei die Macht der Gnade empfunden haben. Dies wird nicht mehr vergessen, selbst wenn ein Tag kommen sollte, wo gewisse Schwachheiten, gewisse Versuchungen, gewisse Sünden, von denen man sich endgültig frei glaubte, neuerdings am Horizont erscheinen; selbst wenn man den Kampf gegen seine Natur unermüdlich fortsetzen muß.

Ja, den Kampf fortsetzen, den angeborenen Tendenzen zu den starken oder schwachen Reaktionen die Stirn bieten, den Tendenzen, die wir mit dem Leben empfangen haben und die wir erst mit ihm ablegen werden. Aber der Kampf wird nicht mehr gleich sein. Der Glaube, der anläßlich einer bestimmten Erfahrung entstanden ist, wird ihn überdauern, selbst wenn es zu einem Rückfall kommt. Was sich endgültig verändert haben wird, das ist das Lebensklima. Wenn unsere angeborenen Tendenzen auch bleiben, so werden sich hingegen die Teufelskreise lockern, jene von mir geschilderten Verzahnungen, durch die sie unablässig schlimmer wurden. Wenn wir dann zu unserer Bestürzung noch immer natürliche, starke oder schwache Reaktionen in uns entdecken, so wird das – weit entfernt, uns zu entmutigen – der Anlaß zu neuen Befreiungen sein.

In dieser Perspektive möchte ich das Buch beenden. Das christliche Leben ist keine endgültige und radikale Erfahrung, die ein für allemal gemacht wird. Es ist eine ununterbrochene Folge von Erfahrungen, wobei durch die Gnade Gottes selbst Niederlagen und Rückschläge zur Ursache neuer Siege werden.

Betrachten wir nun noch einmal jene Wirklichkeit, die ich eben beschrieben habe: jene Menschen, die gleich am Anfang verkündet haben: „Alles ist anders geworden“, und die später den alten, natürlichen Menschen, den sie besiegt glaubten, noch immer lebendig in sich finden. Genau in dem Maße, wie sie gegen sich selbst ehrlich genug sind, es einzugestehen, werden sie sich von neuem und tiefer wandeln. Es ist dieses Fortschreiten von Wandlung zu Wandlung, in dem die christliche Erfahrung besteht.

Auf diesem Weg wächst die Gnade ohne Unterlaß. Anfangs war es nur die Vergebung Gottes für eine einzelne Sünde, war es nur ein bestimmter Sieg, den man über eine bestimmte Neigung davontrug. Aber mit diesem ersten Gnadenerlebnis lernen wir uns besser kennen, entdecken wir viele andere Sünden in uns, ermessen wir besser die Hartnäckigkeit unserer natürlichen Neigungen. Und die Gnade wird größer.

Ich denke hier an eine Patientin, die in jener von mir schon erwähnten sehr frommen Umgebung auferzogen wurde, wo man einer sehr einfachen Theologie huldigt: wo Trinken, Spielen, Unkeuschheit Sünde bedeuten, und Gnade, davon befreit zu werden. Im Laufe einer psychotherapeutischen Behandlung entdeckte die Patientin viele andere Sünden in sich, und sie war darüber bestürzt. „Es scheint mir", fügte sie hinzu, „daß die Gnade, von der man mir früher predigte, eine ganz kleine Büchse ist, viel zu klein, um all diese andern Sünden in sich aufzunehmen, die ich jetzt kennenlerne!"

Die Gnade ist unendlich viel größer, als wir es uns vorstellen. Alles ist im voraus erfüllt durch Jesus Christus. In dem Maße, wie wir erkennen, wieviel Böses in unserm Herzen ist, ermessen wir tiefer, was Er für uns getan hat. In dem Maße, wie wir uns unseres Elends bewußt werden, nehmen wir wahr, daß Er schon im voraus durch sein Opfer darauf geantwortet hat.

So verwandelt sich diese düstere Fahrt zur Entdeckung unseres Elends in eine leuchtende Fahrt zur Entdeckung der Gnade. Die kleine Gnadenbüchse wird entsprechend ihrem Inhalt immer größer.

Viele schwache Menschen suchen mich auf. Durch die Erfahrung, durch geduldige und beharrliche Hilfeleistung habe ich zwei sich scheinbar widersprechende Wahrheiten entdeckt: die unvergleichliche Macht des geistigen Lebens, die die Schwachheiten des natürlichen Lebens überwindet, und die furchtbare Hartnäckigkeit dieses natürlichen Temperaments, das unaufhörlich wieder erscheint, selbst unmittelbar nach den schönsten

Siegen. In einem solchen Kampf lernt man zwischen dem Glauben und dem Optimismus unterscheiden. Es ist ein erbittertes Ringen, wo fortwährende Rückfälle die Besserung von neuem in Frage stellen. Sehr oft ist man der Verzweiflung nahe. Aber immer setzt, trotz vieler Rückschläge, der Aufstieg wieder ein, wenn man jedesmal getreulich und kniefällig den Beistand der Gnade sucht. Und endlich kommt ein Tag, wo die lange geübte Beharrlichkeit Früchte trägt. Die Gnade ist größer geworden. Das Klima des Lebens hat sich nach und nach verändert, trotz des Wechsels von Niederlagen und Siegen. Und in diesem neuen Klima werden die Siege leichter. Die natürlichen Neigungen zur Verwirrung, zur Flucht, zur Mutlosigkeit waren gewiß hartnäckig. Aber gerade deshalb haben wir durch die Monate und Jahre hindurch eine größere Zahl befreiender Erfahrungen gemacht. Und das ist es schließlich, was zählt, diese Notwendigkeit, sich unablässig an Gott zu klammern, diese Gewöhnung, wenn ich so sagen darf, auf Ihn zurückzukommen, diese Vertraulichkeit mit Ihm, die uns gewissermaßen durch die Schwierigkeit des Unternehmens auferlegt wird.

Die Bibel mit ihrer Wirklichkeitsnähe zeigt uns nicht ein idyllisches Bild von Auserwählten, die jeder natürlichen Schwachheit bar wären, sondern Menschen wie Sie und ich, die die ganze Last ihres angeborenen Temperaments tragen. Es gibt darunter Starke wie Elias, der die Baalspriester unerbittlich verfolgte; es gibt Schwache wie Jeremias, der sich immer wieder zum Schweigen versucht fühlte. Es gibt darin Menschen voller Widersprüche wie Jakob, wie David oder wie der Apostel Petrus, die abwechselnd höchste Begeisterung und den Verrat kennen.

Und wenn wir darunter leiden, die Sklaven unserer Natur zu bleiben, so zeigt uns die Bibel, daß die Befreiung davon nicht unerläßlich ist, um die Macht Gottes zu erfahren. Gott bemächtigt sich der Menschen so, wie sie sind. Er tröstet Elias, der über den Mißerfolg seiner Wundertaten verzweifelt ist. Er stärkt Jeremias und reißt ihn aus seinem Schweigen heraus. Er kündigt dem Apostel Petrus sowohl seine Verleugnung wie auch seine Berufung zum Haupt der Kirche an.

Und die Bibel offenbart uns in jedem dieser Lebensbilder wie auch in der langen Geschichtsperiode, die sie umfaßt, ein Fortschreiten von Erfahrung zu Erfahrung, trotz alles Menschlichen, das in jedem von uns bestehen bleibt, ein Fortschreiten zur Entdeckung Gottes.

Nur Jesus Christus, der Mensch gewordene Gott, erscheint uns zugleich völlig menschlich und völlig frei von diesen Reflexen, die wir als starke und schwache Reaktionen beschrieben haben. Er ist immerfort frei, weil immerfort vom Geist geführt. Dennoch teilt Er unsere Schwachheiten und unsere Stärke; unsere Mühsale, unsern Kummer, unsere Verzweiflung; unsere Begeisterung, unsere Freuden und unsern Eifer. Er blieb stumm vor Pilatus. Er griff zur Geißel im Vorhof des Tempels. Er hatte Mitleid mit den Schwachen. Er griff die Starken heftig an. Er schrie seine höchste Not am Kreuz heraus. Er verkündete mit Autorität seine Göttlichkeit. Und dennoch haben seine Gebärden oder seine Worte nie den automatischen Charakter psychologischer Reaktionen. Er ist weder stark noch schwach im menschlichen und natürlichen Sinn des Begriffs.

Er ist lebendig. Wenn wir Ihm unser Herz öffnen, erfüllt Er es mit seiner Gegenwart. In dem Maße wie Er so in uns lebt, werden wir von unsern schwachen Reaktionen befreit, obwohl wir uns mehr als je unserer Schwachheit bewußt sind; befreit auch von unsern starken Reaktionen, obwohl wir von Ihm eine unvergleichliche Kraft erhalten.

Denn Er allein antwortet auf jene tiefe Angst, die wir hinter unsern sichtbaren Reaktionen verbargen. Durch Ihn können wir gleichzeitig jene Schwachheit annehmen und sie überwinden. Dann können wir im Schoß der Gesellschaft dazu beitragen, jene verhängnisvollen Verkettungen zu durchbrechen, die sie in Wirrsale und Kriege, in Leiden und in die Vernichtung stürzen. Und wir können ihr zeigen, wo das wahre Heilmittel für ihre Leiden zu finden ist: im Glauben an Jesus Christus.

Literaturnachweis

[1] Alfred Adler, *Über den nervösen Charakter,* München 1928.
[2] Henri Baruk, *Psychiatrie morale expérimentale, individuelle et sociale,* Presses Universitaires de France, Paris 1945.
[3] René Allendy, *L'enfance méconnue,* Edition du Mont-Blanc, Genève 1946.
[4] Jean de Rougemont, *Vie du corps et vie de l'esprit,* Paul Derain, Lyon 1945.
[5] L. D. Weatherhead, *Psychologie, religion, guérison,* trad. Borgeaud, J.-A. Jeheber, Genève.
[6] R. P. Fr. V. Raymond, O. P., *Le guide des nerveux et des scrupuleux,* Beauchesne, Paris 1926.
[7] Samuel Chevallier, „Mauvais signes", La Suisse, Genève, 24. oct. 1947.
[8] S. Zuckermann, *La vie sexuelle et sociale des singes,* Gallimard, Paris 1937.
[9] Charles Odier, *Les deux sources, consciente et inconsciente de la vie morale,* La Baconniière, Neuchâtel 1943.
[10] Peter Howard, *Ideen haben Beine,* Lang, Bern 1952.
[11] Paul Dubois, *Die Psychoneurosen und ihre psychische Behandlung,* Francke, Bern 1905.
[12] Leia, *Le symbolisme des contes de fées,* Edition du Mont-Blanc, Genève 1943.
[13] A. Delachaux, „L'homme et ses facultés d'adaptation", *Revue méd. de la Suisse romande,* 25 oct. 1944, p. 744.
[14] A.-D. Sertillanges, *La vie intellectuelle,* Edition de la Revue des Jeunes, Paris 1921.
[15] René Allendy, *La justice intérieure,* Denoel, Paris 1931.
[16] Emile Coué, *La maîtrise de soi-même,* Edition Oliven, Paris 1929.
[17] Alphonse Maeder, *Wege zur seelischen Heilung,* Rascher Verlag, Zürich 1945.
[18] Henri Bergson, *Les deux sources de la morale et de la religion,* Edition Skira, Genève 1945.
[19] Frank N. D. Buchman, *Für eine neue Welt,* Nymphenburger Verlagsbuchhandlung, München 1949.
[20] Edward Howell, *S'évader pour vivre,* La Baconnière, Neuchâtel 1947.
[21] Oscar Forel, „Peur, panique et politique", *Revue suisse de psychologie,* 1942, no 1–2.
[22] Frank Abauzit, *Le problème de la tolérance,* Delachaux et Niestlé, Neuchâtel 1939.
[23] Georges Liengme, *Pour apprendre à mieux vivre,* Attinger, Neuchâtel 1936.
[24] Eric de Montmollin, *La tâche sociale de l'Eglise,* conférence inédite, 1946.
[25] Jean-Paul Sartre, *Ist der Existentialismus ein Humanismus?* Europa Verlag, Zürich 1947.

[26] Henri Bergson, *L'évolution créatrice,* Edition Skira, Genève 1945.
[27] Alexis Carrel, *La prière,* Plon, Paris 1944.
[28] Gustave Thibon, *Diagnostics,* Libr. de Médicis, Paris 1940.
[29] Armand Vincent, *Le jardinier des hommes,* Edition du Seuil, Paris 1945.
[30] Arnault Tzanck, *La conscience créatrice,* Charlot, Alger 1943.
[31] Frank Abauzit, *L'énigme du monde et la solution selon Charles Secrétan,* Delachaux et Niestlé, Neuchâtel 1938.
[32] Madeleine F. du Fresne, *De l'enfer des hommes à la cité de Dieu,* Spes, Paris 1947.
[33] Roger Mehl, *La condition du philosophe chrétien,* Delachaux et Niestlé, Neuchâtel 1947.

Wer liest die Herder Taschenbücher?

Neues aus Allensbach

Der Taschenbuch-Markt wächst munter weiter, die Herderbücherei wächst mit. Das haben die Allensbacher Meinungsforscher soeben ermittelt. Acht Millionen Erwachsene kann die Freiburger Taschenbuchredaktion jetzt als Publikum verbuchen, die unter 16jährigen nicht mitgerechnet, die man seit zwei Jahren mit einer eigenen „Schneckenbuch-Serie", mit Erfolg übrigens, anspricht.
Unter den deutschen Taschenbuchverlegern liegt Herder, wie ermittelt wurde, im guten Mittelfeld. Am „Mengenausstoß" kann das nicht liegen; denn während die Konkurrenten pro Monat bis zu 50 Titel „auf den Markt werfen" und dadurch auch ihre Bekanntheit hochschrauben, hält man in Freiburg eisern daran fest, nicht mehr als acht Novitäten monatlich in den Buchhandel zu schicken, die freilich handverlesen sind, fast nur Original-Ausgaben. Diesen Anspruch schätzen vor allem Personen mit weiterführender Schulbildung. Sie stellen 71% des Herder-Taschenbuch-Publikums.
Überdurchschnittlich viele Leserinnen sind unter denen, die Herder als Taschenbuchverlag kennen. Schon 1973 und 1976 war den Meinungsforschern aufgefallen, daß die Freiburger im Vergleich zu anderen Taschenbuchverlagen den höchsten Frauenanteil haben. Das wird jetzt wieder bestätigt. Offenbar schlägt hier das besondere Engagement der Redaktion für den lebenskundlichen Bereich durch. Das

aktuelle Angebot – inzwischen über 120 Titel – reicht vom „1 × 1 der Partnerschaft“ bis zur „Konzentrations- und Entspannungsübung“. Ziel ist die Entfaltung der Persönlichkeitskultur. Dafür sind Frauen besonders empfänglich.
Dagegen unterscheidet sich das Herder-Taschenbuch-Publikum von der konfessionellen Zusammensetzung her kaum vom Publikum der Konkurrenten.
50% der Leser sind Protestanten, 40% Katholiken, 10% geben eine andere Konfession an oder bezeichnen sich als konfessionslos. Nähe oder Distanz zur Kirche haben kaum Einfluß auf die Bekanntheitsdichte.
1957 wurde die Herderbücherei als siebter deutscher Taschenbuch-Verlag gegründet. 1963 geriet sie erstmals in den Blick der Demoskopen. Der sechsjährige Newcomer war damals nur 470 000 Personen ein Begriff. 17mal so viele Erwachsene, quer durch die Bundesrepublik, kennen heute Herder-Taschenbücher. Erfahrungsgemäß muß man etwa 1 Million Leser aus Österreich, Schweiz und Südtirol noch hinzuzählen. Eine solide Basis für die weitere Programmplanung.

Paul Tournier

Zuhören können

Band 1253, 160 Seiten, 2. Auflage

Paul Tournier, der bekannte Schweizer Psychotherapeut, hat die Kunst des Zuhörens ein Leben lang geübt. Ungezählten Menschen aller Schichten und Lebensalter hat er dadurch geholfen, ihre seelischen Schwierigkeiten zu erkennen und zu überwinden und so zu einem sinnerfüllten Leben zu kommen. Auch seine Bücher – Weltauflage inzwischen 2 Millionen – sind aus der lebenslangen Begegnung mit Menschen entstanden, die oft nur das Bedürfnis hatten nach einem Menschen, der ihnen zuhörte. So wurde er zum vertrauten Freund ungezählter Leser. Auch dieser Band gibt Zeugnis von seiner Fähigkeit des Zuhörens. Er geht auf viele Lebensfragen ein, die uns heute zutiefst beschäftigen.

in der Herderbücherei

Paul Tournier

Rückkehr zum Weiblichen

Werden Frauen unsere Welt wieder menschlicher machen?

Band 838, 192 Seiten, 4. Auflage

Warum fühlen wir uns oft so heimatlos, so ungeborgen in unserer Welt? Sie ist geprägt von typisch männlichen Werten – Vernunft, Macht, Erfolg, Rivalität. Weibliche Eigenschaften zählen nicht viel. So erklärt sich, daß der außerordentliche Aufschwung in Wissenschaft und Technik einhergeht mit einem ständigen Verlust an Lebensqualität, der viele Menschen zutiefst unglücklich macht. Heilung aber, das konnte Paul Tournier in seiner großen psychotherapeutischen Praxis immer wieder beobachten, ist nicht in einer noch strengeren Rationalität zu erreichen, sondern in einer „Rückkehr zum Weiblichen". Anhand vieler lebensnaher Beispiele zeigt der Autor, wie Frauen unsere kalt und seelenlos gewordene Welt wieder reich und lebenswert machen können, indem sie das einbringen, was heute weithin fehlt, den Sinn für Menschlichkeit. Deuten die Katastrophen um uns her nicht darauf hin, daß die Epoche einseitig betonter Männlichkeit endgültig zu Ende geht? Welche Rolle kommt auf die Frau zu?